Education Assessment for Students with Autism

学龄孤独症儿童
教育评估指南

■ 胡晓毅　刘艳虹 著

北京师范大学出版集团
BEIJING NORMAL UNIVERSITY PUBLISHING GROUP
北京师范大学出版社

图书在版编目(CIP)数据

学龄孤独症儿童教育评估指南/胡晓毅，刘艳虹著. —北京：
北京师范大学出版社，2017.4(2021.3 重印)
 ISBN 978-7-303-22183-7

Ⅰ.①学…　Ⅱ.①胡…②刘…　Ⅲ.①孤独症－儿童教育－特殊
教育－教育评估－指南　Ⅳ.①G766-62

中国版本图书馆 CIP 数据核字(2017)第 047803 号

营　销　中　心　电　话　010-58802135　010-58802786
北师大出版社教师教育分社微信公众号　京师教师教育

XUELING GUDUZHENG ERTONG JIAOYU PINGGU ZHINAN
出版发行：北京师范大学出版社 www.bnup.com
　　　　　北京市海淀区新街口外大街 19 号
　　　　　邮政编码：100875

印　　刷：保定市中画美凯印刷有限公司
经　　销：全国新华书店
开　　本：730 mm×980 mm　1/16
印　　张：22.25
字　　数：370 千字
版　　次：2017 年 4 月第 1 版
印　　次：2021 年 3 月第 4 次印刷
定　　价：90.00 元

策划编辑：鲍红玉　　　　　责任编辑：齐　琳　王星星
美术编辑：袁　麟　　　　　装帧设计：袁　麟
责任校对：陈　民　　　　　责任印制：马　洁

前　言

　　孤独症，又称自闭症。这一曾经被认为是低出现率的残疾类型，是当今最为普遍和高发的发展性障碍之一。根据世界卫生组织的统计公报，各国孤独症儿童的出现率在 1/160 至 1/68，其中亚洲地区为百分之一。我国目前虽然没有全国的流行病学调查数据，但孤独症儿童的出现率已呈现逐年上升的趋势。孤独症的核心特征表现在两个方面：社会交往沟通障碍，以及兴趣狭窄/刻板行为，且这些症状在三岁前出现。由于孤独症儿童所表现出的高度异质性、奇特刻板的行为特征、难以衡量的智力水平、令人费解的沟通与思维形式、琢磨不定的社会交往缺陷，更给其家庭以及教育工作者带来了莫大的挑战。

　　当前，大量民办和残联所属康复训练机构承担着孤独症幼儿的早期干预和康复工作，但始终无法解决学龄孤独症儿童少年的教育问题，现有的教育资源和条件与孤独症儿童少年的教育需求之间仍存在巨大的差距，这与我国目前缺乏合理的孤独症儿童少年安置模式和适宜的教育模式有着密切关系。目前，主要接收学龄孤独症儿童（以下称孤独症学生）的主要为两个教育场所，一是培智学校和综合性的特教学校（接收中重度的孤独症儿童），二是普通学校随班就读（接收轻度孤独症儿童）。面对日益增长的孤独症儿童，无论是特教老师还是普教老师，由于不了解孤独症儿童的学习特征，不知道教导什么内容，不明白采用什么适宜的教学策略和干预方法，所以其教学效果无法满足家长和孤独症儿童的教育需求。近年来，国家非常重视孤独症儿童的教育康复问题，2006 年制订的《"十一五"残疾人康复规划》，正式将孤独症作为精神残疾列入残疾类别之一，需要接受特殊教育服务。同时，《国家精神病防治康复"十一五"实施方案》中提出，将在全国 31 个省级孤独症儿童康复训练试点机构开展孤独症儿童康复训练。《特殊教育提升计划（2014－2016年）》明确提出"鼓励有条件的地区试点建设孤独症儿童少年特殊教育学校（部）"。这成为我国加强特殊教育基础能力建设、继续实施特殊教育学校建设项目的工作重点之一；是针对广大孤独症儿童少年的教育需求所做出的重大举措。2013 年 9 月，北京师范大学教育学部成立了孤独症儿童教育研究中心，并承担了教育部关于孤独症儿童教育研究的系列课题。《学龄孤独症儿童教育评估指南》是教育部基础教育二司委托的《特教学校中的孤独症儿童教学模式研究》课题的主要研究成果之一。

在过去的三十年中，孤独症儿童教育的研究受到国外教育界的重视，形成了数十种系统、有效的教育干预策略。这些策略主要分为两类：一类是专项干预（Focused Intervention Practices），指使用某种具体的干预方法对自闭症幼儿进行干预，如视觉提示（Visual Support）、图片沟通系统等；另一类是综合干预，又称综合治疗模式（CTMs，Comprehensive Treatment Models），是指把多种干预方法和技术整合使用，针对孤独症儿童的多种缺陷和发展目标而设计，以此提高孤独症儿童的整体发展水平。这是由于孤独症是一种广泛性发展障碍，在现实中的任何一个孤独症儿童往往存在着多种障碍，需要同时发展的能力也很多，而不同能力彼此之间又相互影响。近年来采用多种干预手段对孤独症儿童进行全面、综合、系统的教育干预成为国外特殊教育学界研究的重点。综合教育干预在干预目标、干预强度以及干预方案设计的复杂程度和实施上都与专项干预有所不同，且不是指单纯地把不同的专项干预方法累加合并使用，而是有基本的理论框架，根据每个孤独症儿童的发展特点和核心缺陷特征，系统地使用各种干预策略，并持续干预时间（往往超过一年）和强度（如每天 4 小时）。

在众多的综合干预方案中，美国学者艾斯比与戈思曼于 2011 年提出的孤独症综合设计系统（Comprehensive Autism Planning System，CAPS）得到了广泛认可。他们尝试使用冰山理论解释孤独症儿童的教育需求，认为在外显的问题行为之中，孤独症学生内在有着多种需求，如同冰山之下的体积隐藏在深海之下，其体积远远大于海面之上的冰山体积。作者在广泛阅读国内外参考文献的基础上，认为综合性的、系统的教学模式是未来我国孤独症儿童，尤其是学龄孤独症儿童教育的发展方向和重点。然而，任何教学模式的开端始于对学生系统、准确、切实的教育评估。根据马斯洛需求层次理论，个体成长发展的内在力量是动机，而动机是由多种不同性质的需要所组成的，各种需求之间有先后顺序与高低层次之分；每一层次的需求与满足，将决定个体人格发展的境界或程度。孤独症儿童的需求满足层次及发展先后顺序，按照需求层次理论可以分成阶梯型的需求领域。

根据冰山理论以及需求层次理论，研究者提出孤独症学生的教育评估系统。该系统认为孤独症学生的教育需求主要体现在三个层次，第一个层次是最基本的生理需求，包括感知觉需求以及运动发展需求；第二个层次是基本的发展需求，包括情绪管理、常规执行以及兴趣与行为三个方面的发展需求；第三个层次是较高的发展需求，包括社会交往、言语沟通以及认知与学业三个方面的内容（见下图）。

孤独症学生的教育需按照三个层次依次进行，并根据学生年龄、严重程度等进行各个领域的优先级排序，以确定学生在每个学期甚至每个学年的长期教学目标、短期教学目标以及具体的教学内容。依据以上理论框架，孤独症学生教育评估系统分为三个层次八大领域，共计363个条目。

本指南详细介绍了每个领域的主要评估内容，教师所能够采用的提示内容与方法，以及每个评估条目的评估目的、要求、工具与标准。此外，本指南所需要的大量的测评图片和强化物，请参考《学龄孤独症儿童教育评估系统套装》中的软件图片和《学生强化物信息汇总》中的内容。

本评估借鉴了《国际功能、残疾和健康分类》（International Classification of Functioning，Disability，and Health，ICF）的理念。该残疾分类的理念是世界卫生组织在2001年提出，为从生物、心理和社会角度认识损伤所造成的影响提供了一种理论模式，也为从身体健康状态、个体活动和个体的社会功能上探索提供了理论框架。ICF系统分类将"残疾"或"障碍"过程放在健康状态架构下讨论。健康状况是在给定的健康领域内的功能水平。功能是对身体功能、身体结构、活动和参与的一个概括性术语，它表示在个体（有某种健康情况）和个体所处的背景性因素之间发生交互作用的积极方面。个人环境中的各种因素，通过其存在或不存在，可以改善功能或降低残疾程度，也可以限制功能的发挥或形成残疾。ICF互动模式包括四个组成元素，一是身体功能与身体结构；二是活动，ICF中每个身体系与功能都对应着各种活动的机能，采取活动概念取代障碍的负面描述；三是参与，取代残障概念；四是背景性因素，指个体生活和生存的全部背景，分类系统在障碍形成的背景因素上同时接纳环境与个人因素的影响。"残疾"或"障碍"过程即为上述四个因素彼此之间的动态关系。此外，ICF 强调外在环境与条件对个人能力的影响，重视其具有的活动参与的能力。为此，《学龄孤独症儿童教育评估指南》强调对孤独症儿童进行自然、生态化的评估，帮助教育工作者和服务提供者切实改善孤独症儿童所处的教学环境，设计符合其需求和优势，并配有适当辅助的教学内容。

目　录

第一章

感知觉领域

　　感觉是客观事物直接作用于感觉器官，产生神经冲动，经传入神经传至中枢神经系统引起的。知觉是对作用于感觉器官的信息的识别和解释。感觉在先，知觉在后，感觉转变为知觉的过程需要个体结合知识经验，对感觉资料进行选择和组织，然后进行信息整合并赋予意义。因此，感觉和知觉的活动密切相连、缺一不可，心理学界通常把这两个认识过程称为"感知觉"。多年来的研究表明，孤独症学生在感知觉方面存在很多问题，主要表现为对感觉刺激反应过度、反应低下以及奇特的感知觉获取方式。了解孤独症学生的感知觉特点，有利于在教育中布置符合他们特点的环境帮助他们稳定情绪，克服分心，进而更好地学习，或者便于采取对应策略提高他们相应的能力。本系统感知觉评估内容包括视觉、听觉、痛觉、触压觉、温度觉、嗅觉、味觉、前庭觉、本体觉、皮层觉和通感 11 个分领域，处于第一层次的考量维度，共 21 个条目。

　　建议在现场测试的过程中，教师使用社会性强化物，如口头表扬、获得代币等，否则很容易导致现场测试无效；根据具体情况，测试过程可以提供一定的提示，如口头提示、图片提示、手势提示、动作示范、肢体辅助、器具辅助等；也可以采用日常观察、家长或他人报告的形式完成。评估结果从低敏感、反应正常或过度敏感三个方面呈现，并记录个体感觉的特别喜好和厌恶。

分领域一：视觉

视觉是光作用于视觉器官，使感受细胞兴奋，信息经视觉传导通路上传到视觉皮层加工后产生的感觉。临床发现，有的孤独症学生好像看不到他人的存在，存在视力方面的问题；有的孤独症学生更善于接受来自视觉通道的信息。事实上，孤独症学生并不存在视力低下的问题，他们的视觉注意往往具有选择性。一般来说，他们倾向于选择注意物体，而非人。

本分领域评估的主要内容包括对视觉范围内的人（家人、教师和同伴），静止的物体，快速移动的物体（横向移动、纵向移动和旋转）和各种光（太阳光、荧光、白炽灯、闪烁光和黑暗）等几个方面的反应。

条目1　视觉范围内的人

1.1　家人

目的：

☆ 考察学生对进入视觉范围内的家人的视觉反应。

要求：

➤ 家人进入学生的视觉范围，察看学生的行为反应。

标准：

◇ 低敏感：无视家人的存在；看见家人不予理睬；偶尔或在提示下对视线内的人有所反应，反应较慢。

◇ 正常反应：能注视或转向眼前的家人。

◇ 过度敏感：家人出现时，表现为非常注意，盯着人看，仿佛其他人都不存在一样；或表现出情绪不稳定。

1.2　教师

目的：

☆ 考察学生对进入视觉范围内的教师的视觉反应。

要求：

➤ 教师进入学生的视觉范围，察看学生的行为反应。

标准：

◇ 低敏感：无视教师的存在；看见教师不予理睬；偶尔或在提示下对视线内的人有所反应，反应较慢。

◇ 正常反应：能注视或转向眼前的教师。

◇ 过度敏感：教师出现时，表现为非常注意，盯着人看，仿佛其他人都不存在一样；或表现出情绪不稳定。

1.3 同伴

目的：

☆ 考察学生对进入视觉范围内的同伴的视觉反应。

要求：

➤ 学生熟悉的同伴进入视觉范围，察看学生的行为反应。

标准：

◇ 低敏感：无视同伴的存在；看见同伴不予理睬；偶尔或在提示下对视线内的人有所反应，反应较慢。

◇ 正常反应：能注视或转向眼前的同伴。

◇ 过度敏感：同伴出现时，表现为非常注意，盯着人看，仿佛其他人都不存在一样；或表现出情绪不稳定。

条目 2 视觉范围内的静止物体

目的：

☆ 考察学生对视觉范围内的静止物体的视觉反应，包括二维物品（如书本、卡片等），三维物品（如玩具、积木等）。

要求：

➤ 察看学生对感兴趣物品的行为反应。

工具：

✓ 学生喜欢的图形卡片、积木、实物等二维或三维物品。

标准：

◇ 低敏感：视线不看向呈现在眼前的物体；偶尔或在提示下对视线内的物体有所反应，反应较慢。

◇ 正常反应：能注视或转向眼前的物体。

◇ 过度敏感：表现为非常注意，盯着看，仿佛其他物品都不存在一样；或表现出情绪不稳定。

条目 3　快速移动的物体

3.1　横向移动的物体

目的：

☆ 考察学生对视觉范围内横向移动的物体的视觉反应（视觉追视）。

要求：

➤ 教师在距学生眼睛 25 厘米处，横向移动物品（如一支笔、气球），察看学生的行为反应。

工具：

✓ 笔（笔杆上有一个吸引眼球的装饰物）、气球。

标准：

◇ 低敏感：视线无追视现象；不能全程追视一个完整动作。

◇ 正常反应：全程追视一个动作。

◇ 过度敏感：物体停止移动后，还想继续看；或表现出情绪不稳定。

3.2　纵向移动的物体

目的：

☆ 考察学生对视觉范围内纵向移动的物体的视觉反应（视觉追视）。

要求：

➤ 教师在距学生眼睛 25 厘米处，纵向移动物品（如一支笔、气球），察看学生的行为反应。

工具：

✓ 笔（笔杆上有一个吸引眼球的装饰物）、气球。

标准：

◇ 低敏感：视线无追视现象；不能全程追视一个完整动作。

◇ 正常反应：全程追视一个动作。

◇ 过度敏感：物体停止移动后，还想继续看；或表现出情绪不稳定。

3.3　旋转移动的物体

目的：

☆ 考察学生对视觉范围内的旋转的物体的视觉反应（视觉追视）。

要求：

➤ 教师在距学生眼睛 25 厘米处快速旋转移动物品（如笔、球），察看学生的行为反应。

工具：

✓ 笔（笔杆上有一个吸引眼球的装饰物）、气球。

标准：

◇ 低敏感：视线无追视现象；不能全程追视一个完整动作。

◇ 正常反应：全程追视一个动作。

◇ 过度敏感：物体停止移动后，还想继续看；或表现出情绪不稳定。

条目 4 各种光

4.1 太阳光

目的：

☆ 考察学生对太阳光的视觉反应。

要求：

➤ 察看学生在有太阳光环境中的学习、生活状态。

标准：

◇ 低敏感：看不清或部分看不清环境中的人或物；立体视觉差（如走路撞人或撞物，接物体笨拙）。

◇ 正常反应：看清环境中的人或物，安静地学习或生活。

◇ 过度敏感：物品或灯光出现跳跃；图像碎片化；对某个细节过度关注；在太阳光环境下，表现出情绪不稳定。

4.2 日光灯(荧光)

目的：

☆ 考察学生对日光灯（荧光）的视觉反应。

要求：

➤ 察看学生在有日光灯（荧光）的环境中的学习、生活状态。

标准：

◇ 低敏感：看不清或部分看不清环境中的人或物；立体视觉差（如走路撞人或撞物，接物体笨拙）。

◇ 正常反应：看清环境中的人或物，安静地学习或生活。

◇ 过度敏感：物品或灯光出现跳跃；图像碎片化；对某个细节过度关注；

在荧光环境下，表现出情绪不稳定。

4.3 对白炽灯

目的：

☆ 考察学生对白炽灯的视觉反应。

要求：

➤ 察看学生在有白炽灯的环境中的学习、生活状态。

标准：

◇ 低敏感：看不清或部分看不清环境中的人或物；立体视觉差（如走路撞人或撞物，接物体笨拙）。

◇ 正常反应：看清环境中的人或物，安静地学习或生活。

◇ 过度敏感：物品或灯光出现跳跃；图像碎片化；对某个细节过度关注；在白炽灯环境下，表现出情绪不稳定。

4.4 闪烁光

目的：

☆ 考察学生对闪烁光的视觉反应。

要求：

➤ 察看学生在有闪烁光的环境中的学习、生活状态。

标准：

◇ 低敏感：看不清或部分看不清环境中的人或物；立体视觉差（如走路撞人或撞物，接物体笨拙）。

◇ 正常反应：看清环境中的人或物，安静地学习或生活。

◇ 过度敏感：在闪烁光环境下，表现出情绪不稳定。

4.5 黑暗

目的：

☆ 考察学生对黑暗的视觉反应。

要求：

➤ 察看学生在傍晚时的学习、生活状态。

标准：

◇ 低敏感：看不清或部分看不清环境中的人或物；立体视觉差（如走路撞人或撞物，接物体笨拙）。

◇ 正常反应：看清环境中的人或物，正常生活。

◇ 过度敏感：在傍晚环境下，表现出情绪不稳定。

条目5　学生在视觉方面的特别喜好和厌恶

目的：

☆ 考察学生在视觉方面的偏好。

要求：

➤ 观察学生特别喜欢观看、注视某个颜色或物体，或者特别害怕、畏惧看见某个颜色或物体。

按以下条目记录具体内容，用文字详细说明：

①特别喜好的颜色和物体；

②特别厌恶的颜色和物体。

分领域二：听觉

听觉是声波作用于听觉器官，使感受细胞兴奋并引起听神经的冲动发放传入信息，经各级听觉中枢分析后引起的感觉。临床发现，有的孤独症学生似乎听不到他人叫自己的名字，似乎存在听力方面的问题；有的孤独症学生在课堂上时常斜眼看窗外却时常能够即问即答，甚至还会参与课堂的抢答；有的孤独症学生还会听到普通人难以注意的声音，如远处的汽笛声、他人的心跳声、血管里血液的流动声等。因此，孤独症学生不存在听力低下的问题。他们的听觉注意也具有选择性。例如，很多孤独症学生喜欢听音乐和动物的声音而不喜欢听人类说话的声音。本分领域评估的主要内容包括对不同声音强度（大声音、耳语音），不同声音频率（高频音、低频音）和嘈杂声音环境三个方面的反应。

条目6　声音

6.1　大声音

目的：

☆ 考察学生对响度大的声音的反应。

要求：

➤ 学生耳边出现响度大的声音(如砸门的声音、大声说话的声音)时，察看学生的行为反应。

标准：

◇ 低敏感：对突然出现的大声音不予理睬；偶尔或在提示下对突然出现的声音有所反应，反应较慢；或过度喜爱某些大声音(如砸门的声音等)，若没有听到这种声音会哭闹。

◇ 正常反应：转向声源，做出捂耳朵或者试图离开的动作。

◇ 过度敏感：对大声音特别敏感，声音可能被放大，过度排斥突发声音等，情绪不稳定，表现出大喊大叫或做出自伤行为等(如学生听到远处的汽车鸣笛声就哭闹)。请教师具体说明学生对哪些声音反应过度。

6.2　耳语音

目的：

☆ 考察学生对耳语音的反应。

要求：

➤ 学生耳边出现耳语音，察看学生的行为反应。

标准：

◇ 低敏感：对突然出现的耳边音不予理睬；偶尔或在提示下对突然出现的声音人有所反应，反应较慢；或喜欢凑在他人耳边听耳语等。

◇ 正常反应：转向声源。

◇ 过度敏感：对耳语音特别敏感，声音可能被放大，过度排斥，情绪不稳定，表现出大喊大叫或做出自伤行为等。

6.3　高频音

目的：

☆ 考察学生对高频声音的反应。

要求：

➤ 学生环境中出现高频音，如蚊音、女性尖叫声、铜哨声、塑料猫等时，察看学生的行为反应。

工具：

√ 铜哨。

标准：

◇ 低敏感：对突然出现的声音不予理睬；偶尔或在提示下对突然出现的声音有所反应，反应较慢；或过度喜爱某些高频声音（如汽车喇叭声），若没有听到这种声音会哭闹。

◇ 正常反应：转向声源。

◇ 过度敏感：对高频音特别敏感，声音可能被放大，过度排斥高音，情绪不稳定，表现出大喊大叫或做出自伤行为等。请教师具体说明学生对哪些声音反应过度。

6.4 低频音

目的：

☆ 考察学生对频率低的声音的反应。

要求：

➤ 学生耳边出现低频音，如鼓声、敲击木鱼声等时，察看学生的反应。

工具：

√ 拨浪鼓。

标准：

◇ 低敏感：对突然出现的低频声音不予理睬；偶尔或在提示下对突然出现的声音有所反应，反应较慢；或过度喜爱某些低频声音，若没有听到这种声音会哭闹。

◇ 正常反应：转向声源。

◇ 过度敏感：对低频声音特别敏感，声音可能被放大，过度排斥，情绪不稳定，表现出大喊大叫或做出自伤行为等。请教师具体说明学生对哪些声音反应过度。

6.5 嘈杂环境的声音

目的：

☆ 考察学生对嘈杂环境的声音的反应。

要求：

➤ 学生处在嘈杂的环境（如下课期间、公共场所）中时，察看学生的行为反应。

标准：

◇ 低敏感：对嘈杂的声音不予理睬，喜欢频繁地制造噪声，喜爱哼唧或不停地唱歌。

◇ 正常反应：能在嘈杂环境中行为举止如同健康的同龄人。

◇ 过度敏感：对嘈杂环境的声音特别敏感，声音可能被放大，过度排斥，情绪不稳定，表现出大喊大叫或做出自伤行为等。

条目 7　学生在听觉方面的特别喜好和厌恶的声音

目的：

☆ 考察学生在听觉方面的偏好。

要求：

➤ 察看学生表现为特别喜欢倾听某个声音，或者特别害怕、畏惧听见某个声音。

按以下条目记录具体内容，用文字详细说明：

①特别喜好的声音；

②特别厌恶的声音。

分领域三：痛觉

痛觉是指有机体受到伤害性刺激所产生的感觉。它能引起防御性反应，对身体具有保护作用。临床发现，有的孤独症学生存在自伤行为，如用头撞墙、用手重击桌面、拍打自己的脑袋、掐自己的手臂等，似乎他们并不存在疼痛的感觉；有的孤独症学生对于疼痛感觉特别敏感，如轻微的疼痛就哭喊不止。本分领域评估的主要内容包括对锐痛和钝痛两个方面的反应。

条目 8　疼痛

8.1　锐痛

目的：

☆ 考察学生对锐痛（刺痛、刀割）的反应。

要求：

➤ 察看学生在锐痛时是否有叫喊或缩回身体或逃跑等保护性动作。

标准：

◇ 低敏感：有不同程度的自伤行为，喜欢咬/捅自己的伤口；或对疼痛无保护性的动作反应；强烈疼痛有轻微的保护性反应，反应较慢。

◇ 正常反应：对疼痛反应适度，感觉到疼痛时有适当的面部表情或通过语言、动作及手势等方式表达自己的疼痛。

◇ 过度敏感：特别怕疼，轻微的疼痛，就出现强烈的情绪反应。

8.2　钝痛

目的：

☆ 考察学生对钝痛（隐痛，不太尖锐的痛，如打头、撞墙）的反应。

要求：

➤ 察看学生在遭遇钝痛时是否有叫喊或缩回身体或逃跑等保护性动作。

标准：

◇ 低敏感：有不同程度的自伤行为，打头、撞墙；对撞伤疼痛无保护性的动作反应；强烈撞伤有轻微的保护性反应，反应较慢。

◇ 正常反应：对疼痛反应适度，感觉到疼痛时有适当的面部表情或通过语言、动作及手势等方式表达自己的疼痛。

◇ 过度敏感：特别怕疼，轻微的撞伤，就出现强烈的情绪反应。

分领域四：触压觉

触压觉是由压力和牵引力作用于体表触觉感受器而引起的感觉。临床发现，有的孤独症学生常常逃避身体接触，如对洗浴、梳头、理发、穿衣服和鞋袜等做出反抗，不喜欢他人靠近，拒绝拥抱、握手等身体接触等；有的孤独症儿童往往喜欢与人亲近或拥抱；有的孤独症儿童喜欢在桌子下面爬，把自己紧紧裹在一个毯子里，或者钻进一个特别挤的地方。本分领域的评估内容包括对触摸和挤压的反应。

条目 9 触摸和挤压

目的：

☆ 考察学生对轻触皮肤和压力使皮肤变形时的反应。

要求：

➤ 察看学生对触摸、挤压和与他人的拥抱的反应。

标准：

◇ 低敏感：握东西很紧；喜欢头顶重物；喜爱被挤压甚至依赖于挤压，受到挤压会感觉到平静或开心，喜欢紧靠墙壁或躲在门后。

◇ 正常反应：能接受他人的正常触摸、拥抱并有合适的反应。

◇过度敏感：不喜欢被触摸；触摸时感觉不舒服甚至疼痛；不喜欢刷牙、洗脸、洗头、洗澡；不喜欢手上、脚上拿或戴任何东西；不喜欢某种纹理的衣服，喜欢特定类型或纹理的衣服；受到挤压后大喊大叫或做出问题行为。

条目 10　学生在触压觉方面，有无喜好和厌恶的某种材质

目的：

☆ 考察学生在触压觉方面的偏好。

要求：

➤ 考察学生表现为特别喜欢触碰某种材质，或者特别害怕触碰某种材质。

按以下条目记录具体内容，用文字详细说明：

①特别喜好的某种材质；

②特别厌恶的某种材质；

③独特的触觉处理方式。

分领域五：温度觉

温度觉是由冷觉与热觉两种感受不同温度范围的感受器感受外界环境中的温度变化所引起的感觉。临床发现，有的孤独症学生对于温度没有任何感觉，有的孤独症学生对于温度又过于敏感。本分领域评估的主要内容包括冷和热两个方面。

条目 11　温度

11.1　热

目的：

☆ 考察学生对热的反应。

要求：

➤ 考察学生突然触碰温度过高的东西时，是否有缩回肢体、叫喊或逃跑等保护性动作。

标准：

◇ 低敏感：不喜欢随着温度的变化增减衣服，夏天不怕热；突然遇到太热

的物体没有缩回肢体的反应或反应较慢；喜欢用过热的水洗手。

◇ 正常反应：随着温度的变化增减衣服；突然遇到过热的物体有缩回肢体的反应。

◇ 过度敏感：对洗脸、洗手、洗头、洗澡的水温要求严格；轻微的热就出现强烈的情绪反应或行为问题。

11.2　冷

目的：

☆ 考察学生对冷的反应。

要求：

➤ 学生突然触碰温度过低的东西时，是否有缩回肢体、叫喊或逃跑等保护性动作。

标准：

◇ 低敏感：不喜欢随着温度的变化增减衣服，冬天不怕冷；突然遇到太冷的物体没有缩回肢体的反应或反应较慢；喜欢用过冷的水洗手。

◇ 正常反应：随着温度的变化增减衣服；突然遇到过冷的物体有缩回肢体的反应。

◇ 过度敏感：对洗脸、洗手、洗头、洗澡的水温要求严格；轻微的凉就出现强烈的情绪反应或行为问题。

分领域六：嗅觉

　　嗅觉是指由物体发散于空气中的物质微粒作用于鼻腔上的感受细胞而引起的感觉。临床发现，有的孤独症学生往往存在嗅觉迟钝问题，因而不断寻求各种嗅觉刺激，形成了在嗅觉方面的特殊喜好，甚至喜欢普通人往往感到反胃、恶心的嗅觉刺激，如烟味、汽油味、恶臭味、狐臭味等；有的孤独症学生对某些气味过于敏感，对某些他人可以忍受的气味表现为不舒服甚至厌恶感。

条目 12　学生在嗅觉方面，有无喜好和厌恶的气味，以及独特的闻气味的方式

目的：

☆ 考察学生在嗅觉方面的偏好。

要求：

➤ 学生表现为特别喜欢或厌恶某种气味。

按以下条目记录，并用文字详细说明：

①特别喜好的气味；

②特别厌恶的气味；

③独特的闻气味的方式。

分领域七：味觉

味觉是指食物在人的口腔内对味觉器官化学感受系统的刺激并产生的一种感觉。很多孤独症学生在味觉方面也存在一些偏好。有的孤独症学生存在味觉过敏，会因为蔬菜中轻微的苦味而讨厌吃蔬菜，或者因为质地的原因讨厌吃黏稠或较滑的食物；有的孤独症学生可能存在味觉迟钝，常常吃味道很重或者非食物的东西，如泥土、棉絮、轮胎、纸等。

条目 13　学生在味觉方面，有无喜好和厌恶的食物（或异食），以及味道（如酸甜苦辣）

目的：

☆ 考察学生在味觉方面的偏好。

要求：

➤ 学生表现为特别喜欢或厌恶某种食物或味道。

按以下条目记录具体内容，用文字详细说明：

①特别喜好的食物（含异食癖）或味道；

②特别厌恶的食物或味道。

分领域八：前庭觉

前庭觉是指受个体躯体移动（特别是头部运动）引发内耳淋巴液晃动刺激半规管内毛细胞，引发神经冲动至中枢而形成的感觉。前庭觉主要参与躯体平衡调节，常以平衡觉作为替代词。有的孤独症学生往往具有异于常人的平衡能力，有的孤独症学生则不能具备最基本的平衡能力。

条目 14　单腿站立 15 秒

目的：

☆ 考察学生的平衡能力。

要求：

➤ 两手自然垂放，以优势腿支撑，另一只腿抬起来离开地面，保持单腿站立 15 秒。

标准：

◇ 低敏感：喜欢晃动、摇摆或旋转。

◇ 正常反应：能够单腿站立 15 秒。

◇ 过度敏感：晕车；不喜欢运动或运动困难；很难快速停止活动；做脚需要离地的动作很困难；不能单腿站立 15 秒。

分领域九：本体觉

本体觉是指感受个体身体所处的空间位置、运动状态及其变化的感觉，本体感受器广泛分布于人体的骨骼和肌腱。有的孤独症学生存在本体觉异常，感受不到或感受不清自己的肢体身处何处，难以控制肢体运动的速度、力度，如看到前面有障碍物，却无法控制身体的移动而造成受伤。

条目 15 闭目猜静指（趾）

目的：

☆ 考察学生身体所处位置的空间知觉。

要求：

➤ 学生闭上眼睛，教师摸其某一手指或某一脚趾，请学生回答所摸的是哪一个。

标准：

◇ 低敏感：连续正确回答 2 次及以下。站立时，与他人相距太近。

◇ 正常反应：能连续 3 次正确回答。能控制好自己的身体与他人或物体的距离。

条目 16 闭目猜动指（趾）

目的：

☆ 考察学生感知身体的运动方向。

要求：

➤ 学生闭上眼睛，教师轻微向上、向下或向左、向右活动学生的某一手指或脚趾，请学生回答活动方向。

标准：

◇ 低敏感：连续正确回答 2 次及以下。很难顺利穿过一个房间而不碰到障碍物；走路时可能撞到他人。动作慢吞吞、笨手笨脚、容易出现重心不稳或跌倒现象。

◇ 正常反应：能连续 3 次正确回答。能进行各种自主运动。

分领域十：皮层觉

皮层觉属于综合感觉或称复合感觉。这些感觉是大脑综合、分析、判断的结果，故也称皮质感觉。皮质损伤者表现为皮层觉减退或消失。孤独症的病理位置为脑损伤，一些孤独症学生可表现出皮层觉减退或消失。本领域主要从定位觉、图形觉、实体觉和重量觉四个方面进行评估。

条目 17　闭目定位

目的：

☆ 考察学生的皮层定位觉。

要求：

➤ 学生闭上眼睛，教师用学生熟悉的物品轻触学生的手臂皮肤，询问学生被接触的部位是哪儿。

工具：

√ 笔。

标准：

◇ 定位觉减退或消失：连续 2 次及以下正确指出接触的部位。

◇ 正常反应：连续 3 次正确指出所接触的部位。

条目 18 闭目猜图（数）

目的：

☆ 考察学生的平层图形觉。

要求：

➤ 学生闭上眼睛，教师用笔杆在学生的手掌上画简单几何图形或数字，询问学生所画的是什么。

标准：

◇ 图形觉减退或消失：连续 2 次及以下正确回答图形或数字。

◇ 正常反应：连续 3 次正确回答图形或数字。

条目 19 闭目猜物品

目的：

☆ 考察学生的皮层实体觉。

要求：

➤ 学生闭上眼睛，教师将学生熟悉的物品放在学生手里，询问学生所拿的物品是什么。

工具：

√ 学生熟悉的物品 3 个，如 3 个不同形状的积木。

标准：

◇ 实体觉减退或消失：连续 2 次及以下正确回答触摸的物品。

◇ 正常反应：连续 3 次正确回答触摸的物品。

条目 20 闭目掂轻重

目的：

☆ 考察学生的皮层重量觉。

要求：

➤ 学生闭上眼睛，教师将两个大小和体积相同的物品放在学生的双手上，询问学生哪个轻哪个重。

工具：

√ 装满文具的文具盒和空文具盒。

标准：

◇ 重量觉减退或消失：连续 2 次及以下正确区分物品的轻重。

◇ 正常反应：连续 3 次正确区分物品的轻重。

分领域十一：通感

通感是指刺激一种感觉或认知系统会激活另一种感觉或认知系统的感觉混合现象。

条目 21　通感现象

目的：

☆ 考察学生是否存在通感现象。

要求：

➤ 了解学生是否存在不同类型的感觉在大脑中互相沟通交错的现象。

标准：

◇ 无：没有不同类型的感觉在大脑中互相沟通交错的现象。

◇ 有：存在不同类型的感觉在大脑中互相沟通交错的现象，如听到颜色，听到香味，看到声音，看到味道等。

详细描述：请用文字具体描述。

第二章

运动领域

　　运动是由运动皮质发出神经冲动使肌肉活动而产生的。运动有助于大脑神经系统的发育，对于儿童的智力、认知、思维、情绪和社会行为等的发展都具有重要的作用。实证研究证实了约有 50%～73% 的孤独症谱系障碍儿童有明显的运动技能延迟，包括平衡和步态方面的困难、限时运动中的速度很慢、姿势稳定性的降低等。了解孤独症学生运动能力的特点，有利于在教育教学中有针对性地采取措施加强孤独症学生的运动锻炼，促进运动能力的发展，进而帮助他们提高智力、认知和思维等能力。本系统孤独症学生的运动评估内容包括基本动作、精细动作、运动执行和身体素质四个分领域，处于第一层次的考量维度，共计 21 个条目。

　　建议在现场测试的过程中，教师使用社会性强化物，如口头表扬、获得代币等，否则很容易导致现场测试无效；根据具体情况，测试过程可以提供一定的提示，如口头提示、图片提示、手势提示、动作示范、肢体辅助、器具辅助等，也可以采用日常观察、家长或他人报告的形式完成。评估结果从通过、部分通过或无法通过三个方面呈现。

分领域一：基本动作

基本动作是在日常生活和学习中，为了顺利完成某种活动任务，以完善合理的方式组织起来的基本的肢体动作系统。基本动作能力在儿童的日常生活和学习中必不可少。然而，临床观察发现，孤独症学生在坐、站、走、跑、仰卧、俯卧、爬行和翻滚方面都存在异常。本分领域中的基本动作包括姿势、上肢、躯干、下肢、平衡和协调六个方面。

条目 1　坐着上课

目的：

☆ 考察学生颈部两侧肌肉的平衡及力量。

要求：

➤ 维持正确的坐姿：上身挺直，收腹，下颌微收，两下肢并拢。

标准：

◇ 通过：独立维持正确坐姿上一节课。

◇ 部分通过：在家长、教师协助或辅具辅助下，维持正确坐姿5～25分钟。

◇ 无法通过：在家长、教师协助或辅具辅助下，维持正确坐姿5分钟以下。

条目 2　站着做操

目的：

☆ 考察学生躯干肌肉的平衡及力量。正确的站姿能体现一个人积极乐观的健康精神，还能预防疲劳发生和身体变形。

要求：

➤ 维持正确的站姿：沿中心线（从头部中心延伸经过颈、肩、臀、膝及脚底）平衡分身体重量于双脚，达到体重与姿态的平衡。

标准：

◇ 通过：独立维持正确站姿做操。

◇ 部分通过：在家长、教师的协助或辅具辅助下，维持正确站姿 15 分钟以上；独立站立 5~15 分钟。

◇ 无法通过：在家长、教师的协助或辅具辅助下，维持正确站姿 15 分钟以下；独立站立 5 分钟以下；身体僵直，胸部过分凸起；躯体肌肉紧张度不够，弯腰驼背；背部下凹或脊柱前凸，腹部鼓起；垂肩，脊柱后凸、背部下凹及垂肩，脊柱侧凸。

条目 3　跪姿作业 3 分钟

目的：

☆ 考察学生髋关节的稳定性。

要求：

➤ 双膝贴地，上身挺直，臀部要压在双脚足跟上。

标准：

◇ 通过：独立维持正确半跪姿作业 3 分钟。

◇ 部分通过：在家长、教师的协助（不包括语言提示）或辅具辅助下，维持正确半跪姿势 1~3 分钟（不含 3 分钟）。

◇ 无法通过：在家长、教师的协助或辅具辅助下，维持正确半跪姿势 1 分钟以下（含 1 分钟）。

条目 4　双手推车（类似动作）

目的：

☆ 考察学生三角肌前束、肱三头肌以及胸部肌肉的力量和运动模式。

要求：

➤ 双手协作有一定力度由胸部往前做"推"的动作，如推车、推门、推窗等类似动作。

标准：

◇ 通过：独立维持正确半跪姿作业 3 分钟。

◇ 部分通过：在家长、教师的协助（不包括语言提示）或辅具辅助下，维持正确半跪姿势 1~3 分钟（不含 3 分钟）。

◇ 无法通过：在家长、教师的协助或辅具辅助下，维持正确半跪姿势 1 分钟以下(含 1 分钟)。

条目 5　双手交替拉直绳子

目的：

☆ 考察学生三角肌后束、肱二头肌以及背部肌肉的力量和双手协调的运动模式。

要求：

➤ 在教师的指令或引导下，学生双手交替拉直长绳(绳子一端固定)。

工具：

√ 长绳。

标准：

◇ 通过：独立完成双手交替"拉"直绳子的动作。

◇ 部分通过：在家长、教师的协助(不包括语言提示)或辅具辅助下，能够做出双手交替"拉"直绳子的动作。

◇ 无法通过：在家长、教师的协助或辅具辅助下，不能做出双手交替"拉"直绳子的动作。

条目 6　双手提书包(类似动作)

目的：

☆ 考察学生三角肌中束、肱二头肌、小臂肌肉的力量和运动模式。

要求：

➤ 在教师的指令或引导下，学生双手将一定重量的物体提起直至上臂与地面平行并持续 3 秒钟。

工具：

√ 书包(内装一定重量的物品)。

标准：

◇ 通过：独立将一定重量的物体提起直至上臂与地面平行并持续 3 秒钟。

◇ 部分通过：在家长、教师的协助(不包括语言提示)或辅具辅助下，能够将一定重量的物体提起直至上臂与地面平行。

◇ 无法通过：在家长、教师的协助或辅具辅助下，不能做出将一定重量的物体提起直至上臂与地面平行的动作。

条目 7 双手举物过头顶

目的：

☆ 考察学生三角肌前束、肱三头肌的力量，以及躯干配合上肢的运动模式。

要求：

➤ 在教师的指令或引导下，学生双手将一定重量的物体用力向头顶上方举起，直至肩肘完全打开。

工具：

√ 有一定重量的物品，如书包。

标准：

◇ 通过：独立将物品举过头顶并持续 3 秒钟。

◇ 部分通过：在家长、教师的协助（不包括语言提示）或辅具辅助下，能将物品举过头顶。

◇ 无法通过：在家长、教师的协助或辅具辅助下，不能将物品举过头顶。

条目 8 双手抛球

目的：

☆ 考察学生双上肢协同和爆发力。

要求：

➤ 在教师的指令或引导下，学生双手将球由胸前往前抛。

工具：

√ 篮球。

标准：

◇ 通过：独立双手抛球 1 米以上。

◇ 部分通过：在家长和教师的协助（不包括语言提示）或辅具辅助下，双手向前抛球。

◇ 无法通过：球自动下落，没有"抛"的动作。

条目 9 单上肢(优势手)能完成"抛"的动作

目的：

☆ 考察学生优势手的爆发力。

要求：

➤ 在教师的指令或引导下，学生用优势手将球由胸前往前抛。

工具：

√ 小球。

标准：

◇ 通过：独立单手抛球 1 米以上。

◇ 部分通过：在家长、教师的协助（不包括语言提示）或辅具辅助下，能单手向前抛球。

◇ 无法通过：球自动下落，没有"抛"的动作。

条目 10　双手完成接球动作

目的：

☆ 考察学生双手的协调性和运动的灵敏性。

要求：

➤ 在教师的指令或引导下，学生用双手接住 1 米外抛过来的球。

工具：

√ 篮球。

标准：

◇ 通过：接球 3 次。

◇ 部分通过：接球 1～2 次。

◇ 无法通过：接球 0 次。

条目 11　敲木鱼

目的：

☆ 考察学生手腕上、下运动的力量。

要求：

➤ 在教师的指令或引导下，学生敲响木鱼。

工具：

√ 木鱼。

标准：

◇ 通过：连续敲响木鱼 10 次及以上。

◇ 部分通过：连续敲响木鱼 3～9 次。

◇ 无法通过：连续敲响木鱼 3 次以下。

条目 12　拧瓶盖

目的：

☆ 考察学生手腕旋转运动的力量。

要求：

➤ 在教师的指令或引导下，学生拧开瓶盖。

工具：

√ 带有瓶盖的瓶子。

标准：

◇ 通过：独立拧开瓶盖。

◇ 部分通过：在家长和教师的协助下（不包括语言提示）或辅具辅助下，能拧开瓶盖。

◇ 无法通过：在家长、教师的协助或辅具辅助下，不能拧开瓶盖。

条目 13　交臂卷腹

目的：

☆ 考察学生腹肌的收缩能力。

要求：

➤ 学生完成以下动作。

①仰卧于垫。

②双手交叉于胸前，背部着垫。

③双下肢屈曲，双足触地。

④下半身不动，运用腹部力量将上身抬举 3 秒。

⑤动作不要过快。

工具：

√ 地垫。

标准：

◇ 通过：独立抬起上身 3 秒。

◇ 部分通过：在外力帮助下能抬起上身，撤掉外力后维持数秒；或独立抬起上身不到 3 秒。

◇ 无法通过：独立不能抬起上身，在外力帮助下抬起上身但撤掉外力后即落下身体。

条目 14 屈腿抬背

目的：

☆ 考察学生腰背肌肉的力量。

要求：

➤ 学生完成以下动作。

①双脚弯曲平躺于垫上（背部着垫）。

②双手张开置于身体两侧呈大字型。

③用腰部力量始起背部，停留 3 秒。

工具：

√ 地垫。

标准：

◇ 通过：独立抬起背部 3 秒。

◇ 部分通过：在辅力帮助下能抬起背部，撤掉辅力维持数秒；或抬起背部不到 3 秒。

◇ 无法通过：不能独立抬起背部；或在外力帮助下抬起上身，撤掉外力即落下身体。

条目 15　直线行走 5 米

目的：

☆ 考察学生下肢力量、平衡性和协调性等。

要求：

➤ 身体直立、双臂放松在身体两侧自然摆动，不晃肩膀，脚尖微向外或向正前方交替迈步行走。跨步均匀，步伐稳健，步履自然，要有节奏感，呈一直线前进，不左右摇摆。起步时，身体微向前倾，身体重心落于前脚掌，行走中身体的重心要随着移动的脚步不断向前过渡，而不要让重心停留在后脚，并注意在前脚着地和后脚离地时伸直膝部。

标准：

◇ 通过：独立正确姿势直线行走 5 米。

◇ 部分通过：直线行走的姿势不正确；或独立正确姿势直线行走距离小于 5 米。

◇ 无法通过：需要外力协助才能直线行走。

条目 16　倒退行走 5 米

目的：

☆ 考察学生腰脊肌、股四头肌和踝膝关节周围肌肉的节律性收缩和舒张，以及小脑对方向的判断和对人体运动的协调功能。

要求：

➤ 学生站立位，头朝前方，全身放松，身体直立，胸部挺起，膝关节不曲，两臂前后自由摆动，向后交替迈步行走，步子均匀而缓慢。

标准：

◇ 通过：独立正确姿势倒行走 5 米。

◇ 部分通过：倒走的姿势不正确；或独立正确姿势倒走距离小于 5 米。

◇ 无法通过：在外力协助下才能倒走。

条目 17　绕障碍物行走

目的：

☆ 考察学生运动的协调性和反应的灵敏性。

要求：

➤ 遇到障碍物可绕过继续前进。

标准：

◇ 通过：遇到障碍物可顺利绕过继续前行。

◇ 部分通过：绕过障碍物时碰撞障碍物或身体摇晃。

◇ 无法通过：遇到障碍物停止而不前行。

条目 18　上 5 个台阶

目的：

☆ 考察学生下肢肌肉力量及髋关节、膝关节和踝关节的活动度及其稳定性。

要求：

➤ 独立上 5 个台阶。

标准：

◇ 通过：独立上 5 个台阶。

◇ 部分通过：扶扶手才能上 5 个台阶；或独立上台阶 3～4 个。

◇ 无法通过：需要较多的他人帮助才能上 5 个台阶；或独立上台阶 2 个及以下。

条目 19　下 5 个台阶

目的：

☆ 考察学生下肢肌肉力量及髋关节、膝关节和踝关节的活动度及其稳定性。

要求：

➤ 独立下 5 个台阶。

标准：

◇ 通过：独立下 5 个台阶。

◇ 部分通过：扶扶手才能下 5 个台阶；或独立下台阶 3～4 个。

◇ 无法通过：需要较多的他人帮助才能下 5 个台阶；或独立下台阶 2 个及以下。

条目 20　向前跪走 3 米

目的：

☆ 考察学生臀肌力量和髋关节控制。

要求：

➤ 3 米处放一小红旗，让学生以跪姿前行取之。

工具：

√ 小物品，如小红旗。

标准：

◇ 通过：独立跪姿前行 3 米。

◇ 部分通过：在外力的协助下，跪姿前行 3 米；或独立跪姿前行 1～3 米。

◇ 无法通过：在外力的协助下，跪姿前行 3 米以下；或独立跪姿前行 1 米以下。

条目 21　倒退跪走 3 米

目的：

☆ 考察学生臀肌力量和髋关节控制。

要求：

➤ 3 米处放一小红旗，让学生以跪姿倒走取之。

工具：

√ 小物品，如小红旗。

标准：

◇ 通过：独立跪姿倒走 3 米。

◇ 部分通过：在外力的协助下，跪姿倒走 3 米；或独立跪姿倒走 1～3 米。

◇ 无法通过：在外力的协助下，跪姿倒走 3 米以下；或独立跪姿倒走 1 米以下。

条目 22　向前蹲走 3 米

目的：

☆ 考察学生髂腰肌能力、小腿肌张力以及双下肢协同屈曲能力。

要求：

➤ 教师与学生相向相距 4 米以上，教师以蹲姿向学生方向行走 1 米以示范，要求学生以蹲姿走向教师。

标准：

◇ 通过：独立蹲姿向前走 3 米。

◇ 部分通过：在外力的协助下，蹲姿向前走 3 米；或独立蹲姿向前走 1～3 米(不含 3 米)。

◇ 无法通过：在外力的协助下，向前蹲走 3 米以下；或独立蹲姿向前走 1 米以下。

条目 23　倒退蹲走 3 米

目的：

☆ 考察学生髂腰肌能力、小腿肌张力以及双下肢协同屈曲能力。

要求：

➤ 教师示范蹲姿倒走，要求学生模仿以蹲姿倒走至 3 米处取物。

标准：

◇ 通过：独立蹲姿倒走 3 米。

◇ 部分通过：在外力的协助下，蹲姿倒走 3 米；或独立蹲姿倒走 1～3 米（不含 3 米）。

◇ 无法通过：在外力的协助下，蹲姿倒走 3 米以下；或独立蹲姿倒走 1 米以下。

条目 24　原地双脚跳 3 次

目的：

☆ 考察学生双下肢爆发力以及协同跳跃能力。

要求：

➤ 两足同时离开地面，落地，再跃起，连续 3 次。

标准：

◇ 通过：独立连续双脚跃起 3 次。

◇ 部分通过：在外力的协助下，连续双脚跃起 3 次；或独立连续双足离开地面 1～2 次。

◇ 无法通过：在外力的协助下，连续双脚跃起 2 次及以下；或独立不能双足同时离开地面。

条目 25　立定跳远

目的：

☆ 考察学生的弹跳力及运动的灵敏性和协调性以及速度。

要求：

➤ 两脚自然左右开立，上体稍前倾，两臂前后摆动各一次，两腿配合做自然弹性屈伸，然后两臂用力向前上方摆，同时两脚用力蹬地，迅速向前上方跳出，落地时以脚跟先着地。

工具：

√ 卷尺。

标准：

◇ 通过：向前跳 N（常模）米。

◇ 部分通过：向前跳的距离在常模以下。

◇ 无法通过：没有向前跃起动作。

表 2-1 立定跳远平均值（厘米）

年龄（岁）	7	8	9	10	11	12	13	14	15	16	17	18
男生	55	58.6	72.67	82.52	79.93	94.41	108.03	125.23	136.97	151.3	140.08	152.13
女生	35.5	49.75	55.1	71.33	95.19	95.43	104.52	96.46	98.48	121.18	118.69	129.44

注：数据来源于《北京市智力落后学生身体素质发育水平的调查研究》(《中国特殊教育》2005 年第 2 期)一文中对北京市 11 所培智学校智力落后学生立定跳远成绩的平均值。

条目 26 走平衡木 3 米

目的：

☆ 考察学生在动态下全身平衡和肌肉的控制能力。

要求：

➤ 平衡木高于地面 15 厘米，向学生示范掌握平衡的技巧，如向两旁伸开双臂以维持平衡。注意安全保护。

工具：

√ 平衡木。

标准：

◇ 通过：独立在平衡木上行走 3 米。

◇ 部分通过：在外力的辅助下才能在平衡木上行走 3 米；或独立在平衡木上行走 1～3 米（不含 3 米）。

◇ 无法通过：在外力的辅助下才能在平衡木上行走 3 米以下（不含 3 米）；或独立在平衡木上行走 1 米及以下。

条目 27 匍匐爬（四肢协调）5 米

目的：

☆ 考察学生全身协调性和柔韧性以及肢体间相互配合完成活动的能力。

要求：

➤ 全身贴地，四肢交替向前爬。左手屈肘向前伸出时，身体重心左移，右脚屈髋屈膝跟进。反之，右手屈肘向前伸出时，身体重心右移，左脚屈髋屈膝跟进。

工具：

√ 地垫。

标准：

◇ 通过：独立匍匐爬行 5 米。

◇ 部分通过：匍匐爬行 5 米，但手或脚姿势不正确；或匍匐爬行 5 米以下。

◇ 无法通过：身体不能匍匐移动或同侧手脚屈曲移动。

条目 28　手膝爬（四肢爬）5 米

目的：

☆ 考察学生四肢的肌力以及四肢活动的协调性和灵活性。

要求：

➤ 四肢着地。交替使用手和脚，一侧手和一侧脚一起往前动，并同时着地。

工具：

√ 地垫。

标准：

◇ 通过：独立手膝爬行 5 米。

◇ 部分通过：手膝爬行 5 米，但手和脚的姿势不正确；或手膝爬行距离在 5 米以下。

◇ 无法通过：不能同时依靠手和脚的力量向前移动。

条目 29　拍球 3 次

目的：

☆ 考察学生视觉和动作相互配合完成活动的能力。

要求：

➤ 原地单手连续拍球，手掌一定要接触到球。

工具：

√ 篮球。

标准：

◇ 通过：连续拍球 3 次。

◇ 部分通过：连续拍球 1～2 次。

◇ 无法通过：不能拍球。

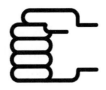

分领域二：精细动作

精细动作是指主要由身体小肌肉参与完成的运动，主要包括手部的操控、灵活性与手眼协调。在日常生活中，有的孤独症学生往往存在手的灵活性、物体操控和协调性方面的不足，如伸手取物、手指对捏、玩积木、拼图、旋转门把手、使用工具等方面存在困难。本分领域考察的是孤独症学生精细动作的发展水平。

条目 30　伸手去触摸物品

目的：

☆ 考察学生触摸物品的能力。

要求：

➤ 听指令用双手或单手触摸小玩具。

工具：

√ 小玩具或强化物。

标准：

◇ 通过：独立按要求伸手触摸小玩具。

◇ 部分通过：部分借助于家长、教师的肢体辅助触摸小玩具。

◇ 无法通过：主要依靠家长、教师的肢体辅助才能触摸小玩具。

条目 31　用手掌拿取物品

目的：

☆ 考察学生用手掌拿取物品的能力。

要求：

➤ 听指令能用手掌抓住玩具（手指的作用不明显），并将玩具放置指定位置。

工具：

√ 适合手掌抓握的小物品，如积木等。

标准：

◇ 通过：独立抓住玩具，并将其放在指定的位置上。

◇ 部分通过：部分借助于家长、教师的肢体辅助拿起小玩具放在指定的位置上；或独立拿起小玩具但不能放在指定的位置。

◇ 无法通过：主要依靠家长、教师的肢体辅助拿起小玩具放在指定的位置上。

条目 32　用手指拿取物品

目的：

☆ 考察学生用手指拿取物品的能力。

要求：

➤ 听指令利用手指拿取小玩具，并放置在指定的位置上。

工具：

√ 适合手指抓握的小物品，如巧克力豆等。

标准：

◇ 通过：独立用五指抓/前三指捏取/拇指和食指捏取指定小玩具，并将其放置在指定的位置上。

◇ 部分通过：部分借助于家长、教师的肢体辅助用手指拿起小玩具并放在指定的位置上；或独立用手指拿起小玩具但不能放在指定的位置上。

◇ 无法通过：主要依靠家长、教师的肢体辅助用手指拿起小玩具并放在指定的位置上。

条目 33　根据物体的大小有意识地变化手势拿物品

目的：

☆ 考察学生根据物品的大小，灵活运用适宜的手势拿取物品的能力。

要求：

➤ 根据指令，用拇指和食指捏取小物品，用五指拿取大物品，并将物品放置于指定的位置。例如，学生看见一颗巧克力豆后，能够自然地用拇指和食指捏取；看见一个大积木能够用五指抓。

工具：

√ 积木、巧克力豆、珠子等。

标准：

◇ 通过：独立运用拇指和食指捏取小物品，用五指拿取大物品，并将物品放置于指定的位置。

◇ 部分通过：用不适当的手势拿取物品，并将物品放置于指定的位置。

◇ 无法通过：依靠家长、教师的肢体辅助拿取物品，并将物品放置于指定的位置。

条目 34　能拿取身体对侧的物品

目的：

☆ 考察学生扭动身体拿取物品的能力。

要求：

➤ 听指令扭动身体拿取身体对侧的物品，如学生坐在垫子上，左右两侧摆放上学生喜欢的玩具，并告知"请你把你喜欢的玩具拿起来"。

工具：

√ 玩具、垫子。

标准：

◇ 通过：独立拿取身体任一对侧的小玩具（两侧）。

◇ 部分通过：独立拿取身体某一侧的小玩具。

◇ 无法通过：主要依靠家长、教师的肢体辅助拿取小玩具。

条目 35　能拿取前后方位置的物品

目的：

☆ 考察学生屈曲躯体或躯体旋转达到适合体位拿取物品的能力。

要求：

➤ 屈曲躯体拿取身体前方的物品；旋转躯体拿取身体后方的物品，如学生坐在垫子上，前后方向摆放上学生喜欢的玩具，并告知"请你把你喜欢的玩具拿起来"。

工具：

√ 玩具、垫子。

标准：

◇ 通过：独立拿取前面和后面两个方向的玩具。

◇ 部分通过：独立拿取前面或后面一个方向的玩具。

◇ 无法通过：主要依靠家长、教师的肢体辅助拿取小玩具。

条目 36　按压开关或按键

目的：

☆ 考察学生五指分离运动的能力。

要求：

➤ 用 1 根手指（常见的是食指或拇指）按压开关或按钮，如按墙面上的开关、训练教具上的开关按钮，按座机或手机上的电话号码，按动玩具的按钮等。

工具：

√电动玩具。

标准：

◇ 通过：独立用一个手指按压开关或按钮。

◇ 部分通过：少量辅助可用一个手指按压开关或按钮。

◇ 无法通过：在家长、教师的肢体辅助下用手指按压开关或按钮。

条目 37　摇晃物品

目的：

☆ 考察学生手腕的活动能力。

要求：

➤ 学生能双手或单手摇晃容器中的液体或固体，如学生在喝果粒橙之前用双手或单手将果粒橙摇一摇。

工具：

√ 饮料瓶等。

标准：

◇ 通过：独立连续摇晃物品 5 次以上（含 5 次）。

◇ 部分通过：独立连续摇晃物品 1～5 次。

◇ 无法通过：在家长、教师的肢体辅助下摇晃物品。

条目 38　逐页翻书

目的：

☆ 考察学生用手指翻开书本的能力。

要求：

➤ 学生能用手指翻开要阅读的绘本书页，能用拇指和食指搓书页，并将书页翻到一边，能够按顺序一页一页地用两指搓翻书页。

工具：

√　书籍。

标准：

◇　通过：独立逐页翻开一本 10 页的书，即使偶有（2 次以下）翻过双页（排除纸质受潮的影响），但自己能意识到并用两指搓翻书页。

◇　部分通过：独立翻开一本 10 页的书，但有 3～4 次翻过双页（排除纸质受潮的影响）。

◇　无法通过：在家长、教师的肢体辅助下逐页翻书页；或独立翻开一本 10 页的书，但有 5 次翻过双页（排除纸质受潮的影响）。

条目 39　使用尺子

目的：

☆　考察学生双手协调的操作能力。

要求：

➤　学生知道尺子的用途，能用尺子测量长度，如书。

工具：

√　尺子。

标准：

◇　通过：知道尺子的功能，并独立使用尺子量物品的长度，有正确结果。

◇　部分通过：知道尺子的功能，在家长、教师的示范指导下使用尺子量物品的长度，有正确结果。

◇　无法通过：不知道尺子的功能，不会使用尺子。

条目 40　使用曲别针

目的：

☆　考察学生双手手指的协调能力。

要求：

➤　学生知道曲别针的用途，用曲别针别 3 张薄纸。

工具：

√　曲别针。

标准：

◇　通过：知道曲别针的功能，并独立使用曲别针别 3 张纸。

◇ 部分通过：知道曲别针的功能，在家长、教师的示范指导下使用曲别针别 3 张纸。

◇ 无法通过：不知道曲别针的功能，不会使用曲别针。

条目 41　撕开纸张

目的：

☆ 考察学生观察事物、双手撕裂动作的稳定性及手眼协调性。

要求：

➤ 能按照提示（提示线、折纸印等）双手准确地撕开纸张，如教师将纸对折后，学生能沿着折痕将纸撕成两半。

工具：

√ 纸张。

标准：

◇ 通过：独立按照提示（提示线、折纸印等）双手准确地撕开纸张。

◇ 部分通过：不能按照提示撕纸；一手按压，一手撕纸；在家长、教师的示范指导下双手撕纸。

◇ 无法通过：不能双手撕纸；用嘴咬纸等。

条目 42　打开简单绳结

目的：

☆ 考察学生动手操作能力。

要求：

➤ 教师将绳子打一个结系在插棒上（绳结简单，一扣即可），学生双手分开，以一手拉或拽将绳结打开。适时地予以提示。

工具：

√ 绳子。

标准：

◇ 通过：独立拉或拽开绳结。

◇ 部分通过：在家长、教师的示范指导下拉或拽开绳结。

◇ 无法通过：在家长、教师的肢体辅助下拉或拽开绳结。

条目 43　用小夹子夹取物品

目的：

☆ 考察学生持物操作能力。

要求：

➤ 手掌把持夹子，拇指和食指对捏操作夹持小物品并放到指定位置。

工具：

√ 小夹子、珠子、豆子等。

标准：

◇ 通过：独立使用夹子夹物品并放到指定位置。

◇ 部分通过：在家长、教师的示范指导下使用夹子夹物品，并放到指定位置。

◇ 无法通过：不能正确手持夹子；一把握住夹子，无法使用夹子夹物品；在家长、教师的肢体辅助下使用夹子夹物品，并放到指定位置。

条目 44　独立系蝴蝶结或系鞋带

目的：

☆ 考察学生掌握系鞋带的主要技巧。

要求：

➤ 将两根鞋带交叉打结后拉紧，弯曲后相互穿插系上。

工具：

√ 绳子。

标准：

◇ 通过：能独立系蝴蝶结或鞋带。

◇ 部分通过：独立完成 1/3～3/3"系"的动作；在家长、教师的示范指导下完成"系"的动作。

◇ 无法通过：独立完成 1/3 以下"系"的动作；在家长、教师的肢体辅助下完成"系"的动作。

条目 45　使用橡皮泥完成简单立体形状的制作

目的：

☆ 考察学生徒手操作以完成简单的立体制作能力。

要求：

➤ 能够使用搓、揉、捏、按等常用手法进行简单图形制作，如学生能用双手搓出圆团，将圆团放在桌子上，用手按压成圆形。

工具：

√ 橡皮泥。

标准：

◇ 通过：独立使用橡皮泥制作简单的图形。

◇ 部分通过：独立完成 1/3～3/3 的造型工作；在家长、教师的示范指导下制作简单的图形。

◇ 无法通过：独立完成 1/3 以下的造型工作；在家长、教师的肢体辅助下制作简单的图形。

条目 46　按照线段提示进行纸张对折，完成简单手工创作

目的：

☆ 考察学生的手指分离运动及视动整合能力。

要求：

➤ 完成精细对折，如教师拿出一张带有飞机折痕的白纸，学生能将纸张对折并沿着折痕折成纸飞机。

工具：

√ 纸张。

标准：

◇ 通过：独立按照线段提示进行纸张对折，飞机成型。

◇ 部分通过：独立完成 1/3～3/3 的工作；在家长、教师的示范指导下按照线段提示折叠飞机。

◇ 无法通过：独立完成 1/3 以下的工作；在家长、教师的肢体辅助下按照线段提示完成折飞机工作。

条目 47　使用绳子穿孔

目的：

☆ 考察学生的视动整合、手指实用操作等多方面能力。

要求：

➤ 学生能手眼协调完成对应穿孔，并保持整齐。例如，教师出示绳子和穿

绳板，示范并告知"请按照老师的方法，一个对着一个穿，1，2，3……"，学生能模仿教师穿绳的动作。

工具：

√ 穿大孔扣子、绳子。

标准：

◇ 通过：独立用绳子穿 5 个孔。

◇ 部分通过：独立用绳子穿 3～4 个孔；在家长、教师的示范指导下穿 5 个孔。

◇ 无法通过：独立用绳子穿 2 个及以下的孔；在家长、教师的肢体辅助下穿过 5 个孔。

条目 48　使用剪刀剪断绳子

目的：

☆ 考察学生手指开合的运动。

要求：

➤ 学生能正确地握持剪刀，能够剪断指定物品。例如，教师一手拿剪刀，一手拿绳子，告知"按照老师的握法握住剪刀，看老师的手一张一合，请用剪刀把绳子剪断"，学生能模仿教师完成剪断绳子的动作。

工具：

√ 剪刀、绳子。

标准：

◇ 通过：独立剪断绳子。

◇ 部分通过：在家长、教师的示范指导下剪断绳子。

◇ 无法通过：在家长、教师的肢体辅助下剪断绳子。

条目 49　沿线条剪纸

目的：

☆ 考察学生手指运动的灵活性。

要求：

➤ 能够使用剪刀连续地剪并剪断指定物品。例如，教师一手拿剪刀，一手拿一张纸，告知"请像老师这样做，把这张纸剪断……"学生能模仿教师完成剪纸的动作。

工具：

√ 剪刀、画有线条的纸张。

标准：

◇ 通过：独立用连续剪的方式剪断纸。

◇ 部分通过：在家长、教师的示范指导下，能用连续剪的方式剪纸。

◇ 无法通过：在家长、教师的肢体辅助下，能用连续剪的方式剪纸。

条目 50　涂抹胶水并完成简单的拼贴

目的：

☆ 考察学生手眼协调即双手协调的操作能力。

要求：

➤ 能拧开胶水棒，将胶头对准纸面，适量涂抹，将需粘贴的部分放置在相应处。例如，按教师指令，学生能拧开胶水棒后，在卡片的背面涂上胶水，并把背面贴于白纸上。

工具：

√ 胶水棒、小卡片、纸张。

标准：

◇ 通过：独立将卡片贴于纸面上。

◇ 部分通过：在家长、教师的示范指导下，将卡片贴在纸面上。

◇ 无法通过：在家长、教师的肢体辅助下，将卡片贴在纸面上。

条目 51　串珠子

目的：

☆ 考察学生手眼协调能力。

要求：

➤ 学生能准确地拿捏串珠，能准确地找到串珠的锁眼并通过串绳。

工具：

√ 绳子、带孔的珠子。

标准：

◇ 通过：独立串珠 5 个。

◇ 部分通过：独立串珠 3~4 个；在家长、教师的示范指导下完成 5 个串珠。

◇ 无法通过：独立串珠 3 个以下（不含 3 个）；在家长、教师的肢体辅助下完成 5 个串珠。

条目 52　拆插拼图

目的:

☆ 考察学生手眼协调能力及拆分物品和穿插物品的能力。

要求:

➤ 将动物拼图拆分后，再还原。

工具:

√ 配套工具《运动——拆插拼图》。

标准:

◇ 通过: 独立将动物拼图拆分后，全部还原。

◇ 部分通过: 独立将动物拼图拆分后，还原 1/3～3/3; 在家长、教师示范指导下，才能完成拆、拼任务。

◇ 无法通过: 独立将动物拼图拆分后，还原 1/3 以下; 在家长、教师的肢体辅助下，才能完成拆、拼任务。

分领域三：运动执行

运动执行是执行或实施某种动作的过程。部分孤独症学生存在运动执行困难。本分领域考察的是孤独症学生的运动执行能力。

条目 53　积木换位

目的:

☆ 考察学生测量手指、手和手臂运动速度及准确性。

要求:

➤ 将测试板上一排几何积木放在下一排颜色和形状相同的位置。取出第 1 个积木开始计时，最后 1 块积木到位计时结束。

工具：

√ 配套工具《运动——积木换位》。

标准：

◇ 通过：独立完成 8 块积木的换位。

◇ 部分通过：积木正确换位 4~7 块。

◇ 无法通过：积木正确换位 4 块以下（不含 4 个）。

条目 54　钓小球

目的：

☆ 考察学生手指的运动速度及准确性。

要求：

➤ 学生用钩球杆的小勾从球面的小孔勾住小球，并从左到右依次将小球放在右一排的球窝中，第一球进入球窝开始计时，最后一球进入球窝计时结束。

工具：

√ 配套工具《运动——钓小球》。

标准：

◇ 通过：1 分钟独立将 10 个小球钓到指定位置。

◇ 部分通过：1 分钟内能完成钓 5~9 个小球的任务。

◇ 无法通过：1 分钟独立钓到小球 5 个以下（不含 5 个）。

条目 55　插木棒

目的：

☆ 考察学生手指的敏捷性。

要求：

➤ 取长、短棒各 6 根插入对应的孔中（孔随机分布为 6 深、6 浅），要求露出来的棒一般高。由于孔的深浅不同，需要被试及时调整木棒。第 1 棒插入开始计时，最后 1 棒插入计时结束。

工具：

√ 配套工具《运动——插木棒》。

标准：

◇ 通过：3 分钟内独立将 12 根木棒插到位。

◇ 部分通过：在教师具体语言的指导下完成插棒任务；或在 3 分钟内不能

按要求插完所有木棒，但可以看到有主动调整棒子的意识。

◇ 无法通过：随机插棒，没有调整棒子的意识；在教师语言的指导下也不会调整插棒的位置。

分领域四：身体素质

身体素质是指人体在活动中所表现出来的力量、速度、耐力、灵敏、柔韧等机能。身体素质是一个人体质强弱的外在表现，将影响人的学习和日常生活。本分领域考察的是孤独症学生身体素质的基本状况。

条目 56　仰卧起坐或俯卧撑

目的：

☆ 考察学生长时间进行持续肌肉工作的能力，即对抗疲劳的能力。

要求：

➤ 记录一分钟仰卧起坐或俯卧撑的次数。

工具：

√ 地垫。

表 2-2　一分钟仰卧起坐的平均值(次)

年龄（岁）	9	10	11	12	13	14	15	16	17	18
男	5.6	5.95	6.3	6.65	7	7.35	7.7	8.05	8.4	8.75
女	5.6	5.95	6.3	6.65	7	7.35	7.7	8.05	8.4	8.75

注：数据来源于上海市学生体质健康监测中心《学生体质健康标准 2014》中男女生从小学三年级至高中三年级阶段一分钟仰卧起坐得分处于及格线(得分为 60 分)的次数的 35%，计算方法为：原数值×0.35。网址 http://www.tzjk.net/GXBZ.aspx。

条目 57　50 米跑

目的：

☆ 考察学生跑的频率和速度。

要求：

➢ 跑步或跑走结合或快走完成规定的距离，如使用辅具者，可以使用辅具。

表 2-3　50 米跑的平均值（秒）

年龄（岁）	7	8	9	10	11	12	13	14	15	16	17	18
男	17.01	16.2	15.53	14.99	14.58	14.31	13.77	13.37	13.10	12.83	12.69	12.42
女	18.63	17.28	16.2	15.53	14.99	14.85	14.72	14.58	14.45	14.31	14.18	14.04

注：数据来源于上海市学生体质健康监测中心《学生体质健康标准 2014》中男女生从小学一年级至高中三年级阶段 50 米跑得分处于及格线（得分为 60 分）的时间的 35%，计算方法为：原数值×1.35。网址 http：//www.tzjk.net/GXBZ.aspx。

条目 58　坐姿体前屈

目的：

☆ 测量人体坐姿向前弯曲程度，考察学生肌肉和韧带的伸展幅度（柔韧性）。

要求：

➢ 学生完成以下任何一项内容。

①使用体前屈测试仪：双腿合并伸直，身体向前弯曲，胳膊向前伸，手掌尽量超过脚。

②简单测试法：靠墙坐姿，双腿不能屈曲，然后身体向前弯曲，胳膊向前伸，手掌尽量超过脚。

工具：

√ 地垫、体前屈测试仪。

表 2-4　坐姿体前屈的平均值（厘米）

年龄（岁）	7	8	9	10	11	12	13	14	15	16	17	18
男	−0.35	−0.75	−1.15	−2.55	−2.95	−4.35	−2.95	−1.75	−0.55	0.35	0.735	1.12
女	0.84	0.805	0.77	0.735	0.7	0.665	0.7	1.015	1.295	1.54	1.75	1.925

注：数据来源于上海市学生体质健康监测中心《学生体质健康标准 2014》中男女生从小学一年级至高中三年级阶段坐位体前屈得分处于及格线（得分为 60 分）的距离的 35%，计算方法为：若原数值不为 0，算法为原数值×0.35；若原数值为 0，则算法为原数值−0.35。网址 http：//www.tzjk.net/GXBZ.aspx。

条目 59　完成 50 米×8 往返跑或走(有氧代谢)

目的：

☆ 考察学生的速度、灵敏及耐受力的发展水平。

要求：

➤ 跑步或跑走结合或快走完成规定的距离，如使用辅具者，可以使用辅具。

表 2-5　50 米×8 往返跑的平均值(分)

年龄(岁)	11	12	13	14	15	16	17	18
男	2.94	2.86	2.76	2.65	2.54	2.44	2.33	2.23
女	3.01	2.96	2.85	2.74	2.63	2.52	2.41	2.30

注：上表中 11 岁、12 岁的数据来源于上海市学生体质健康监测中心《学生体质健康标准 2014》中小学五年级和六年级男女生 50 米×8 往返跑得分处于及格线(得分为 60 分)的时间的 35%，计算方法为：原数值×1.35。而 13～18 岁的数据则根据六年级男女生 50 米×8 往返跑得分处于及格线(得分为 60 分)的时间计算得出，计算公式为："六年级男女生 50 米×8 往返跑的时间"×($1.35-n×0.5$)，其中，当计算年龄为 13 岁的数据时，$n=1$；当计算年龄为 14 岁的数据时，$n=2$；……当计算年龄为 18 岁的数据时，$n=6$。网址 http://www.tzjk.net/GXBZ.aspx。

条目 60　左右手握力(肌力)

目的：

☆ 考察肌肉主动收缩的力量。

要求：

➤ 分别记录学生两手的握力。

工具：

√ 握力计。

表 2-6　左右手握力的平均值(牛)

年龄(岁)	男生		女生	
	左手	右手	左手	右手
7	37.5	40.83	2.5	7.5
8	49.17	51.67	44.69	50.31

年龄(岁)	男生		女生	
	左手	右手	左手	右手
9	66.54	67.14	39.55	41.73
10	77.5	79.23	84.55	90
11	87.07	90.69	103.65	105.38
12	135.17	134.33	133.33	134.52
13	166.44	166.84	132.92	138.6
14	204.69	199.69	150.13	145.53
15	242.19	246.09	150.98	153.78
16	285.24	286.37	170.26	181.18
17	262.5	263.27	193.14	200.69
18	325	314.29	198.42	191.32

注：数据来源于《北京市智力落后学生身体素质发育水平的调查研究》(《中国特殊教育》2005 年第 2 期)一文中北京市 11 所培智学校智力落后学生左右手握力的平均值。

条目 61　身体成分(BMI 自动生成)

目的：

☆ 考察学生各身体指标。

要求：

➤ 分别记录学生 BMI 值。

表 2-7　体重指数(BMI)单项评分表(单位：千克/米^2)

年级	正常		低体重		超重		肥胖	
	男	女	男	女	男	女	男	女
一年级	13.5～18.1	13.3～17.3	≤13.4	≤13.2	18.2～20.3	17.4～19.2	≥20.4	≥19.3
二年级	13.7～18.4	13.5～17.8	≤13.6	≤13.4	18.5～20.4	17.9～20.2	≥20.5	≥20.3
三年级	13.9～19.4	13.6～18.6	≤13.8	≤13.5	19.5～22.1	18.7～21.1	≥22.2	≥21.2
四年级	14.2～20.1	13.7～19.4	≤14.1	≤13.6	20.2～22.6	19.5～22.0	≥22.7	≥22.1
五年级	14.4～21.4	13.8～20.5	≤14.3	≤13.7	21.5～24.1	20.6～22.9	≥24.2	≥23.0
六年级	14.7～21.8	14.2～20.8	≤14.6	≤14.1	21.9～24.5	20.9～23.6	≥24.6	≥23.7

年级	正常		低体重		超重		肥胖	
	男	女	男	女	男	女	男	女
七年级	15.5～22.1	14.8～21.7	≤15.4	≤14.7	22.2～24.9	21.8～24.4	≥25.0	≥24.5
八年级	15.7～22.5	15.3～22.2	≤15.6	≤15.2	22.6～25.2	22.3～24.8	≥25.3	≥24.9
九年级	15.8～22.8	16.0～22.6	≤15.7	≤15.9	22.9～26.0	22.7～25.1	≥26.1	≥25.2
高一	16.5～23.2	16.5～22.7	≤16.4	≤16.4	23.3～26.3	22.8～25.2	≥26.4	≥25.3
高二	16.8～23.7	16.9～23.2	≤16.7	≤16.8	23.8～26.5	23.3～25.4	≥26.6	≥25.5
高三	17.3～23.8	17.1～23.3	≤17.2	≤17.0	23.9～27.3	23.4～25.7	≥27.4	≥25.8
大学	17.9～23.9	17.2～23.9	≤17.8	≤17.1	24.0～27.9	24.0～27.9	≥28.0	≥28.0

注：BMI＝体重(千克)÷身高^2(米^2)，一年级＝7岁。

第三章

情绪管理领域

　　情绪是个体需要是否获得满足而产生的强烈的、具有情境性的情感反应。情绪管理能力是指学生对自身情绪和他人情绪的认识与驾驭情绪的能力。稳定的情绪是孤独症学生进行教育训练的一个重要基础，也是他们参与集体和社会活动的一个必备因素。本教育评估系统将考察孤独症学生的情绪识别与理解能力、情绪表达能力、情绪回应能力和情绪调控能力共 4 个领域，处于第二层次的考量维度，共有 23 个评估条目。

　　建议在测试过程中，教师和家长可以通过给予适当的提示来考察学生的执行能力，包括口头提示、图片提示、手势提示、动作示范。评估结果从通过、部分通过或无法通过三个方面呈现。值得注意的是，如果学生能够独立完成条目内容且表现稳定，被列为通过。如果学生需要一定的提示完成条目内容（包括部分内容），或是不能持续表现均被列为部分通过。如果学生在提示之下也无法完成该条目全部内容，或是主要依靠教师或他人提供的大量、直接的肢体辅助才能完成，均被列为无法通过。

分领域一：情绪识别与理解

情绪识别与理解是情绪管理的基础，也是进行社交互动的基石，包括 6 种基本情绪的识别和 4 种复杂情绪的理解。本分领域主要考察学生是否能够通过他人的面部表情（如嘴巴、眼睛、眉毛等），肢体语言，语言声调和具体情境等信息来识别他人的情绪及其包含的信息，并据此产生恰当的回应。

建议采用现场测试（如带有明显情绪特征的图片，让学生辨别）的方式进行，同时鼓励评估者在测试时使用社会性强化物，如口头表扬、获得代币等，否则很容易导致现场测试无效。注意教师在选择表达情绪的图片时，应选择有突出明确特征的面部表情图片，并采用真人照片、简笔画、卡通图片等多种形式测试。此外，在日常生活中直接观察、家长与他人报告也是获取该领域信息的方法。

条目 1　接收性命名他人的基本情绪

1.1　快乐

目的：

☆ 考察学生识别他人快乐情绪的能力。

要求：

➤ 学生能通过他人的面部表情（如嘴巴、眼睛、眉毛等），肢体语言，语言声调和具体情境等信息来识别并接收性地命名他人快乐的情绪。

➤ 教师可提示"哪一个是开心的图片？""找出高兴的图片"等指令。注意教师可以使用多个同义词来进行泛化能力的测试。学生需要正确识别指认两张图片。

工具：

√ 各种基本表情的图片，建议表示快乐的图片有简笔画和真人照片两种类型，并配有其他情绪的干扰图片。

√ 软件图片《情绪管理——识别快乐 1》中的图片（其中有两张是表示快乐的）。

标准：

◇ 通过：独立完成该条目全部内容且表现稳定。

◇ 部分通过：在提示下，完成该条目部分内容（如识别一张图片）；或不能持续稳定表现该条目内容。

◇ 无法通过：即使在提示下，也无法完成辨识。

1.2 愤怒

目的：

☆ 考察学生识别他人愤怒情绪的能力。

要求：

➢ 学生能通过他人的面部表情（如嘴巴、眼睛、眉毛等），肢体语言，语言声调和具体情境等信息来识别并接收性地命名他人愤怒的情绪。

➢ 教师可提示"哪一个是生气的图片？""找出气愤的图片"等指令。注意教师可以使用多个同义词来进行泛化能力的测试。学生需要正确识别指认两张图片。

工具：

√ 各种基本表情的图片，建议表示愤怒的图片有简笔画和真人照片两种类型，并配有其他情绪的干扰图片。

√ 软件图片《情绪管理——识别愤怒 1》中的图片（其中有两张是表示愤怒的）。

标准：

◇ 通过：独立完成该条目全部内容且表现稳定。

◇ 部分通过：在提示下，完成该条目部分内容（如识别一张图片）；或不能持续稳定表现该条目内容。

◇ 无法通过：即使在提示下，也无法完成辨识。

1.3 悲伤

目的：

☆ 考察学生识别他人悲伤情绪的能力。

要求：

➢ 学生能通过他人的面部表情（如嘴巴、眼睛、眉毛等），肢体语言，语言声调和具体情境等信息来识别并接收性地命名他人悲伤的情绪。

➤ 教师可提示"哪一个是伤心的图片?""找出难过的图片"等指令。注意教师可以使用多个同义词来进行泛化能力的测试。学生需要正确识别指认两张图片。

工具:

√ 各种基本表情的图片,建议表示悲伤的图片有简笔画和真人照片两种类型,并配有其他情绪的干扰图片。

√ 软件图片《情绪管理－识别悲伤1》中的图片(其中有两张是表示悲伤的)。

标准:

◇ 通过:独立完成该条目全部内容且表现稳定。

◇ 部分通过:在提示下,完成该条目部分内容(如识别一张图片);或不能持续稳定表现该条目内容。

◇ 无法通过:即使在提示下,也无法完成辨识。

1.4　害怕

目的:

☆ 考察学生识别他人害怕情绪的能力。

要求:

➤ 学生能通过他人的面部表情(如嘴巴、眼睛、眉毛等),肢体语言,语言声调和具体情境等信息来识别并接收性地命名他人害怕的情绪。

➤ 教师可提示"哪一个是害怕的图片?""找出表达恐惧的图片"等指令。注意教师可以使用多个同义词来进行泛化能力的测试。学生需要正确识别指认两张图片。

工具:

√ 各种基本表情的图片,建议表示害怕的图片有简笔画和真人照片两种类型,并配有其他情绪的干扰图片。

√ 软件图片《情绪管理——识别害怕1》中的图片(其中有两张是表示害怕的)。

标准:

◇ 通过:独立完成该条目全部内容且表现稳定。

◇ 部分通过:在提示下,完成该条目部分内容(如识别一张图片);或不能持续稳定表现该条目内容。

◇ 无法通过:即使在提示下,也无法完成辨识。

1.5 惊奇

目的：

☆ 考察学生识别他人惊奇情绪的能力。

要求：

➤ 学生能通过他人的面部表情（如嘴巴、眼睛、眉毛等），肢体语言，语言声调和具体情境等信息来识别并接收性地命名他人惊奇的情绪。

➤ 教师可提示"哪一个是惊讶的图片？""找出惊奇的图片"等指令。注意教师可以使用多个同义词来进行泛化能力的测试。学生需要正确识别指认两张图片。

工具：

√ 各种基本表情的图片，建议表示惊奇的图片有简笔画和真人照片两种类型，并配有其他情绪的干扰图片。

√ 软件图片《情绪管理——识别惊奇1》中的图片（其中有两张是表示惊奇的）。

标准：

◇ 通过：独立完成该条目全部内容且表现稳定。

◇ 部分通过：在提示下，完成该条目部分内容（如识别一张图片）；或不能持续稳定表现该条目内容。

◇ 无法通过：即使在提示下，也无法完成辨识。

1.6 厌恶

目的：

☆ 考察学生识别他人厌恶情绪的能力。

要求：

➤ 学生能通过他人的面部表情（如嘴巴、眼睛、眉毛等），肢体语言，语言声调和具体情境等信息来识别并接收性地命名他人厌恶的情绪。

➤ 教师可提示"哪一个是厌恶的图片？""找出表达厌烦的图片"等指令。注意教师可以使用多个同义词来进行泛化能力的测试。学生需要正确识别指认两张图片。

工具：

√ 各种基本表情的图片，建议表示厌恶的图片有简笔画和真人照片两种类型，并配有其他情绪的干扰图片。

√ 软件图片《情绪管理——识别厌恶1》中的图片（其中有两张是表示厌恶的）。

标准：

◇ 通过：独立完成该条目全部内容且表现稳定。

◇ 部分通过：在提示下，完成该条目部分内容（如识别一张图片）；或不能持续稳定表现该条目内容。

◇ 无法通过：即使在提示下，也无法完成辨识。

条目 2　表达性命名他人的基本情绪

2.1　快乐

目的：

☆ 考察学生识别他人快乐情绪并用语言命名的能力。

要求：

➤ 学生能通过他人的面部表情，并能用相应的词语（如"开心""高兴""快乐"等）、短语（如"很高兴"）或其他沟通形式（手语、手势、写字或打字等）来描述这种情绪，回答教师的"这是什么表情啊?""他感觉怎么样啊?"等问题。学生需要正确识别命名两张图片。

工具：

√ 表达快乐表情的人物图片。

√ 软件图片《情绪管理——识别快乐 2》中的图片。

标准：

◇ 通过：独立完成该条目全部内容且表现稳定。

◇ 部分通过：在提示下，完成该条目部分内容（如识别一张图片）；或不能持续稳定表现该条目内容。

◇ 无法通过：即使在提示下，也无法完成命名。

2.2　愤怒

目的：

☆ 考察学生识别他人愤怒情绪并用语言命名的能力。

要求：

➤ 学生能通过他人的面部表情，并能用相应的词语（如"生气、愤怒"等）、短语（如"生气了"）或其他沟通形式（手语、手势、写字或打字等）来描述这种情绪，回答教师的"这是什么表情啊?""他感觉怎么样啊?"等问题。学生需要正确识别命名两张图片。

工具：

✓ 表达愤怒表情的人物图片。

✓ 软件图片《情绪管理——识别愤怒 2》中的图片。

标准：

◇ 通过：独立完成该条目全部内容且表现稳定。

◇ 部分通过：在提示下，完成该条目部分内容（如识别一张图片）；或不能持续稳定表现该条目内容。

◇ 无法通过：即使在提示下，也无法完成命名。

2.3 悲伤

目的：

☆ 考察学生识别他人悲伤情绪并用语言命名的能力。

要求：

➤ 学生能通过他人的面部表情，并能用相应的词语（如"伤心""难过"等）、短语（如"感觉不开心"）或其他沟通形式（手语、手势、写字或打字等）来描述这种情绪，回答教师的"这是什么表情啊？""他感觉怎么样啊？"等问题。学生需要正确识别命名两张图片。

工具：

✓ 表达悲伤表情的人物图片。

✓ 软件图片《情绪管理——识别悲伤 2》中的图片。

标准：

◇ 通过：独立完成该条目全部内容且表现稳定。

◇ 部分通过：在提示下，完成该条目部分内容（如识别一张图片）；或不能持续稳定表现该条目内容。

◇ 无法通过：即使在提示下，也无法完成命名。

2.4 害怕

目的：

☆ 考察学生识别他人害怕情绪并用语言命名的能力。

要求：

➤ 学生能通过他人的面部表情，并能用相应的词语（如"害怕""恐惧"等）、短语（如"感觉害怕"）或其他沟通形式（手语、手势、写字或打字等）来描述这种情绪，回答教师的"这是什么表情啊？""他感觉怎么样啊？"等问题。学生需要正确识别命名两张图片。

工具：

√ 表达害怕表情的人物图片。

√ 软件图片《情绪管理——识别害怕 2》中的图片。

标准：

◇ 通过：独立完成该条目全部内容且表现稳定。

◇ 部分通过：在提示下，完成该条目部分内容（如识别一张图片）；或不能持续稳定表现该条目内容。

◇ 无法通过：即使在提示下，也无法完成命名。

2.5　惊奇

目的：

☆ 考察学生识别他人惊奇情绪并用语言命名的能力。

要求：

➤ 学生能通过他人的面部表情，并能用相应的词语（如"惊讶""惊奇"）、短语（如"非常惊奇"）或其他沟通形式（手语、手势、写字或打字等）来描述这种情绪，回答教师的"这是什么表情啊?""他感觉怎么样啊?"等问题。学生需要正确识别命名两张图片。

工具：

√ 表达惊奇表情的人物图片。

√ 软件图片《情绪管理——识别惊奇 2》中的图片。

标准：

◇ 通过：独立完成该条目全部内容且表现稳定。

◇ 部分通过：在提示下，完成该条目部分内容（如识别一张图片）；或不能持续稳定表现该条目内容。

◇ 无法通过：即使在提示下，也无法完成命名。

2.6　厌恶

目的：

☆ 考察学生识别他人厌恶情绪并用语言命名的能力。

要求：

➤ 学生能通过他人的面部表情，并能用相应的词语（如"讨厌""厌恶"）、短语（如"他非常不喜欢""他觉得很讨厌"）或其他沟通形式（手语、手势、写字或打字等）来描述这种情绪，回答教师的"这是什么表情啊?""他感觉怎么样啊?"等问题。学生需要正确识别命名两张图片。

工具：

✓ 表达厌恶表情的人物图片。

✓ 软件图片《情绪管理——识别厌恶 2》中的图片。

标准：

◇ 通过：独立完成该条目全部内容且表现稳定。

◇ 部分通过：在提示下，完成该条目部分内容（如识别一张图片）；或不能持续稳定表现该条目内容。

◇ 无法通过：即使在提示下，也无法完成命名。

条目 3　理解他人脸部线索

3.1　根据快乐的表情，说明脸部特征

目的：

☆ 考察学生识别他人快乐情绪并用语言描述快乐时的面部特征的能力。

要求：

➤ 学生能够用语言描述快乐时的面部特征（如嘴巴、眼睛、眉毛等）。学生需要正确说明一张图片。

工具：

✓ 表达快乐表情的人物图片。

✓ 软件图片《情绪管理——识别快乐 2》中的图片。

标准：

◇ 通过：独立完成该条目全部内容且表现稳定。

◇ 部分通过：在提示下，完成该条目部分内容；或不能持续稳定表现该条目内容。

◇ 无法通过：即使在提示下，也无法完成该条目内容。

3.2　根据愤怒的表情，说明脸部特征

目的：

☆ 考察学生识别他人愤怒情绪并用语言描述他人生气时的面部特征的能力。

要求：

➤ 学生能够用语言描述生气时的面部特征（如嘴巴、眼睛、眉毛等）。学生需要正确说明一张图片。

工具：

✓ 表达愤怒表情的人物图片。

√ 软件图片《情绪管理——识别愤怒 2》中的图片。

标准：

◇ 通过：独立完成该条目全部内容且表现稳定。

◇ 部分通过：在提示下，完成该条目部分内容；或不能持续稳定表现该条目内容。

◇ 无法通过：即使在提示下，也无法完成该条目内容。

3.3　根据悲伤的表情，说明脸部特征

目的：

☆ 考察学生识别他人悲伤情绪并用语言描述悲伤时的面部特征的能力。

要求：

➢ 学生能够用语言描述悲伤时的面部特征（如嘴巴、眼睛、眉毛等）。学生需要正确说明一张图片。

工具：

√ 表达悲伤表情的人物图片。

√ 软件图片《情绪管理——识别悲伤 2》中的图片。

标准：

◇ 通过：独立完成该条目全部内容，且表现出稳定。

◇ 部分通过：在提示下，完成该条目部分内容；或不能持续稳定表现该条目内容。

◇ 无法通过：即使在提示下，也无法完成该条目内容。

3.4　根据害怕的表情，说明脸部特征

目的：

☆ 考察学生识别他人害怕情绪并用语言描述害怕时的面部特征的能力。

要求：

➢ 学生能够用语言描述害怕时的面部特征（如嘴巴、眼睛、眉毛等）。学生需要正确说明一张图片。

工具：

√ 表达害怕表情的人物图片。

√ 软件图片《情绪管理——识别害怕 2》中的图片。

标准：

◇ 通过：独立完成该条目全部内容且表现稳定。

◇ 部分通过：在提示下，完成该条目部分内容；或不能持续稳定表现该条

目内容。

◇ 无法通过：即使在提示下，也无法完成该条目内容。

3.5 根据惊奇的表情，说明脸部特征

目的：

☆ 考察学生识别他人惊奇情绪并能用语言描述惊奇时的面部特征的能力。

要求：

➢ 学生能够用语言描述惊奇时的面部特征（如嘴巴、眼睛、眉毛等）。学生需要正确说明一张图片。

工具：

√ 表达惊奇表情的人物图片。

√ 软件图片《情绪管理——识别惊奇 2》中的图片。

标准：

◇ 通过：独立完成该条目全部内容且表现稳定。

◇ 部分通过：在提示下，完成该条目部分内容；或不能持续稳定表现该条目内容。

◇ 无法通过：即使在提示下，也无法完成该条目内容。

3.6 根据厌恶的表情，说明脸部特征

目的：

☆ 考察学生识别他人厌恶情绪并用语言描述厌恶时的面部特征的能力。

要求：

➢ 学生能够用语言描述厌恶时的面部特征（如嘴巴、眼睛、眉毛等）。学生需要正确说明一张图片。

工具：

√ 表达厌恶表情的人物图片。

√ 软件图片《情绪管理——识别厌恶 2》中的图片。

标准：

◇ 通过：独立完成该条目全部内容且表现稳定。

◇ 部分通过：在提示下，完成该条目部分内容；或不能持续稳定表现该条目内容。

◇ 无法通过：即使在提示下，也无法完成该条目内容。

3.7 能在多种简单表情中，识别正确的表情

目的：

☆ 考察学生在多种简单表情中，是否能够根据教师指令选择正确的表情。

要求：

➤ 在1到5种干扰表情图片中，命名出正确的表情，如教师显示多张表情图片(可添加1到5张图片，总计6张图片)，发指令"选出表示开心、高兴的图片"，学生可以正确选出。

➤ 开始可以仅为一张干扰图片，如快乐与悲伤的图片，用白纸遮挡其他干扰图片，让学生二选一，然后逐步撤离白纸，增加干扰图片的数量。学生需要正确选对六种表情的图片。

工具：

√ 6种基本表情的图片若干张。

√ 软件图片《情绪管理——识别正确的简单表情》的6张图片。

标准：

◇ 通过：独立完成该条目全部内容，且表现出稳定。

◇ 部分通过：在提示下，完成该条目部分内容；或不能持续稳定表现该条目内容。

◇ 无法通过：即使在提示下，也无法完成该条目内容。

条目4 识别他人的复杂情绪

4.1 焦虑

目的：

☆ 考察学生识别他人焦虑情绪的能力。

要求：

➤ 学生能通过他人的面部表情(如嘴巴、眼睛、眉毛等)，肢体语言，语言声调和具体情境等信息来识别他人焦虑的情绪，并能将其与相对应的图片或命名匹配，以及能用相应的语言来命名或描述这种情绪。学生需要正确识别并说明一张带有该表情的图片，完成接收性和表达性命名。

工具：

√ 表达焦虑表情的人物图片。

√ 软件图片《情绪管理——识别焦虑表情1与2》中的12张图片。

标准：

◇ 通过：独立完成该条目全部内容且表现稳定。

◇ 部分通过：在提示下，完成该条目部分内容；或不能持续稳定表现该条目内容。

◇ 无法通过：即使在提示下，也无法完成该条目内容。

4.2 害羞

目的：

☆ 考察学生识别他人害羞情绪的能力。

要求：

➢ 学生能通过他人的面部表情（如嘴巴、眼睛、眉毛等），肢体语言，语言声调和具体情境等信息来识别他人害羞的情绪，并能将其与相对应的图片或命名匹配，以及能用相应的语言来命名或描述这种情绪。学生需要正确识别并说明一张带有该表情的图片，完成接收性和表达性命名。

工具：

√ 表达害羞表情的人物图片。

√ 软件图片《情绪管理——识别害羞》中的两张图片。

标准：

◇ 通过：独立完成该条目全部内容且表现稳定。

◇ 部分通过：在提示下，完成该条目部分内容；或不能持续稳定表现该条目内容。

◇ 无法通过：即使在提示下，也无法完成该条目内容。

4.3 轻蔑

目的：

☆ 考察学生识别他人轻蔑情绪的能力。

要求：

➢ 学生能通过他人的面部表情（如嘴巴、眼睛、眉毛等），肢体语言，语言声调和具体情景等信息来识别他人轻蔑的情绪，并能将其与相对应的图片或命名匹配，以及能用相应的语言来命名或描述这种情绪。学生需要正确识别并说明一张带有该表情的图片，完成接收性和表达性命名。

工具：

√ 表达轻蔑表情的人物图片。

√ 软件图片《情绪管理——识别轻蔑》中的两张图片。

标准：

◇ 通过：独立完成该条目全部内容且表现稳定。

◇ 部分通过：在提示下，完成该条目部分内容；或不能持续稳定表现该条目内容。

◇ 无法通过：即使在提示下，也无法完成该条目内容。

4.4　自豪

目的：

☆ 考察学生识别他人自豪情绪的能力。

要求：

➤ 学生能通过他人的面部表情（如嘴巴、眼睛、眉毛等），肢体语言，语言声调和具体情境等信息来识别他人自豪的情绪，并能将其与相对应的图片或命名匹配，以及能用相应的语言来命名或描述这种情绪。学生需要正确识别并说明一张带有该表情的图片，完成接收性和表达性命名。

工具：

√ 表达自豪表情的人物图片。

√ 软件图片《情绪管理——识别自豪》中的两张图片。

标准：

◇ 通过：独立完成该条目全部内容且表现稳定。

◇ 部分通过：在提示下，完成该条目部分内容；或不能持续稳定表现该条目内容。

◇ 无法通过：即使在提示下，也无法完成该条目内容。

4.5　能在多种复杂表情中，识别正确的表情

目的：

☆ 考察学生在多种简单表情中，根据教师指令选择正确表情的能力。

要求：

➤ 在 1 到 5 种干扰表情图片中，命名出正确的表情。例如，教师显示多张表情图片（可添加 1 到 5 张图片，总计 6 张图片），发指令"选出表示焦虑、着急的图片"，学生可以正确选出。

➤ 开始可以仅为一张干扰图片，如焦虑与自豪的图片，用白纸遮挡其他图片，让学生二选一，然后增加干扰图片的数量。学生需要正确选对 4 种表情的图片。

工具：

√ 4 种复杂表情的图片若干张。

√ 软件图片《情绪管理——识别正确的复杂表情 1 与 2》共 12 张图片。

标准：

◇ 通过：独立完成该条目全部内容且表现稳定。

◇ 部分通过：在提示下，完成该条目部分内容；或不能持续稳定表现该条目内容。

◇ 无法通过：即使在提示下，也无法完成该条目内容。

条目 5　根据情境，识别自身情绪状态及其变化

目的：

☆ 考察学生根据情境识别自身情绪状态及其变化的能力。

要求：

➤ 学生能够理解自己所处的情绪状态，并能够揣测自己在特定情境中的情绪状态以及随着情境变化自己情绪状态的变化。在测试中以学生姓名或人称代词"你"为主语，要求学生说出在某种情境下自己的情绪，并练习用第一人称描述自己在该情境下的情绪。

➤ 例如，呈现给学生很喜欢且长时间没有触及的强化物，问学生心情是怎样的，要求学生说出"开心""我很高兴"等，或者能用相应的图卡、字卡、手势表达自己的情绪。建议每种基本表情至少有两个情境考察学生的情绪识别情况。

工具：

√ 学生的强化物。

标准：

◇ 通过：独立完成该条目全部内容且表现稳定。

◇ 部分通过：在提示下，完成该条目部分内容；或不能持续稳定表现该条目内容。

◇ 无法通过：即使在提示下，也无法完成该条目内容。

条目 6　根据情境，识别他人情绪状态的变化

目的：

☆ 考察学生根据情境识别他人情绪状态及其变化的能力。

要求：

➤ 学生能够根据情境信息理解他人所处的情绪状态以及随着情境变化他人情绪状态的变化。在测试中以他人姓名或人称代词"他/她""他们/她们"为主语，

要求学生说出在某种情境下他人的情绪。

➤ 例如，在绘本阅读中，书中的小猴子很开心地在树上休息，突然下起了大雨小猴子很着急。此时询问学生小猴子的情绪变化。

工具：

√ 有明显情绪变化图片的绘本读物。

标准：

◇ 通过：独立完成该条目全部内容且表现稳定。

◇ 部分通过：在提示下，完成该条目部分内容；或不能持续稳定表现该条目内容。

◇ 无法通过：即使在提示下，也无法完成该条目内容。

条目 7　理解他人出现某种情绪的原因

目的：

☆ 考察学生理解他人出现某种情绪的原因的能力。

要求：

➤ 学生能够根据情境信息和他人的情绪状态，揣测他人出现该情绪的原因。测试可呈现明显能够引发某情绪的情境图片，要求学生陈述情境发生的内容、说出特定情境下的情绪，并试着说出情境与情绪之间的因果关系。

➤ 例如，给学生一张小朋友生日聚会的图卡，期待学生说出小朋友的情绪和原因，如"他很快乐，因为他的小伙伴们都来给他庆祝生日了""他很开心，因为有美味的生日蛋糕可以吃"。

工具：

√ 有明显情绪变化图片的绘本读物。

标准：

◇ 通过：独立完成该条目全部内容且表现稳定。

◇ 部分通过：在提示下，完成该条目部分内容；或不能持续稳定表现该条目内容。

◇ 无法通过：即使在提示下，也无法完成该条目内容。

分领域二：情绪表达

情绪表达指的是人们用来表现情绪的各种方式，其不仅具有沟通和表达的功能，也是舒缓自己情绪状态的主要方式。但作为一个社会人，情绪表达还要符合社会规范。对于孤独症学生来说，用恰当的方式表达自己的情绪也是解决许多问题行为的方式之一。

本分领域要求学生能够用恰当的语言、表情、声音语调和身体姿势等方式表达相应的情绪。教师可利用教学场景或游戏测试学生。教师可以给予口头指令要求学生依照指示做出该脸部表情。若学生不能独立正确地执行，教师可示范提示或提供图片作为辅助。此外，家长和他人的报告也是获取评估信息的方法。

条目 8 用恰当的语言、面部表情、声音语调或身体姿势做出表情

8.1 快乐

目的：

☆ 考察学生表达快乐情绪的能力。

要求：

➤ 学生能够在识别和理解快乐情绪的基础上，用恰当的语言、面部表情、声音语调或身体姿势做出快乐的表情。

➤ 教师可提示"做出高兴的表情"。注意教师可以使用多个同义词来进行泛化能力的测试。

工具：

√ 表达快乐的表情图片。

√ 软件图片《情绪管理——识别快乐 2》中的两张图片。

标准：

◇ 通过：独立完成该条目全部内容且表现稳定。

◇ 部分通过：在提示下，完成该条目部分内容；或不能持续稳定表现该条目内容。

◇ 无法通过：即使在提示下，也无法完成该条目内容。

8.2 愤怒

目的：

☆ 考察学生表达愤怒情绪的能力。

要求：

➤ 学生能够在识别和理解愤怒情绪的基础上，用恰当的语言、面部表情、声音语调或身体姿势做出愤怒的表情。

➤ 教师可提示"做出愤怒的表情"。注意教师可以使用多个同义词来进行泛化能力的测试。

工具：

√ 表达愤怒的表情图片。

√ 软件图片《情绪管理——识别愤怒 2》中的两张图片。

标准：

◇ 通过：独立完成该条目全部内容且表现稳定。

◇ 部分通过：在提示下，完成该条目部分内容；或不能持续稳定表现该条目内容。

◇ 无法通过：即使在提示下，也无法完成该条目内容。

8.3 悲伤

目的：

☆ 考察学生表现悲伤情绪的能力。

要求：

➤ 学生能够在识别和理解悲伤情绪的基础上，用恰当的语言、面部表情、声音语调或身体姿势做出悲伤的表情。

➤ 教师可提示"做出悲伤的表情"。注意教师可以使用多个同义词来进行泛化能力的测试。

工具：

√ 表达悲伤的表情图片。

√ 软件图片《情绪管理——识别悲伤 2》中的两张图片。

标准：

◇ 通过：独立完成该条目全部内容且表现稳定。

◇ 部分通过：在提示下，完成该条目部分内容；或不能持续稳定表现该条目内容。

◇ 无法通过：即使在提示下，也无法完成该条目内容。

8.4 害怕

目的：

☆ 考察学生表现害怕情绪的能力。

要求：

➤ 学生能够在识别和理解害怕情绪的基础上，用恰当的语言、面部表情、声音语调或身体姿势做出害怕的表情。

➤ 教师可提示"做出害怕的表情"。注意教师可以使用多个同义词来进行泛化能力的测试。

工具：

√ 表达害怕的表情图片。

√ 软件图片《情绪管理——识别害怕 2》中的两张图片。

标准：

◇ 通过：独立完成该条目全部内容且表现稳定。

◇ 部分通过：在提示下，完成该条目部分内容；或不能持续稳定表现该条目内容。

◇ 无法通过：即使在提示下，也无法完成该条目内容。

8.5 惊奇

目的：

☆ 考察学生表现惊奇情绪的能力。

要求：

➤ 学生能够在识别和理解惊奇情绪的基础上，用恰当的语言、面部表情、声音语调或身体姿势做出惊讶的表情。

➤ 教师可提示"做出惊奇的表情"。注意教师可以使用多个同义词来进行泛化能力的测试。

工具：

√ 表达惊奇的表情图片。

√ 软件图片《情绪管理——识别惊奇 2》中的两张图片。

标准：

◇ 通过：独立完成该条目全部内容且表现稳定。

◇ 部分通过：在提示下，完成该条目部分内容；或不能持续稳定表现该条目内容。

◇ 无法通过：即使在提示下，也无法完成该条目内容。

8.6　厌恶

目的：

☆ 考察学生表现厌恶情绪的能力。

要求：

➤ 学生能够在识别和理解厌恶情绪的基础上，用恰当的语言、面部表情、声音语调或身体姿势做出厌恶的表情。

➤ 教师可提示"做出厌恶的表情"。注意教师可以使用多个同义词来进行泛化能力的测试。

工具：

√ 表达厌恶的表情图片。

√ 软件图片《情绪管理——识别厌恶2》中的两张图片。

标准：

◇ 通过：独立完成该条目全部内容且表现稳定。

◇ 部分通过：在提示下，完成该条目部分内容；或不能持续稳定表现该条目内容。

◇ 无法通过：即使在提示下，也无法完成该条目内容。

条目9　对父母及其他主要抚养人表达爱与依恋

目的：

☆ 考察学生表达爱与依恋的能力。

要求：

➤ 学生能够意识到自己与父母及其他主要抚养人之间的情感联系，并能够用恰当的语言、面部表情、声音语调或身体姿势表达自己对他们的爱与依恋，如说"我爱你"、拥抱等。

标准：

◇ 通过：独立完成该条目全部内容且表现稳定。

◇ 部分通过：在提示下，完成该条目内容；或不能持续稳定表现该条目内容。

◇ 无法通过：即使在提示下，也无法完成该条目内容。

条目 10 情绪稳定，情绪间过渡自然

目的：

☆ 考察学生是否具备这种基本的情绪管理能力，能够保持情绪稳定，情绪间过渡自然。

要求：

➤ 学生能够长时间保持稳定的情绪，能够控制自己的情绪，若情绪发生变化要有符合情理的原因，并能通过合理的方式表达。

标准：

◇ 通过：保持稳定的情绪，几乎不会有无端的情绪波动。

◇ 部分通过：在提示下，在较长时间内保持稳定的情绪，偶尔出现情绪波动。

◇ 无法通过：即使在提示下，也经常有无端的情绪波动，无法控制自己的情绪。

条目 11 在陌生或危险情境中，表现出紧张、担忧或恐惧的情绪

目的：

☆ 考察学生是否能在陌生或委屈情境中表现出紧张、担忧或恐惧的情绪。

要求：

➤ 学生能够意识到环境线索，并能用恰当的情绪表现出自己与环境的联系，当学生身处陌生或危险的情境中时，能够意识到环境中的不安全因素，并表现出紧张、担忧或恐惧的情绪，如看到可怕的动物时会表现出害怕的情绪。

标准：

◇ 通过：独立完成该条目全部内容且表现稳定。

◇ 部分通过：在提示下，完成该条目内容；或不能持续稳定表现该条目内容。

◇ 无法通过：即使在提示下，也无法完成该条目内容。

条目 12 主动与他人分享自己的情绪和感受

目的：

☆ 考察学生是否能主动与他人分享自己的情绪和感受。

要求：

➤ 学生能够意识到自己的情绪状态，并能寻求信赖的交流对象，用恰当的

语言、手势、图片等多种形式表达，如学生因为想妈妈了哭泣时能够主动跟他人说"我想妈妈"。

标准：

◇ 通过：独立完成该条目全部内容且表现稳定。

◇ 部分通过：在提示下，完成该条目内容；或不能持续稳定表现该条目内容。

◇ 无法通过：即使在提示下，也无法完成该条目内容。

条目 13　在伤心、生气、焦虑时，向他人寻求安慰

目的：

☆ 考察学生是否能在伤心、生气、焦虑时向他人寻求安慰。

要求：

➤ 在伤心、生气或焦虑时，学生能够意识到自己的情绪状态，并能寻求信赖的交流对象，用恰当的语言、手势、图片等多种形式向他人寻求安慰。

标准：

◇ 通过：独立完成该条目全部内容且表现稳定。

◇ 部分通过：在提示下，完成该条目内容；或不能持续稳定表现该条目内容。

◇ 无法通过：即使在提示下，也无法完成该条目内容。

分领域三：情绪回应

情绪回应能力是指在具备基本情绪识别与表达能力的基础上，对外界的刺激或是他人的情绪和行为产生情绪上的反应能力。本分领域考察学生是否能够与情

境中的信息或刺激建立联系，产生情绪反应，以及是否能觉察他人情绪，设身处地站在别人的立场为别人着想，并用恰当的情绪和行为回应他人的情绪。

本领域的部分条目教师可用假装表演做现场测试，如假装头痛很难过等。但大部分评估条目都需要从教师、家长或他人的报告或直接观察中获得相关信息，考察在自然情境中学生的情绪回应能力。

条目 14　对外界刺激有适当的情绪反应

目的：

☆ 考察学生是否能对外界刺激产生适当的情绪反应。

要求：

➤ 学生能够接收到外界的刺激（包括外在的感知觉刺激和内在的情感刺激等），并由此产生恰当的情绪反应。例如，摔疼了会难过得哭，吃的被抢走了会生气或难过，被表扬了会开心等。

标准：

◇ 通过：独立完成该条目全部内容且表现稳定。

◇ 部分通过：在提示下，完成该条目内容；或不能持续稳定表现该条目内容。

◇ 无法通过：即使在提示下，也无法完成该条目内容。

条目 15　适当地回应他人的正面情绪（如高兴、喜悦等）

目的：

☆ 考察学生是否能适当地回应他人的正面情绪（如高兴、喜悦等）。

要求：

➤ 学生能够体察到他人的正面情绪，并用恰当的语言或行为给予回应。例如，当他人受到表扬很开心时，学生能回应说"真为你感到高兴"，或跟他人一起开心。

标准：

◇ 通过：独立完成该条目全部内容且表现稳定。

◇ 部分通过：在提示下，完成该条目内容；或不能持续稳定表现该条目内容。

◇ 无法通过：即使在提示下，也无法完成该条目内容。

条目 16　在他人表现出负面情绪时表示安慰

16.1　他人表现悲伤

目的：

☆ 考察学生是否能适当地回应他人悲伤的情绪，是否能在他人表现出悲伤时用适当的语言和行为表示安慰。

要求：

➤ 学生能够体察到他人悲伤的情绪，并用恰当的语言（如"别难过了"）或行为（如拥抱、擦眼泪等）给予安慰。例如，他人在哭泣时，能够主动去询问并安慰。教师可在现场测试，假装摔倒了、肚子疼等，观察学生是否询问并安慰。

标准：

◇ 通过：独立完成该条目全部内容且表现稳定。

◇ 部分通过：在提示下，完成该条目内容；或不能持续稳定表现该条目内容。

◇ 无法通过：即使在提示下，也无法完成该条目内容。

16.2　他人表现生气、愤怒

目的：

☆ 考察学生是否能适当地回应他人生气、愤怒的情绪，是否能在他人表现出这种情绪时用适当的语言和行为表示安慰。

要求：

➤ 学生能够体察到他人生气、愤怒的情绪，并用恰当的语言（如"别生气了"）或行为（如拥抱、拉手等）给予安慰。

标准：

◇ 通过：独立完成该条目全部内容且表现稳定。

◇ 部分通过：在提示下，完成该条目内容；或不能持续稳定表现该条目内容。

◇ 无法通过：即使在提示下，也无法完成该条目内容。

16.3　他人表现焦虑

目的：

☆ 考察学生是否能适当地回应他人焦虑的情绪，是否能在他人表现出这种情绪时用适当的语言和行为表示安慰。

要求：

➤ 学生能够体察到他人焦虑的情绪，并用恰当的语言（如"别担心""没事儿的"）或行为（如拥抱、拉手等）给予安慰。

标准：

◇ 通过：独立完成该条目全部内容且表现稳定。

◇ 部分通过：在提示下，完成该条目内容；或不能持续稳定表现该条目内容。

◇ 无法通过：即使在提示下，也无法完成该条目内容。

16.4 他人表现担心、害怕

目的：

☆ 考察学生是否能适当地回应他人担心、害怕的情绪，是否能在他人表现出这种情绪时用适当的语言和行为表示安慰。

要求：

➤ 学生能够体察到他人担心、害怕的情绪，并用恰当的语言（如"别担心""别怕"）或行为（如拥抱、拉手等）给予安慰。教师可在现场测试时假装极度害怕某物或害怕做某事（如害怕玩具蛇等），观察学生的反应。

标准：

◇ 通过：独立完成该条目全部内容且表现稳定。

◇ 部分通过：在提示下，完成该条目内容；或不能持续稳定表现该条目内容。

◇ 无法通过：即使在提示下，也无法完成该条目内容。

条目 17 适当地回应他人表示否定或危险的情绪

目的：

☆ 考察学生是否能察觉他人表示否定或危险的情绪，是否能够解读情绪包含的信息并适当地回应。

要求：

➤ 学生能够体察到他人表示否定或危险的情绪，能够理解情绪包含的信息，知道自己该怎样应对，并用恰当的语言或行为回应对方的情绪。例如，当学生要去拿某物时发现他人摇头（或是瞪眼）可能是表示自己不能乱动那件物品，学生能立即收手不去碰。

标准：

◇ 通过：独立完成该条目全部内容且表现稳定。

◇ 部分通过：在提示下，完成该条目内容；或不能持续稳定表现该条目内容。

◇ 无法通过：即使在提示下，也无法完成该条目内容。

条目 18　能够移情，即由于对他人情绪的察觉，导致自己情绪的产生

目的：

☆ 考察学生是否能察觉他人的情绪并感同身受。

要求：

➤ 学生能够体察到他人的情绪，能够与之产生共鸣，因为感同身受也产生相应的情绪。例如，他人因为摔伤了而哭泣，学生能够感受到他人的疼痛而表现出难过或担忧的情绪。

标准：

◇ 通过：独立完成该条目全部内容且表现稳定。

◇ 部分通过：在提示下，完成该条目内容；或不能持续稳定表现该条目内容。

◇ 无法通过：即使在提示下，也无法完成该条目内容。

分领域四：情绪调控

情绪的自我调控能力是指控制自己的情绪活动以及抑制情绪冲动的能力。情绪的调控能力是建立在对情绪状态的自我觉知的基础上的，是指一个人如何有效地摆脱悲伤、愤怒、焦虑、害怕等因为失败或不顺利而产生的消极情绪的能力。这种能力的高低会影响一个人的工作、学习与生活。本分领域考察学生能否调控自己的负面情绪，保持情绪稳定。建议教师依据日常直接观察，教师、家长等他人报告，注重在自然场景中学生情绪调控。

条目 19　当学生自己出现负面情绪时，在他人安慰后能平静下来

19.1　悲伤

目的：

☆ 考察当学生出现悲伤情绪时，能否在他人的安慰后平静下来。

要求：

➤ 当学生出现悲伤情绪时，学生能够觉察到他人对自己的安慰言辞和举动，从而情绪能够平复。

标准：

◇ 通过：独立完成该条目全部内容且表现稳定。

◇ 部分通过：在提示下，完成该条目内容；或不能持续稳定表现该条目内容。

◇ 无法通过：即使在提示下，也无法完成该条目内容。

19.2　生气、愤怒

目的：

☆ 考察当学生出现生气、愤怒的情绪时，能否在他人的安慰后平静下来。

要求：

➤ 当学生出现生气和愤怒时，学生能够觉察到他人对自己的安慰言辞和举动，从而情绪能够平复。

标准：

◇ 通过：独立完成该条目全部内容且表现稳定。

◇ 部分通过：在提示下，完成该条目内容；或不能持续稳定表现该条目内容。

◇ 无法通过：即使在提示下，也无法完成该条目内容。

19.3　焦虑

目的：

☆ 考察当学生出现焦虑的情绪时，能否在他人的安慰后平静下来。

要求：

➤ 当学生出现焦虑情绪时，学生能够觉察到他人对自己的安慰言辞和举动，从而情绪能够平复。

标准：

◇ 通过：独立完成该条目全部内容且表现稳定。

◇ 部分通过：在提示下，完成该条目内容；或不能持续稳定表现该条目内容。

◇ 无法通过：即使在提示下，也无法完成该条目内容。

19.4　害怕

目的：

☆ 考察当学生出现害怕的情绪时，能否在他人的安慰后平静下来。

要求：

➤ 当学生出现害怕的情绪时，学生能够觉察到他人对自己的安慰言辞和举动，从而心情能够平复。

标准：

◇ 通过：独立完成该条目全部内容且表现稳定。

◇ 部分通过：在提示下，完成该条目内容；或不能持续稳定表现该条目内容。

◇ 无法通过：即使在提示下，也无法完成该条目内容。

条目 20　意识到自己的过激情绪并控制，保持情绪的稳定

目的：

☆ 考察学生是否能够意识到自己过激情绪并控制。

要求：

➤ 当学生情绪波动时，学生能够觉察到自己过激的情绪状态，知道怎样宽慰自己，怎样实行自我调节，能够控制好情绪，使自己渐渐平静下来，保持情绪稳定。

标准：

◇ 通过：独立完成该条目全部内容且表现稳定。

◇ 部分通过：在提示下，完成该条目内容；或不能持续稳定表现该条目内容。

◇ 无法通过：即使在提示下，也无法完成该条目内容。

条目 21　能接受并恰当应对挫折

目的：

☆ 考察学生是否能够接受挫折并恰当应对。

要求：

➤ 当学生遇到挫折时，学生能够态度积极、淡定从容地面对，不哭不闹，用积极的态度对待，不会出现情绪波动。

标准：

◇ 通过：独立完成该条目全部内容且表现稳定。

◇ 部分通过：在提示下，完成该条目内容；或不能持续稳定表现该条目内容。

◇ 无法通过：即使在提示下，也无法完成该条目内容。

条目 22　受到打扰时能保持稳定的情绪

目的：

☆ 考察学生是否能够在受到打扰时保持稳定的情绪。

要求：

➤ 当学生受到打扰时，学生能够淡定从容地面对，不哭不闹，保持稳定的情绪，继续做手头的事。

标准：

◇ 通过：独立完成该条目全部内容且表现稳定。

◇ 部分通过：在提示下，完成该条目内容；或不能持续稳定表现该条目内容。

◇ 无法通过：即使在提示下，也无法完成该条目内容。

条目 23　能够处理自己的情绪表现，使之符合社会准则和人情习惯

目的：

☆ 考察学生是否能够恰当地处理自己的情绪表现，使之符合社会规则和人情习惯。

要求：

➤ 当学生出现情绪问题时能够注意时间和场合，遵循社会规则和人情习惯，恰当地处理自己的情绪，不能在公共场合大声哭闹或喊叫，不能影响他人。

标准：

◇ 通过：独立完成该条目全部内容且表现稳定。

◇ 部分通过：在提示下，完成该条目内容；或不能持续稳定表现该条目内容。

◇ 无法通过：即使在提示下，也无法完成该条目内容。

第四章

常规执行领域

　　常规是人们日常生活中所例行的事务，包括衣食住行、学习、工作、娱乐等各个方面。一般来说，普通学生可以在成长过程中潜移默化地学习、理解常规事务，并加以执行。而对于孤独症学生而言，由于他们在社会认知、动作模仿等各个方面的局限，他们可能不能很好地进行自我照料、自主学习和独立工作。因此，常规执行是孤独症学生社会适应性行为与独立生活的重点。本教育评估系统将考察孤独症学生生活自理、健康安全和学习常规共三个分领域，处于第二层次的考量维度，共有42个评估条目。

　　建议在测试过程中，教师和家长可以通过给予适当的提示来考察学生的执行能力，包括口头提示、图片提示、手势提示、动作示范。评估结果从通过、部分通过或无法通过三个方面呈现。值得注意的是，如果学生能够独立完成条目内容且表现稳定，被列为通过。如果学生需要一定的提示完成条目内容（包括部分内容），或是不能持续表现，均被列为部分通过。如果学生在提示之下也无法完成该条目全部内容，或是主要依靠教师或他人提供的大量、直接的肢体辅助才能完成，均被列为无法通过。

分领域一：生活自理

　　生活自理能力是指人们在生活中自己照料自己的行为能力，如吃饭、穿衣、卫生等。不同孤独症学生的生活自理能力不同。一般而言，智力功能较高、年龄较大的学生更可能进行较好的自我照料；而智力功能较低、年龄较小的学生可能在生活自理方面还存在困难。本分领域主要考察孤独症学生处理日常生活中进食、穿衣和卫生方面的能力。建议教师采用直接观察、他人或教师报告，以及家长报告的方式进行。

条目1　用口部正常地喝水或饮料

　　目的：

　　☆ 考察学生口腔部位(包括面颊、唇、舌、颚等)感官接收及控制能力。

　　要求：

　　➤ 学生能够组织运用及控制口腔各部位，用口部正常地喝水或饮料，不外流，并正常咽下。

　　工具：

　　√ 水杯、水瓶等。

　　标准：

　　◇ 通过：独立用口部正常地喝水或饮料，不外流，并正常咽下。

　　◇ 部分通过：在提示下，完成该条目内容；或不能持续表现该条目内容。

　　◇ 无法通过：即使在提示下，也无法完成该条目内容。

条目 2　用口部正常地咀嚼食物

目的：

☆ 考察学生口腔部位(包括面颊、唇、舌、颚等)感官接收及控制能力。

要求：

➤ 学生能够组织运用及控制口腔各部位，利用颊肌和舌肌的收缩将食物置于上下牙列之间，上下牙列相互接触，将大块的食物切割、磨碎，并咽下。

工具：

√ 食物，如饼干等。

标准：

◇ 通过：独立用口部正常地将食物磨碎，并咽下。

◇ 部分通过：在提示下，完成该条目内容；或不能持续表现该条目内容。

◇ 无法通过：即使在提示下，也无法完成该条目内容。

条目 3　使用不同类型的饮用工具喝水

目的：

☆ 考察学生的自我照顾、自理能力。

要求：

➤ 学生能够使用不同类型的饮用工具(如敞口杯、吸咀杯、吸管等)喝水。

工具：

√ 敞口杯、吸管、水等。

标准：

◇ 通过：使用不同类型的饮用工具喝水。

◇ 部分通过：在提示下，完成该条目内容；或不能持续表现该条目内容。

◇ 无法通过：即使在提示下，也无法完成该条目内容。

条目 4　使用不同类型的进食工具，完成进食

目的：

☆ 考察学生的自我照顾、自理能力。

要求：

➤ 学生能够使用不同的进食工具(如筷子、勺子、刀、叉子)进食。

工具：

√ 筷子、勺子、叉子，以及面包等食物。

标准：

◇ 通过：使用不同类型的进食工具完成进食。

◇ 部分通过：在提示下，完成该条目内容；或不能持续表现该条目内容。

◇ 无法通过：即使在提示下，也无法完成该条目内容。

条目 5　适当合理地处理食物、饮料的包装和果皮

目的：

☆ 考察学生的双手配合运用及手指的灵活操作能力。

要求：

➤ 学生能够撕开食物的包装袋，能够拧开瓶装饮品的瓶盖、拉开罐装饮品的盖、处理纸盒装饮品而不弄洒，或者将饮品从小水壶里倒出来而不弄洒，能够剥去水果果皮。

工具：

√ 包装袋完好的食物、饮料瓶、罐装饮料，香蕉或橘子等可剥皮水果等。

标准：

◇ 通过：适当处理各种食物、饮料的包装和果皮。

◇ 部分通过：在提示下，完成该条目内容；或不能持续表现该条目内容。

◇ 无法通过：即使在提示下，也无法完成该条目内容。

条目 6　不偏食、不挑食

目的：

☆ 考察学生的食物偏好情况。

要求：

➤ 学生能够按照正常的饮食进食，不挑剔、不偏爱某几类食物。例如，食物可以分为谷类、豆类、肉类、乳制品、蔬菜、水果、水产类、冷食、糕点、糖果蜜饯、酱腌菜等。

标准：

◇ 通过：不偏食、不挑食。

◇ 部分通过：在提示下，完成该条目内容；或不能持续表现该条目内容。

◇ 无法通过：即使在提示下，也无法完成该条目内容。

条目 7　顺利完成餐前准备

目的：

☆ 考察学生的就餐准备能力。

要求：

➤ 学生能够做好餐前准备，如收拾好餐桌、摆放好椅子、准备好餐具、洗手等。

标准：

◇ 通过：独立完成餐前准备。

◇ 部分通过：在提示下，完成餐前准备的部分工作（如只洗手）；或不能持续表现该条目内容。

◇ 无法通过：即使在提示下，也不能完成餐前准备。

条目 8　完成餐后的餐具收拾和清洁工作

目的：

☆ 考察学生的清洁卫生能力。

要求：

➤ 学生能够在餐后擦桌子、倒扔残食、清洁餐具。

标准：

◇ 通过：独立完成餐后的餐具收拾和清洁工作。

◇ 部分通过：在提示下，完成餐后的餐具收拾和清洁的部分工作（如只擦桌子）；或不能持续表现该条目内容。

◇ 无法通过：即使在提示下，也无法完成该条目内容。

条目 9　能独立或利用图片提示，完成洗手的工作

目的：

☆ 考察学生的清洁卫生能力。

要求：

➤ 学生能够按照正确的步骤洗手，即用水冲洗手，将洗手液倒入手心，依次揉搓手掌、手背和手指，用清水洗净，最后擦干。

标准：

◇ 通过：独立按照正确的步骤洗手。

◇ 部分通过：在提示下，能够完成洗手的部分步骤；或不能持续表现该条目内容。

◇ 无法通过：即使在提示下，也不能按照正确的步骤洗手。

条目 10 能独立或利用图片提示，完成洗脸、刷牙的清洁工作

目的：

☆ 考察学生的清洁卫生能力。

要求：

➤ 学生能够按照正确的步骤洗脸、刷牙，洗脸的步骤为用温水将脸打湿、把洁面乳涂在脸上并按摩、用清水洗净并用毛巾擦干。

➤ 刷牙的步骤为将一厘米长的牙膏挤在牙刷上，依次轻刷牙齿的外侧、内侧和颌面，用清水漱口。

标准：

◇ 通过：独立按照正确的步骤洗脸、刷牙。

◇ 部分通过：在提示下，能够完成洗脸、刷牙的部分步骤；或不能持续表现该条目内容。

◇ 无法通过：即使在提示下，也无法完成该条目内容。

条目 11 用言语、动作、手势、眼神或图片等，表达如厕意愿

目的：

☆ 考察学生表达如厕意愿的能力。

要求：

➤ 学生能够用言语、动作、手势、眼神或图片等，表示如厕的需要。

标准：

◇ 通过：独立使用言语、动作、手势、眼神或图片等，表示如厕的需要。

◇ 部分通过：在提示下，能够使用言语、动作、手势、眼神或图片等表示如厕的需要；或不能持续表现该条目内容。

◇ 无法通过：即使在提示下，也无法完成该条目内容。

条目 12 合适的如厕行为

目的：

☆ 考察学生自我照顾、自理能力。

要求：

➤ 学生能够按照正确的步骤如厕，即分辨男女厕所的符号、找到便器的位置、脱下裤子排便、擦屁股、冲厕和洗手。

标准：

◇ 通过：独立按照正确的如厕步骤。

◇ 部分通过：在提示下，完成该条目内容；或不能持续稳定表现该条目内容。

◇ 无法通过：即使在提示下，也无法完成该条目内容。

条目 13　穿脱上衣与裤子

目的：

☆ 考察学生自我照顾、自理能力。

要求：

➤ 学生能够辨别衣物的领、袖、裤头、裤管等位置，能够弄清衣物的前后、里外，进而能够穿脱背心、T 恤、衬衫、外套及裤子。

标准：

◇ 通过：独立穿脱上衣和裤子。

◇ 部分通过：在提示下，能够完成穿脱上衣和裤子的部分步骤；或不能持续表现该条目内容。

◇ 无法通过：即使在提示下，也不能穿脱上衣和裤子。

条目 14　穿脱鞋袜

目的：

☆ 考察学生自我照顾、自理能力。

要求：

➤ 学生能够弄清鞋袜的左右，能够穿脱鞋袜。

标准：

◇ 通过：认清鞋袜的左右并独立穿脱。

◇ 部分通过：在提示下，能够完成部分步骤；或不能持续表现该条目内容。

◇ 无法通过：即使在提示下，也不能穿脱鞋袜。

条目 15　穿脱帽子、围巾、手套等配饰

目的：

☆ 考察学生自我照顾、自理能力。

要求：

➤ 学生能够正确戴取帽子、围巾、手套等配饰。

标准：

◇ 通过：独立穿脱帽子、围巾、手套等配饰。

◇ 部分通过：在提示下，能够完成部分步骤（如在教师的口头提示下戴帽子）；或不能持续表现该条目内容。

◇ 无法通过：即使在提示下，也无法完成该条目内容。

条目 16　处理拉链、纽扣、皮带、鞋带等

目的：

☆ 考察学生的双手配合运用及手指的灵活操作能力。

要求：

➤ 学生能够将拉链一边的插销穿过另一边的拉头插进插座，然后向上拉拉链，或者向下拉拉链，并取出插销。

➤ 能够将纽扣放进扣眼里，或者将纽扣从扣眼里取出来。

➤ 能够将皮带的一头插进皮带头，用固定齿固定住，或者取开固定齿，抽出皮带。

➤ 能够将鞋带的两头交叉打结，或者解开鞋带。

标准：

◇ 通过：独立处理拉链、纽扣、皮带、鞋带等。

◇ 部分通过：在提示下，能够完成部分步骤；或不能持续表现该条目内容。

◇ 无法通过：即使在提示下，也无法完成该条目内容。

条目 17　处理就寝事宜

目的：

☆ 考察自我照顾、自理能力。

要求：

➤ 在学校午睡或在家就寝前，学生能够打开被褥，脱掉鞋袜和外衣，躺在

床上并盖好被褥；睡觉结束之后，能够穿好外衣、鞋袜，叠好被褥。

标准：

◇ 通过：独立处理就寝事宜。

◇ 部分通过：在提示下，能够完成处理就寝事宜的部分步骤；或不能持续表现该条目内容。

◇ 无法通过：即使在提示下，也不能处理就寝事宜。

条目 18　清洗常见的生活日用品

目的：

☆ 考察学生的自我照顾、自理能力。

要求：

➤ 学生能够按照正确的步骤清洗生活用品（如餐具、毛巾），需要时加入适量洗洁精或洗衣液揉搓，并用清水洗净。

标准：

◇ 通过：清洗常见的生活用品。

◇ 部分通过：在提示下，能够完成部分步骤；或不能持续表现该条目内容。

◇ 无法通过：即使在提示下，也不能清洗常见的生活用品。

分领域二：健康安全

健康是指一个人身体、精神和社会等方面都处于良好的状态。安全是不受威胁，没有危险、危害、损失。普通学生一般具有捍卫健康、安全的本能，而孤独症学生似乎不能理解何为健康、安全，也不会去追求健康、安全的状态。例如，一些学生的身体受到伤害，却表现得无动于衷，不会处理受伤部位，也不会去寻求他人的安慰和帮助。甚至，一些学生可能进行自我伤害，如用拳头击打自己的脑袋、用头撞墙等。另外，一些学生也不会意识到危险，可能毫无顾忌地走到马路中间。健康、安全的状态是一个人得以正常生活的基本状态。因此，本分领域主要考察孤独症学生处理健康安全的隐患或危险的能力。教师、他人以及家人的直接观察与报告是教师评估这一分领域的主要方法与策略。

条目 19　辨识安全标志

目的：

☆ 考察学生辨识安全标志的能力。

要求：

➤ 学生能够辨识和理解安全标志，分为命名和指认两个内容：

第一，命名安全标志，如教师问"这是什么标志"，学生可以回答；

第二，指认安全标志，教师可准备 3 张安全标志图片，下指令（如"哪一个是小心路滑的标志？"），学生选与指令相对应的图片。

➤ 学生能按指令完成 5 张图片的辨识。

工具：

√ 常见安全标志的图片或实物。

√ 从软件图片《常规执行——辨识安全标志》中的 10 个常用的安全标志图片中任选 5 张作为测试图片。

标准：

◇ 通过：独立完成该条目的全部内容且表现稳定。

◇ 部分通过：在提示下，完成该条目的部分内容（完成 1～4 张）；或不能持续表现该条目的内容。

◇ 无法通过：即使在提示下，也无法完成该条目内容（不能辨识任何一种安全标志）。

条目 20　辨识危险物品

目的：

☆ 考察学生辨识危险物品的能力。

要求：

➤ 学生能够辨识危险物品，分为命名、指认与区分三个内容。

第一，命名危险物品（举例同条目 19）。

第二，指认危险物品(举例同条目 19)。

第三，区分安全物品与危险物品，如教师可展示安全与危险物品图片各两张，下指令让学生选出危险物品的图片。

➤ 学生能按指令完成 5 张图片的辨识。

工具：

√ 从软件图片《常规执行——辨识危险物品》中的 10 个常见的危险物品图片中任选 5 张作为测试图片。

√ 常见危险物品的图片。

标准：

◇ 通过：独立完成该条目的全部内容且表现稳定。

◇ 部分通过：在提示下，完成该条目的部分内容(完成 1～4 张)；或不能持续表现该条目的内容。

◇ 无法通过：即使在提示下，也无法完成该条目内容(不能辨识任何一种危险物品)。

条目 21 辨别危险性的动作和事件

目的：

☆ 考察学生辨别危险性的动作和事件的能力。

要求：

➤ 学生能够辨别危险性的动作和事件(例如，湿手碰插座、上下楼梯推挤、闯红灯、攀高、打雷躲在树下、乘车未系安全带等)。学生能按指令完成 5 张图片的辨识。

➤ 考虑到本条目内容具有一定的危险性，建议教师从正面教学。

工具：

√ 从软件图片《常规执行——辨别危险性的动作和事件》中的 5 对危险性动作和事件与恰当、安全动作和事件图片的辨别。

标准：

◇ 通过：独立完成该条目的全部内容且表现稳定。

◇ 部分通过：在提示下，完成该条目的部分内容(完成 1～4 张)；或不能持续表现该条目的内容。

◇ 无法通过：即使在提示下，也无法完成该条目内容(不能辨别任何一种具有危险性的动作和事件)。

条目 22　辨别食物是否可以食用

目的：

☆ 考察学生辨别食物是否可以食用的能力。

要求：

➤ 学生能够辨别不可以食用的食物，分为两个内容：

学生能够辨别变质的食物（如变硬/软、变色、变味、发霉的食物）；

学生能够辨别过期的食物。

➤ 学生能按指令完成 5 种食物的辨识。

工具：

√ 方便准备的五种新鲜可食用及与之相对应腐烂或过期的食物，如一个新鲜橘子和一个腐烂橘子、一瓶新鲜牛奶和一瓶过期牛奶等。

标准：

◇ 通过：独立完成该条目的全部内容且表现稳定。

◇ 部分通过：在提示下，完成该条目的部分内容；或不能持续表现该条目的内容。

◇ 无法通过：即使在提示下，也无法完成该条目内容（不能辨识任何一种不可以食用的食物）。

条目 23　能主动规避危险

目的：

☆ 考察学生主动规避危险的能力。

要求：

➤ 学生能够辨别可以预料的危险（例如，行动的车辆、燃烧的火焰、烧开的水、施工的工地、松动的井盖等），并主动避开。学生能按指令完成 5 张图片的辨识。

➤ 由于图片中场景与真实场景的不一致性，请注意，使用图片进行现场测试并不意味学生就真正具备了主动规避的能力，因此在这里，家长报告和现场观察更为适宜。

工具：

√ 从软件图片《常规执行——规避危险》中的 10 张危险情况图片中任选 5 张测试使用。

标准：

◇ 通过：独立完成该条目的全部内容且表现稳定。

◇ 部分通过：在提示下，完成该条目的部分内容；或不能持续表现该条目的内容。

◇ 无法通过：即使在提示下，也无法完成该条目内容（不能主动规避任何一种可以预料的危险）。

条目 24　面临危险情况，寻求帮助

目的：

☆ 考察学生寻求帮助的能力。

要求：

➤ 学生能够意识到危险情况（如迷路、落水、摔伤等），并向身边的人呼救，或打电话向家人、警察寻求帮助。

➤ 要求学生知道家人的姓名、电话、住址，并知道常用求救电话，可以向身边人呼救。

➤ 由于现场测试使用的图片与真实场景的不一致性，请注意，使用图片进行现场测试并不意味学生就真正具备了主动规避的能力，因此在这里，家长报告和现场观察更为适宜。如果使用图片测试，学生能按指令完成 5 张图片的辨识。

工具：

√ 选取软件图片《常规执行——寻求帮助》中的 5 张图片测试使用。

标准：

◇ 通过：独立完成该条目的全部内容且表现稳定。

◇ 部分通过：在提示下，完成该条目的部分内容；或不能持续表现该条目的内容。

◇ 无法通过：即使在提示下，也无法完成该条目内容。

条目 25　表达身体不适，配合就医

目的：

☆ 考察学生感受身体异常和寻求帮助的能力。

要求：

➤ 学生能够感觉身体不适，向家人或教师说明，并允许他人察看身体不适的部位，配合吃药或打点滴等。

标准：

◇ 通过：独立完成该条目的全部内容且表现稳定。

◇ 部分通过：在提示下，完成该条目的部分内容；或不能持续表现该条目的内容。

◇ 无法通过：即使在提示下，也无法完成该条目内容。

条目 26　遵医嘱吃药

目的：

☆ 考察学生是否遵守规则、保持健康。

要求：

➤ 学生能够听从医生的建议，按时按量吃药。

标准：

◇ 通过：独立完成该条目的全部内容且表现稳定。

◇ 部分通过：在提示下，完成该条目的部分内容；或不能持续表现该条目的内容。

◇ 无法通过：即使在提示下，也无法完成该条目内容。

条目 27　保护自己的隐私部位，处理青春期生理问题

目的：

☆ 考察学生保持健康、清洁卫生的能力。

要求：

➤ 学生能够保护自己的隐私部位不受伤害，不裸露隐私部位，合理处理青春期的生理问题，如女生在生理期能够正确使用卫生用品并及时更换。

标准：

◇ 通过：独立完成该条目的全部内容且表现稳定。

◇ 部分通过：在提示下，完成该条目的部分内容；或不能持续表现该条目的内容。

◇ 无法通过：即使在提示下，也无法完成该条目内容。

条目 28　遇到性困扰与性侵害能及时求助

目的：

☆ 考察学生寻求帮助的能力。

要求：

➤ 学生遇到性困扰、性侵害等情况时，能够向身边的人呼救，或打电话向家人、警察寻求帮助。

➤ 建议采用家长或他人报告的形式获取评估信息。

标准：

◇ 通过：能够及时求助。

◇ 部分通过：在他人的辅助下，能够求助；或不能持续表现该条目内容。

◇ 无法通过：即使在他人的辅助下，也不能求助。

分领域三：学习常规

学习常规是在学校环境中与学习有关的一切事务。学习常规的理解与执行有助于学生更好地参与学习活动，更有效地学到知识和技能。一些孤独症学生往往不能理解学习活动中的规则，产生一些不合常规的行为，如课堂上随意离座、发出噪声、乱扔东西、不能轮流等待、不能合作等。因此，本分领域主要考察孤独症学生理解并执行学习中常规事务的能力。

建议教师采用直接观察、他人或家长报告的形式获取评估信息。

条目 29　到校和离校时，收拾书包

目的：

☆ 考察学生理解规则和收拾个人物品的能力。

要求：

➤ 学生到校后，能够从书包里拿出学习用具放到课桌里备用，并把书包放

到指定位置。

➤ 学生离校前，能够将学习用具整理好，并放进书包。

标准：

◇ 通过：独立完成该条目内容且表现稳定。

◇ 部分通过：在提示下，能够完成该条目的部分步骤；或不能持续表现该条目内容。

◇ 无法通过：即使在提示下，也不能收拾书包。

条目 30 收拾自己的学习用品与生活用品

目的：

☆ 考察学生理解规则和收拾个人物品的能力。

要求：

➤ 学生能够整理用完的学习用品（如书本、笔、橡皮擦）和生活用品（如饭盒、衣物），并将其放进课桌或指定位置。

标准：

◇ 通过：独立完成该条目内容且表现稳定。

◇ 部分通过：在提示下，能够完成该条目的部分步骤；或不能持续表现该条目内容。

◇ 无法通过：即使在提示下，也无法完成该条目内容。

条目 31 理解和使用班级日程表

目的：

☆ 考察学生按照一定的安排进行相应活动的能力。

要求：

➤ 学生能够认识班级日程表，认识日程表上的文字与图片，能够根据日程表上各个活动/课程的标识，去相应的活动区域或准备相应的学习物品。

标准：

◇ 通过：独立完成该条目内容且表现稳定。

◇ 部分通过：在提示下，能够完成该条目的部分步骤；或不能持续表现该条目内容。

◇ 无法通过：即使在提示下，也无法完成该条目内容。

条目 32 理解和使用个人日程表

目的：

☆ 考察学生按照一定的安排进行相应活动的能力。

要求：

➤ 学生能够认识个人日程表，认识日程表上的文字与图片，能够根据日程表上各个活动/课程的标识，去相应的活动区域或准备相应的学习物品。

标准：

◇ 通过：独立完成该条目内容且表现稳定。

◇ 部分通过：在提示下，能够完成该条目的部分步骤；或不能持续表现该条目内容。

◇ 无法通过：即使在提示下，也无法完成该条目内容。

条目 33 完成各个教室内各个活动区域之间的过渡与转换

目的：

☆ 考察学生按照一定的安排进行教室或活动转换的能力。

要求：

➤ 学生能够在一门课程/一个活动结束之后，察看各个活动/课程的标识，并根据标识转换到相应的教室或活动区域。

标准：

◇ 通过：独立完成该条目内容且表现稳定。

◇ 部分通过：在提示下，能够完成该条目的部分步骤；或不能持续表现该条目内容。

◇ 无法通过：即使在提示下，也无法完成该条目内容。

条目 34 跟随同伴或独自转换到户外或其他教学场所

目的：

☆ 考察学生按照一定的安排进行教学场所转换的能力。

要求：

➤ 学生能够在一门课程/一个活动结束之后，察看各个活动/课程的标识，并跟随同伴或独自去户外或其他教学场所进行学习活动。

标准：

◇ 通过：独立完成该条目内容且表现稳定。

◇ 部分通过：在提示下，能够完成该条目的部分步骤；或不能持续表现该条目内容。

◇ 无法通过：即使在提示下，也无法完成该条目内容。

条目 35　能够等待，在教师发出指令后才开始学习任务

目的：

☆ 考察学生是否可以等待。

要求：

➤ 学生能够保持等待，不急躁，直到教师发出指令后才开始相应的学习任务。

标准：

◇ 通过：能够保持等待，直到教师发出指令后才开始学习任务且表现稳定。

◇ 部分通过：在提示下，才能够保持等待（如在教师手势或图片提示下等待）；或不能持续表现该条目内容。

◇ 无法通过：即使在提示下，也不能保持等待。

条目 36　独立完成教师安排给个人、符合其能力范围的学习任务

目的：

☆ 考察学生独立、自主开展学习活动的能力。

要求：

➤ 学生能够自主开展并完成教师安排的符合其能力范围的学习任务，不依赖他人的帮助。

标准：

◇ 通过：独立完成该条目内容且表现稳定。

◇ 部分通过：在提示下，能够完成该条目内容；或不能持续表现该条目内容。

◇ 无法通过：即使在提示下，也无法完成该条目内容。

条目 37 能在完成学习任务后，根据指令或提示过渡到下一个学习任务

目的：

☆ 考察学生按照一定的安排进行学习任务转换的能力。

要求：

➤ 学生能够在完成上一个学习任务之后，根据教师的指令或日程表的活动/课程标识，顺利开展接下来的学习任务。

标准：

◇ 通过：独立完成该条目内容且表现稳定。

◇ 部分通过：在提示下，能够完成该条目内容；或不能持续表现该条目内容。

◇ 无法通过：即使在提示下，也无法完成该条目内容。

条目 38 遵守集体活动或小组活动的规则，参加集体教学活动

目的：

☆ 考察学生理解规则和参加集体教学活动的能力。

要求：

➤ 学生能够理解集体活动或小组活动的规则，可以等待，能够通过轮流、合作的形式参与活动。例如，能够与同伴轮流进行传球游戏，而不是把球扔到一边，或拿在手里玩耍，或不接球等。

标准：

◇ 通过：独立完成该条目内容且表现稳定。

◇ 部分通过：在提示下，能够完成该条目内容；或不能持续表现该条目内容。

◇ 无法通过：即使在提示下，也无法完成该条目内容。

条目 39 在课上通过举手示意表达自己的需求

目的：

☆ 考察学生理解并遵守课堂规则的能力。

要求：

➤ 学生在课堂上有需求时，能够举手示意教师，并合理表达自己的需求。

标准：

◇ 通过：独立完成该条目内容且表现稳定。

◇ 部分通过：在提示下，能够完成该条目内容；或不能持续表现该条目内容。

◇ 无法通过：即使在提示下，也无法完成该条目内容。

条目 40 排队等待

目的：

☆ 考察学生理解规则并等待的能力。

要求：

➤ 学生能够按照要求排成队列，并等待教师发出指令，不随意走动或产生焦虑。

标准：

◇ 通过：独立完成该条目内容且表现稳定。

◇ 部分通过：在提示下，能够完成该条目内容；或不能持续表现该条目内容。

◇ 无法通过：即使在提示下，也无法完成该条目内容。

条目 41 擦桌椅、清扫教室或责任区

目的：

☆ 考察学生理解规则和清洁卫生的能力。

要求：

➤ 学生能够按照要求擦桌椅、清扫教室。擦桌椅是用湿布擦拭桌面、桌腿和椅子；清扫教室是先用笤帚清扫大块垃圾，然后用湿墩布拖干净教室的尘土。

标准：

◇ 通过：独立完成该条目内容且表现稳定。

◇ 部分通过：在提示下，能够完成该条目部分内容；或不能持续表现该条目内容。

◇ 无法通过：即使在提示下，也无法完成该条目内容。

条目 42 执笔姿势正确，书写规范与整洁

目的：

☆ 考察学生正确书写的能力。

要求：

➤ 学生能够正确握笔，规范书写并保持书本整洁。正确的握笔为食指、拇指捏着笔，中指托着笔，笔杆躺在虎口上。

标准：

◇ 通过：独立完成该条目内容，且表现稳定。

◇ 部分通过：在提示下，能够完成该条目内容；或不能持续表现该条目内容。

◇ 无法通过：即使在提示下，也无法完成该条目内容。

第五章

兴趣与行为领域

　　兴趣是一个人力求接触、认识、掌握某种事物和参与某种活动的心理倾向，是推动一个人去认识事物、探求事物的重要动机。孤独症学生的兴趣内容异常狭隘且固定、持续。此外，孤独症学生的行为大多具有强迫性、仪式性、重复性、沉迷性和刻板性。狭隘的兴趣和重复刻板的行为作为孤独症学生的诊断性特征，理应是教师应该重点评量的内容。如何使其以正常方式把玩喜欢的物品、以适当行为代替自伤和自我刺激等行为、增加主动性行为以及接受环境的调整和改变是孤独症学生教学的重要目标。本教育评估系统将考察孤独症学生有限的兴趣、不适宜的行为、主动性行为和变通灵活性四个分领域，处于第二层次的考量维度，共有评估条目 43 个。

　　兴趣与行为的评估包括本评估领域与其他领域不同之处体现在对评估条目考察的是其行为和兴趣表现特征。评估标准也考量的是发生频率。考虑到实际操作中进行次数量化测量的方法有很大的难度，本标准列出三种频率出现情况，即没有、偶尔和经常，由教师凭借对学生的观察，他人、家长或教师报告的形式进行记录。

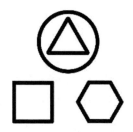

分领域一：有限的兴趣

有限的兴趣是指兴趣内容狭隘、固定、持续。孤独症学生的兴趣范围非常狭窄，他们可能会极端痴迷或沉醉于某个物品，而拒绝其他事物。本分领域主要考察孤独症学生的兴趣爱好是否狭隘、局限。在评估过程中，应主要结合日常对学生的兴趣和行为的观察而得出评估结果。

条目 1　喜爱旋转的行为

目的：

☆ 考察学生是否喜欢旋转。很多孤独症学生在不能接受和处理外界环境的刺激（如太多的噪声）时，会表现出旋转的行为。

要求：

➤ 学生表现为持续不停地转圈、旋转。

标准：

◇ 没有：没有表现该条目内容。

◇ 偶尔：偶尔表现该条目内容（如几天或更久出现一次）。

◇ 经常：经常表现该条目内容（如每天或隔一两天出现多次）。

条目 2　喜爱转动的物品，或是抖动手等动作的刺激

目的：

☆ 考察学生对转动的物品或抖动手等动作的喜好程度。孤独症学生为了加强自己的感官刺激，会表现出喜欢观看转动的物品，或者出现抖动手等动作。

要求：

➤ 学生表现为长时间地注视或观看转动的物品（如陀螺、洗衣机、电风扇、

滑动门），或者持续不停地抖动手等。

标准：

◇ 没有：没有表现该条目内容。

◇ 偶尔：偶尔表现该条目内容（如几天或更久出现一次）。

◇ 经常：经常表现该条目内容（如每天或隔一两天出现多次）。

条目 3　对话中固执地坚持自己的想法，或反复谈论不相关的内容

目的：

☆ 考察学生是否具有这种单向谈话的特点。孤独症学生可能只对自己感兴趣的话题长篇大论，并且拒绝接受他人的看法。

要求：

➤ 学生表现为在对话中固执地坚持自己的想法，拒绝他人的观点，或反复谈论与主题不相关的内容。

标准：

◇ 没有：没有表现该条目内容。

◇ 偶尔：偶尔表现该条目内容（如几天或更久出现一次）。

◇ 经常：经常表现该条目内容（如每天或隔一两天出现多次）。

条目 4　痴迷于重复性地做一种活动

目的：

☆ 考察学生是否具有重复性行为。很多孤独症学生在行为上表现出强迫性、仪式性、重复性、沉迷性和刻板性的特点。

要求：

➤ 学生表现为长时间重复性地进行某一种活动，如一遍一遍地搭出相同形状的积木、反复不停地站立又坐下、一遍一遍地翻书等。

标准：

◇ 没有：没有表现该条目内容。

◇ 偶尔：偶尔表现该条目内容（如几天或更久出现一次）。

◇ 经常：经常表现该条目内容（如每天或隔一两天出现多次）。

条目 5 痴迷于某些物品或玩具

目的：

☆ 考察学生是否痴迷于某些物品或玩具。

要求：

➤ 学生表现为持续地收集或携带某些物品或玩具，强烈阻挠或反抗这些物品或玩具被他人拿走。例如，随时随地携带一本漫画书、三角板或玩具汽车等。

标准：

◇ 没有：没有表现该条目内容。

◇ 偶尔：偶尔表现该条目内容（如几天或更久出现一次）。

◇ 经常：经常表现该条目内容（如每天或隔一两天出现多次）。

条目 6 喜欢单独活动，对周围的事物和人不感兴趣

目的：

☆ 考察学生是否喜欢单独活动。很多孤独症学生不会关注也无法适当地融入周围的人群和活动中，因而倾向于独处。

要求：

➤ 学生表现为独来独往，既不主动发起与他人的对话或活动，也不回应他人发起的对话或活动，对周围的一切事物漠不关心。

标准：

◇ 没有：没有表现该条目内容。

◇ 偶尔：偶尔表现该条目内容（如几天或更久出现一次）。

◇ 经常：经常表现该条目内容（如每天或隔一两天出现多次）。

条目 7 喜爱机械性地拆装玩具或物品

目的：

☆ 考察学生是否具有重复地、仪式性地拆装玩具或物品的情况。

要求：

➤ 学生表现为持续地一遍又一遍地拆装玩具或物品，如玩具螺丝、玩具车的车轮等。

标准：

◇ 没有：没有表现该条目内容。

◇ 偶尔：偶尔表现该条目内容（如几天或更久出现一次）。

◇ 经常：经常表现该条目内容（如每天或隔一两天出现多次）。

条目 8　有独特的兴趣爱好或特长

目的：

☆ 考察学生是否具有独特的兴趣爱好或特长。部分孤独症儿童有着独特的兴趣爱好，或者存在"智力孤岛"的现象，即在某些功能领域，如机械记忆、数学计算、机械操作、音乐等方面表现极佳，甚至具有超常能力，因而形成独有的特长。

要求：

➤ 学生表现为特别喜欢某个活动（如看石子、捏泥土、晃动椅子），或者特别擅长某个活动（如绘画、计算等）。

标准：

◇ 没有：没有表现该条目内容。

◇ 偶尔：偶尔表现该条目内容（如几天或更久出现一次）。

◇ 经常：经常表现该条目内容（如每天或隔一两天出现多次）。

条目 9　用独特的玩法操作玩具

目的：

☆ 考察学生是否具有独特的玩玩具的方法。很多孤独症学生无法从社会环境中习得正常的玩玩具的能力，因而可能采用异于常规的方式玩玩具。

要求：

➤ 学生表现为用异于常规的方式玩玩具。例如，玩玩具车时，不是把玩具车放在地上假想启动并发出"嘟——嘟——"的响声，而是不停转动玩具车的车轮。

标准：

◇ 没有：没有表现该条目内容。

◇ 偶尔：偶尔表现该条目内容（如几天或更久出现一次）。

◇ 经常：经常表现该条目内容（如每天或隔一两天出现多次）。

分领域二：不适宜行为

　　不适宜行为包括影响自身和他人正常学习和生活的一切不良行为。由于社交、沟通、感知觉等方面的局限，孤独症学生往往会存在一些不适宜行为，如自伤行为、攻击行为等，既影响了自己的正常生活，也对他人的生活造成了不良影响。本分领域主要考察孤独症学生不适宜行为的情况，教师应主要结合日常对学生的行为观察而得出评估结果。

条目 10　重复性的机械动作

　　目的：

　　☆ 考察学生是否具有重复性的机械动作。

　　要求：

　　➤ 学生表现为长时间持续地进行某一个动作或行为。例如，一遍一遍地用积木搭出完全相同的形状，有节奏地摇晃身体，重复不停地敲打某物等，不停地在眼前晃动手。

　　标准：

　　◇ 没有：没有表现该条目内容。

　　◇ 偶尔：偶尔表现该条目内容（如几天或更久出现一次）。

　　◇ 经常：经常表现该条目内容（如每天或隔一两天出现多次）。

条目 11　自伤行为

　　目的：

　　☆ 考察学生是否具有自伤行为。很多孤独症学生为了加强自己的感官刺激，或为了减轻因行为受到限制而产生的焦虑感，或为了吸引他人的注意等原因，会表现出故意伤害自己身体的行为。

要求：

➤ 学生表现为故意对自己的身体造成伤害的行为。例如，故意撞击头部、咬手、拍打自己的脸或肩膀、拽头发、抠眼珠或抓伤自己等。

标准：

◇ 没有：没有表现该条目内容。

◇ 偶尔：偶尔表现该条目内容（如几天或更久出现一次）。

◇ 经常：经常表现该条目内容（如每天或隔一两天出现多次）。

条目 12　持续或反复哭喊

目的：

☆ 考察学生是否具有持续或反复哭喊的行为。

要求：

➤ 学生表现为长时间地持续或反复哭喊，对于他人的劝慰无动于衷。

标准：

◇ 没有：没有表现该条目内容。

◇ 偶尔：偶尔表现该条目内容（如几天或更久出现一次）。

◇ 经常：经常表现该条目内容（如每天或隔一两天出现多次）。

条目 13　编造新词，来代替某些词语，或说奇怪的词语或不通顺的句子

目的：

☆ 考察学生使用自我创造新词和特异性言语的情况。部分孤独症学生会使用自我创造的新词或特异性语言，即一直用新异的、编造的短语来表达一个称号或概念，如一个儿童使用某五胞胎的名字来命名颜料，而不是用惯常的颜色词来称呼。

要求：

➤ 学生表现为一直用某个新异的、编造的词语来表达某个称号或概念，或者连续多次使用异常的词语表达一个称号或概念。

标准：

◇ 没有：没有表现该条目内容。

◇ 偶尔：偶尔表现该条目内容（如几天或更久出现一次）。

◇ 经常：经常表现该条目内容（如每天或隔一两天出现多次）。

条目 14　机械性地重复他人的言语，或反复提问

目的：

☆ 考察学生使用回复性语言和反复提问的情况。部分孤独症学生在不理解所听到的语言时，就会出现机械性地重复他人的言语和反复提问的情况。

要求：

➤ 学生用重复他人说过的话以及反复提问的形式来回应他人。

标准：

◇ 没有：没有表现该条目内容。

◇ 偶尔：偶尔表现该条目内容（如几天或更久出现一次）。

◇ 经常：经常表现该条目内容（如每天或隔一两天出现多次）。

条目 15　自言自语，且说没有任何意义的言语，或是重复发出某种声音

目的：

☆ 考察学生是否具有自言自语和重复发出某种声音的情况。部分孤独症学生会出现自己对自己说出没有任何意义的话的情况，或者重复发出某种没有意义的声音。

要求：

➤ 学生表现为自己对自己说话，所说的内容没有任何意义，或者重复发出某种声音，如"bi——"。

标准：

◇ 没有：没有表现该条目内容。

◇ 偶尔：偶尔表现该条目内容（如几天或更久出现一次）。

◇ 经常：经常表现该条目内容（如每天或隔一两天出现多次）。

条目 16　攻击性行为

目的：

☆ 考察学生是否具有攻击性行为。部分孤独症学生为了减轻因行为受到限制而产生的愤怒感，或为了吸引他人的注意等多种原因，会表现出伤害他人身体的行为。

要求：

➤ 学生表现为故意伤害他人身体的行为（如故意拍打、掐捏、咬伤他人，

拽他人的头发，吐口水，踩人等）。

标准：

◇ 没有：没有表现该条目内容。

◇ 偶尔：偶尔表现该条目内容（如几天或更久出现一次）。

◇ 经常：经常表现该条目内容（如每天或隔一两天出现多次）。

条目 17　毁坏公物

目的：

☆ 考察学生是否具有毁坏公物的情况。部分孤独症学生为了发泄情绪，或为了吸引他人的注意等，会表现出毁坏公共物品的情况。

要求：

➤ 学生表现为故意破坏公物的行为，如故意摔、扔、砸某物品。

标准：

◇ 没有：没有表现该条目内容。

◇ 偶尔：偶尔表现该条目内容（如几天或更久出现一次）。

◇ 经常：经常表现该条目内容（如每天或隔一两天出现多次）。

条目 18　自我刺激

目的：

☆ 考察学生是否具有行为或语言上的自我刺激行为。部分孤独症学生为了加强自己的感官刺激，会出现自我刺激的行为，主要表现在行为或语言上。

要求：

➤ 学生为了加强自己的感官刺激而出现的重复不断的声音或动作，如一遍遍发出某种声音，不断在眼前晃动手指等。

标准：

◇ 没有：没有表现该条目内容。

◇ 偶尔：偶尔表现该条目内容（如几天或更久出现一次）。

◇ 经常：经常表现该条目内容（如每天或隔一两天出现多次）。

条目 19　在教学活动中回避性地跑开

目的：

☆ 考察学生参与教学活动的情况。很多孤独症学生由于认知能力、理解能力等方面的限制或感知觉过度敏感，可能不能明白和很好地参与教师开展的教学活动，因而会出现逃避、游离等行为。

要求：

➤ 学生在教学活动中，表现出离座、随意走动等逃避行为。

标准：

◇ 没有：没有表现该条目内容。

◇ 偶尔：偶尔表现该条目内容（如几天或更久出现一次）。

◇ 经常：经常表现该条目内容（如每天或隔一两天出现多次）。

条目 20　过度保护自己的玩具或物品

目的：

☆ 考察学生是否具有过度保护自己玩具或物品的情况。部分孤独症学生会强烈拒绝他人使用或拿走自己的玩具或物品，因而表现出过度保护自己的玩具或物品的行为。

要求：

➤ 学生表现为强烈阻挠或反抗他人接触、拿走自己的玩具或物品。

标准：

◇ 没有：没有表现该条目内容。

◇ 偶尔：偶尔表现该条目内容（如几天或更久出现一次）。

◇ 经常：经常表现该条目内容（如每天或隔一两天出现多次）。

条目 21　注意力不集中，有多动行为

目的：

☆ 考察学生是否能够维持合适的注意力。很多孤独症学生注意力易于分散，进而产生多动行为。

要求：

➤ 学生表现为不能集中注意力上课，不看老师，或埋头做自己的事，或摇头晃脑玩手，或东张西望，并且不能保持良好的坐姿，总是不停地动来动去。

标准：

◇ 没有：没有表现该条目内容。

◇ 偶尔：偶尔表现该条目内容（如个别课堂或时间段会出现该现象）。

◇ 经常：几乎每节课都会注意力不集中且有多动行为。

条目 22　不适当的青春期自慰行为

目的：

☆ 考察学生是否具有不适当的青春期自慰行为。部分孤独症学生进入青春期之后会出现不适当地满足生理需要的行为。

要求：

➤ 学生表现为不分场合和时间地玩捏、裸露生殖器等行为。

标准：

◇ 没有：没有表现出该条目内容。

◇ 偶尔：偶尔表现该条目内容（如几天或更久出现一次）。

◇ 经常：经常表现该条目内容（如每天或隔一两天出现多次）。

条目 23　洁癖

目的：

☆ 考察学生是否具有强迫性讲卫生的情况。洁癖是把正常卫生范围内的事物认为是肮脏的，感到焦虑，强迫性地清洗、检查及排斥"不洁"之物。

要求：

➤ 学生表现为强迫性地害怕脏物、污秽，如不能忍受衣服上有泥土、颜料等。

标准：

◇ 没有：没有表现该条目内容。

◇ 偶尔：偶尔表现该条目内容（如几天或更久出现一次）。

◇ 经常：经常表现该条目内容（如每天或隔一两天出现多次）。

分领域三：主动性行为

主动性行为是主动发起的行为。一般来说，孤独症学生较为被动，难以主动发起行为。因此，本分领域主要考察孤独症学生在学习任务和活动中的主动性情况，可以结合教师在日常教学中所得的经验结论，也可以采用现场测试的方式，考察学生是否具有主动性行为。建议在测试过程中，教师和家长可以通过给予适当提示的方式来考察学生的执行能力，包括口头提示、图片提示、手势提示、动作示范。评估结果从没有、偶尔或经常三个方面呈现。

条目 24　在游戏或教学活动中保持较适当的兴奋度

目的：

☆ 考察学生能否保持适当的兴奋度。孤独症学生在游戏或教学活动中，可能不能很好地掌控自己的情绪，会出现过度兴奋，表现出手舞足蹈、拍手等兴奋举止，或是无动于衷，不能参与到教学活动中来。

要求：

➤ 学生表现为能够合理参与感兴趣的游戏或教学活动。

➤ 不会出现过度兴奋的状态。

➤ 不会出现过度退缩的状态，如独自活动、东张西望、随意走动等。

标准：

◇ 没有：即使在提示下，也不能表现该条目内容。

◇ 偶尔：在提示下，能偶尔表现该条目内容。

◇ 经常：在提示下，经常表现该条目内容。

条目 25　在提供喜欢的外部强化物前提下，完成或尝试完成活动或任务

目的：

☆ 考察学生在外部强化物的作用下能否增强动机，努力完成任务。部分孤独症学生难以在活动或任务中保持适当的参与度，为此教师会通过提供学生喜欢的外部强化以增强其内部动机，促使其为了得到强化物而努力完成任务。

要求：

➤ 学生为了得到外部强化物（如食物、玩具），努力完成或尝试完成活动或任务。例如，在语文课上，为了得到教师手中的山楂片，积极回答教师的提问。

标准：

◇ 没有：即使在提示下，也不能表现该条目内容。

◇ 偶尔：在提示下，能偶尔表现该条目内容。

◇ 经常：在提示下，经常表现该条目内容。

条目 26　理解社会性赞美，并以此受到激励完成或尝试完成活动或任务

目的：

☆ 考察学生是否能够理解社会性强化物，以及在社会性强化物的作用下其动机是否增强。由于孤独症学生在学习过程中可能不能理解他人的表扬或微笑，往往表现得无动于衷。

要求：

➤ 学生能够理解他人的表扬（如你真厉害）或微笑，并回以微笑，进而以此为鼓励，努力完成或尝试完成活动或任务。

标准：

◇ 没有：即使在提示下，也不能表现该条目内容。

◇ 偶尔：在提示下，能偶尔表现该条目内容。

◇ 经常：在提示下，经常表现该条目内容。

条目 27　对教学的强化物表现得有积极性，有兴趣

目的：

☆ 考察学生是否能够对教学的强化物表现得有积极性和有兴趣。孤独症学生对强化物的兴趣表现有很大差别。

要求：

➤ 学生在集体教学活动中，为了得到教师的食物、玩具、表扬或微笑鼓励等多种形式的强化物，积极回答问题、参与完成任务等。

标准：

◇ 没有：即使在提示下，也不能表现该条目内容。

◇ 偶尔：在提示下，能偶尔表现该条目内容。

◇ 经常：在提示下，经常表现该条目内容。

条目 28　有兴趣地完成或尝试完成活动或任务

目的：

☆ 考察学生是否有兴趣、有动机参与活动任务。很多孤独症学生由于认知能力、理解能力等方面的限制，或者由于感知觉方面的异常，注意力分散，可能

不能明白和很好地参与教师开展的活动或任务，在活动或任务中的兴奋度较低。

要求：

➢ 学生能够积极参与完成或尝试完成活动任务，而不是被动地完成任务或逃离任务。例如，在画画任务中，能够积极选用不同颜色画画，而不是沉浸在其他活动中。

标准：

◇ 没有：即使在提示下，也不能表现该条目内容。

◇ 偶尔：在提示下，能偶尔表现该条目内容。

◇ 经常：在提示下，经常表现该条目内容。

条目 29　能有创造性地完成或尝试完成活动或任务

目的：

☆ 考察学生是否能采用新异的，具有创造性的方式完成活动任务。孤独症学生可能没有习得很多完成任务的常规方法，因而可能会采用新异的方式完成活动或任务。

要求：

➢ 学生能够采用别具一格的、新型的方式完成活动任务，而不是按照常规的方式完成任务。例如，学生在完成数 10 颗珠子的任务时，采用的方式是依次拿出珠子填满 10 个小孔，而不是按照常规的方式去数珠子。

标准：

◇ 没有：没有表现该条目内容。

◇ 偶尔：偶尔表现该条目内容。

◇ 经常：经常表现该条目内容。

条目 30　遇到学习任务上的困难，能够坚持继续努力

目的：

☆ 考察学生是否能够不畏难，坚持完成学习任务。一些孤独症学生在学习任务中遇到困难往往不能坚持。

要求：

➢ 学生在学习过程中遇到困难之后，能够继续努力坚持完成任务，不畏艰难，不放弃。

标准：

◇ 没有：即使在提示下，也不能表现该条目内容。

◇ 偶尔：在提示下，能偶尔表现该条目内容。

◇ 经常：在提示下，经常表现该条目内容。

条目 31　学习适当难度的新技能后，较快摆脱辅助，独立完成任务

目的：

☆ 考察学生是否能够在习得新技能之后主动摆脱辅助。很多孤独症学生倾向于依赖辅助。

要求：

➤ 学生在掌握新技能之后，有较强的独立完成活动任务的欲望，并能较快摆脱辅助，独立完成任务。例如，学习抛球之后，便挣脱教师的肢体辅助，独立完成抛球。

标准：

◇ 没有：学习适当难度的新技能后，仍然依赖辅助，不能独立完成任务。

◇ 偶尔：有时能摆脱辅助，独立完成任务，但多数时候仍然依赖提示。

◇ 经常：能经常较快摆脱辅助，独立完成任务。

条目 32　在有挑战难度的任务或活动中，能控制调节自己的情绪、行为，专心完成任务

目的：

☆ 考察学生是否具有较强的学习动机，是否具有良好的情绪、行为调控能力。一些孤独症学生由于害怕失败，一旦遇到有挑战难度的任务便不能控制自己的情绪，而一些学生则会适当调节自己的情绪继续尝试完成任务。

要求：

➤ 学生在遇到有难度的任务或活动时，能够不发脾气、不扔东西，继续努力完成活动任务。

标准：

◇ 没有：即使在提示下，也不能表现该条目内容。

◇ 偶尔：在提示下，能偶尔表现该条目内容。

◇ 经常：在提示下，经常表现该条目内容。

分领域四：变通灵活性

　　变通灵活性是指能够调整情绪、行为灵活应对变化。孤独症学生的行为大多具有强迫性、仪式性、重复性、沉迷性和刻板性的特点，往往不能接受变化，可能会因为环境布置调整、交通路线改变而大发雷霆。因而，教师应重视变通灵活性的评量，便于在教学活动中照顾孤独症学生的特点，避免他们出现情绪变化而影响学习活动的开展。本分领域主要考察孤独症学生在学习和生活中的变通灵活情况，应主要结合家长和教师在日常生活中对学生的行为观察而得出评估结果。

条目33　接受生活环境中物品摆放位置的改变

　　目的：

　　☆ 考察学生是否能够接受生活环境中物品摆放位置的改变。

　　要求：

　　➤ 学生表现为能够接受生活环境中物品（如玩具熊、小摆件等）摆放位置的改变，不会强迫性地将物品放回原处，也不会因此而沮丧或大发脾气。

　　标准：

　　◇ 没有：不能表现该条目内容，会强迫性地将其放回原处。

　　◇ 偶尔：偶尔能表现该条目内容，多数时候仍会强迫性地将其放回原处。

　　◇ 经常：经常表现该条目内容。

条目34　不过度依恋某些物品，接受这些物品离开自身

　　目的：

　　☆ 考察学生是否眷恋某些物品，是否接受这些物品离开自身。孤独症学生可能会强烈抗拒任何外界变化，因而不能接受贴身物品离开自己。

要求：

➤ 学生表现为接受他人拿走自己一直收集或随身携带的某种物品（如小木块、纸板等），不会产生阻挠或反抗，也不会发脾气。

标准：

◇ 没有：过度依恋某些物品，不能接受这些物品离开自身。

◇ 偶尔：有时不会过度依恋某些物品，允许他人拿走，但多数时候会阻挠。

◇ 经常：不过度依恋某些物品，能接受这些物品离开自身，不会阻挠。

条目35　根据需要调整生活惯例，或是以灵活的程序（或方式）从事活动或游戏

目的：

☆ 考察学生是否能够灵活调整惯常安排。孤独症学生可能会强烈抗拒任何外界变化，因而无法调整已养成的惯例。

要求：

➤ 学生表现为可以灵活调整惯常安排，如接受去学校路线的改变，或者接受周末去学校上课等。

➤ 能够灵活调整活动或游戏参与的程序，如接受提前半小时上课等。

标准：

◇ 没有：即使在提示下，也不能表现该条目内容。

◇ 偶尔：在提示下，能偶尔表现该条目内容。

◇ 经常：在提示下，经常表现该条目内容。

条目36　根据情况适当调整生活习惯（如睡觉时间、活动时间等）

目的：

☆ 考察学生是否能够适当调整生活习惯。有些孤独症学生可能会强烈抗拒任何外界变化，因而无法调整已养成的惯常安排，必须要在固定时间进行惯常活动。

要求：

➤ 学生表现为可以适当调整生活习惯，如接受睡觉时间、课间操时间、游戏时间等提前或延迟。

标准：

◇ 没有：即使在提示下，也不能适当调整生活习惯。

◇ 偶尔：在提示下，有时能适当调整生活习惯，而多数时候不能适当调整。

◇ 经常：在提示下，能适当调整生活习惯。

条目37　接受生活中所要求的部分饰品，如红领巾、标志、帽子、发卡等

目的：

☆ 考察学生是否允许佩戴饰品。孤独症学生可能会强烈抗拒任何外界变化。如果要求学生佩戴并不常戴的饰品，他们可能会无法接受。

要求：

➤ 学生表现为接受生活中所要求佩戴的部分饰品，如红领巾、标志、帽子、发卡等，不会强迫性地将其取下，或者拒绝佩戴。

标准：

◇ 没有：不允许佩戴饰品，会强迫性地将其取下。

◇ 偶尔：有时允许佩戴饰品，不会强迫性地将其取下，而多数时候拒绝佩戴。

◇ 经常：允许佩戴饰品，不会强迫性地将其取下。

条目38　能够停止当前进行的活动或任务，转换或过渡到下一个教学活动或任务

目的：

☆ 考察学生是否能够调整情绪和行为按照一定的安排进行学习任务转换。很多孤独症学生从当前活动过渡到下一项活动时会有困难甚至出现强烈的情绪反应。

要求：

➤ 学生能够在下课铃响或教师提示活动结束时，停止当前从事的活动或任务，按照指令或日程表上的标识，顺利转换或过渡到下一个活动区域或场所，开展下一个教学活动或任务。

标准：

◇ 没有：即使在提示下，也不能表现该条目内容。

◇ 偶尔：在提示下，能偶尔表现该条目内容。

◇ 经常：在提示下，经常表现该条目内容。

条目 39 能接受事情的发展变化

目的：

☆ 考察学生是否能够接受事情的发展变化。孤独症学生可能会不能接受预期安排的变化。

要求：

➢ 学生能够接受预期安排的发展变化（如因老师生病取消往常的个训课，因节日放假调整上课时间到周六日等），不发生情绪变化。

标准：

◇ 没有：即使在提示下，也不能表现该条目内容。

◇ 偶尔：在提示下，能偶尔表现该条目内容。

◇ 经常：在提示下，经常表现该条目内容。

条目 40 当被拒绝的时候，可以接受和理解，不会愤怒和生气

目的：

☆ 考察学生是否能够在被拒绝时适当调控自己的情绪。孤独症学生的要求被拒绝时，他们可能会难以接受并产生强烈不满。

要求：

➢ 当他人拒绝食物、玩具或活动等要求时，学生可以理解并接受，不发生情绪变化。

标准：

◇ 没有：即使在教师和家长的辅助下，也不能理解和接受被拒绝。

◇ 偶尔：在教师和家长的辅助下，有时能理解和接受被拒绝，而多数时候不能理解和接受，会偶尔出现情绪行为问题。

◇ 经常：在教师和家长的辅助下，能理解和接受被拒绝。

第六章

社会交往领域

　　社会交往是个体在一定情境下，与他人相互往来，进行物质、精神交流的社会活动。社会交往是人的本质要求，也是个体建立社会关系，参与社会生活的主要途径。对于孤独症学生来说，社会交往障碍是其核心障碍之一，对其言语、行为、认知等方面有着广泛的影响。孤独症学生的社交障碍主要表现在社交互惠性行为的损伤、难以整合言语和非言语沟通、难以与他人分享情感和快乐并建立稳定的社会关系。如何与人进行社会交往是孤独症学生终身的学习任务，教会孤独症学生进行有效的人际互动、参与社会活动也是教师和家长的长期教学目标。本教育评估系统将考察孤独症学生共同注意、交往礼仪、交往互动、游戏参与四个领域，处于第三层次的考量维度，共33个条目。

　　建议在测试过程中，教师和家长可以通过给予适当的提示来考察学生的执行能力，包括口头提示、图片提示、手势提示、动作示范。评估结果从通过、部分通过或无法通过三个方面呈现。值得注意的是，如果学生能够独立完成该条目内容且表现稳定，被列为通过。如果学生需要一定的提示完成条目内容（包括部分内容），或是不能持续表现，均被列为部分通过。如果学生在提示之下也无法完成该条目全部内容，或是主要依靠教师或他人提供的大量、直接的肢体辅助才能完成，均被列为无法通过。

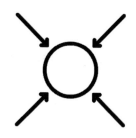

分领域一：共同注意

共同注意是指两个人使用手势、眼神、动作和言语等方式共同关注某一物品或事件。共同注意是孤独症学生早期社会交往的重要表现，也是其了解社会互动者意图、参与社会互动的基础，主要有两种表现形式：回应他人发起的共同注意及发起共同注意。孤独症儿童表现出较少的共同注意行为，如指示性的目光、追视和指示性的手势等。与普通儿童相比，孤独症儿童更倾向于回应他人发起的共同注意，而非主动发起共同注意。本分领域考察的是孤独症儿童回应他人共同注意和发起共同注意的能力。

建议教师使用强化物进行现场测试和直接观察，请参考本评估系统中的《学生强化物信息汇总表》来准备强化物。

条目1　回应和定位事物

1.1　当某一事物发出声响时，能做出寻找声源、转向和定位声源的动作

目的：

☆ 考察学生使用眼神定位事物（声源）的能力。对外界环境的变化做出反应是共同注意的基础之一。

要求：

➤ 学生能对听到的声响做出反应，包括寻找声源的动作、转向声源的动作以及视线转移到声源。声源是指发出声响的物品或地方。

工具：

√ 发声的玩具，如发条玩具、钢琴键盘玩具等。

标准：

◇ 通过：独立完成该条目的全部内容。

◇ 部分通过：在提示下，完成该条目的部分内容；或不能持续表现该条目的内容。

◇ 无法通过：即使在提示下，也无法完成该条目内容。

1.2 通过眼神、动作等方式对物品的出现或变化产生回应

目的：

☆ 考察学生使用眼神、动作等方式回应事物（声源）的能力。

要求：

➤ 学生能对物品的出现或变化做出回应，包括眼神转向物品、用手指物品以及走向物品三种形式。

工具：

√ 发声的玩具，如发条玩具、钢琴键盘玩具等。

标准：

◇ 通过：独立完成该条目的全部内容。

◇ 部分通过：在提示下，完成该条目的部分内容；或不能持续表现该条目的内容。

◇ 无法通过：即使在提示下，也无法完成该条目内容。

条目 2 回应和定位他人

2.1 当他人做动作或说话时，能做出转向或定位他人的动作

目的：

☆ 考察学生定位他人的能力。

要求：

➤ 学生能对他人的动作、言语做出反应，即做出转向他人的动作或视线转移到他人身上。

标准：

◇ 通过：独立完成该条目的全部内容。

◇ 部分通过：在提示下，完成该条目的部分内容；或不能持续表现该条目的内容。

◇ 无法通过：即使在提示下，也无法完成该条目内容。

2.2　当他人叫学生的名字或是看着学生的时候，学生会和对方眼神接触

目的：

☆ 考察学生回应他人的能力。

要求：

➤ 学生能对他人发起的呼叫姓名和眼神接触等做出眼神接触的回应。

➤ 当他人叫学生名字时，学生能使用眼神接触回应对方；当他人看着学生时，学生能和对方眼神接触。

标准：

◇ 通过：独立完成该条目的全部内容。

◇ 部分通过：在提示下，完成该条目的部分内容；或不能持续表现该条目的内容。

◇ 无法通过：即使在提示下，也无法完成该条目内容。

条目 3　追随他人的手指指示，与他人共同注意某一事物或活动

3.1　当他人使用手指指示、口头提示等线索提出共同注视要求时，与他人眼神接触

目的：

☆ 考察学生回应他人发起共同注意的能力。

要求：

➤ 当他人使用手指指示（如指着一个物品）、口头提示（如说"看这里"）等方式，对学生提出共同注视的要求时，学生能与他人眼神接触。

工具：

√ 学生喜欢的食物、物品、玩具等强化物。

标准：

◇ 通过：独立完成该条目的全部内容。

◇ 部分通过：在提示下，完成该条目的部分内容；或不能持续表现该条目的内容。

◇ 无法通过：即使在提示下，也无法完成该条目内容。

3.2　追随他人的手指指示和视线，转向指示的物品或活动

目的：

☆ 考察学生追视他人发起共同注意的能力。

要求：

➤ 当他人使用手指指示（如指着一个物品）、口头提示（如说"看这里"）等方式，对学生提出共同注视的要求时，能追随他人的手指方向和视线方向，转向对方指示的物品或活动。

工具：

√ 学生喜欢的食物、物品、玩具等强化物。

标准：

◇ 通过：独立完成该条目的全部内容。

◇ 部分通过：在提示下，完成该条目的部分内容；或不能持续表现该条目的内容。

◇ 无法通过：即使在提示下，也无法完成该条目内容。

条目 4　能用眼神等非言语方式应答

4.1　当他人手握强化物并询问"要不要"，学生可以点头回应他人的眼神表示"要"

目的：

☆ 考察学生使用非言语形式回应接受他人提议的能力。识别和理解非言语信息并通过眼神、面部表情、手势、肢体语言等非言语形式表达需求和想法是社会交往过程中非常重要的能力。

要求：

➤ 学生能使用手势、动作或肢体语言等非言语形式回应接受他人提供的强化物。

工具：

√ 学生喜欢的食物、物品、玩具等强化物。

标准：

◇ 通过：独立完成该条目的全部内容。

◇ 部分通过：在提示下，完成该条目的部分内容；或不能持续表现该条目的内容。

◇ 无法通过：即使在提示下，也无法完成该条目内容。

4.2　当他人手握强化物并询问"要不要"，学生可以摇头回应他人的眼神表示"不要"

目的：

☆ 考察学生使用非言语形式回应拒绝他人提议的能力。

要求：

➤ 学生能使用眼神、面部表情、手势、动作、肢体语言等非言语形式回应拒绝他人提供的强化物。

工具：

√ 学生喜欢的食物、物品、玩具等强化物。

标准：

◇ 通过：独立完成该条目的全部内容。

◇ 部分通过：在提示下，完成该条目的部分内容；或不能持续表现该条目的内容。

◇ 无法通过：即使在提示下，也无法完成该条目内容。

4.3　与教师玩游戏过程中，活动步骤阻断，学生可以用眼神接触或点头等非言语形式向教师表示继续的意愿

目的：

☆ 考察学生使用非言语形式回应教师继续游戏的能力。

要求：

➤ 当教师中断游戏后，学生能使用眼神、面部表情、手势、动作、肢体语言等非言语形式向教师表示可以继续游戏。

标准：

◇ 通过：独立完成该条目的全部内容。

◇ 部分通过：在提示下，完成该条目的部分内容；或不能持续表现该条目的内容。

◇ 无法通过：即使在提示下，也无法完成该条目内容。

条目5　当有需求时，能主动引起他人的注意

本条目由 5 个小条目组成，但这 5 条不是平行关系，也就是说，如果学生通过 5.4 分条目，5.1，5.2，5.3 这三个分条目就可能不适用，不代表学生没有掌握这三个分条目的能力。

5.1　用手指向或拉着他人的手至目标物品、活动或人物

目的：

☆ 聚焦于表达需求的基础阶段，即使用言语和非言语形式主动引起他人注意的能力，考察学生使用手指指向或引导成人帮其实现需求的能力。很多孤独症学生往往不能使用有效的方式恰当表达自己的需求，甚至通过问题行为来表达需求。

要求：

➤ 学生有需求时能通过手指指向或拉他人的手指向自己想要的物品、想参与的活动或想寻找的人物，来获取他人注意，表达自己的需求。

工具：

√ 学生喜欢的食物、物品、玩具等强化物。

标准：

◇ 通过：有需求时，能够独立使用手指指向或拉他人的手指向自己想要的物品、活动或人物。

◇ 部分通过：在提示下，完成该条目的部分内容；或是不能持续表现该条目的内容。

◇ 无法通过：即使在提示下，也无法完成该条目内容。

5.2　能通过图片获得他人的注意，示意需要图片上的内容

目的：

☆ 考察学生使用图片获得他人注意，表达需求的能力。

要求：

➤ 学生有需求时能通过手指指向图片内容，来获得他人注意，表达自己的需求。

➤ 教师需要根据学生使用的图片内容判断，学生能否通过图片正确表示物品表达自己的需求。

工具：

√ 学生喜欢的食物、物品、玩具等强化物。

标准：

◇ 通过：有需求时，能够独立使用手指指向图片内容的方式获得他人注意。

◇ 部分通过：在提示下，完成该条目的部分内容；或不能持续表现该条目的内容。

◇ 无法通过：即使在提示下，也无法完成该条目内容。

5.3　有需求时，通过适宜手语、手势获得他人的注意

目的：

☆ 考察学生使用适宜的手语或手势获得他人注意，表达需求的能力。

要求：

➤ 学生有需求时能通过适宜的手语或手势来获得他人注意表达自己的需求。

➤ 教师需要根据学生的手语或手势表示的物品来判断，学生能否通过手语或手势正确表示物品表达自己的需求。

工具：

√ 学生喜欢的食物、物品、玩具等强化物。

标准：

◇ 通过：有需求时，能够独立使用适宜的手语或手势获得他人注意。

◇ 部分通过：在提示下，完成该条目的部分内容；或不能持续表现该条目的内容。

◇ 无法通过：即使在提示下，也无法完成该条目内容。

5.4 有需求时，通过适宜声音或言语获得他人的注意

目的：

☆ 考察学生使用适宜的声音或言语获得他人注意，表达需求的能力。

要求：

➤ 学生有需求时能通过适宜的声音或言语来获得他人注意，表达自己的需求。

➤ 教师需要根据学生的声音或言语表示的物品来判断，学生能否通过声音或言语正确表示物品表达自己的需求。

工具：

√ 学生喜欢的食物、物品、玩具等强化物。

标准：

◇ 通过：有需求时，能够独立使用适宜的声音或言语获得他人注意。

◇ 部分通过：在提示下，完成该条目的部分内容；或不能持续表现该条目的内容。

◇ 无法通过：即使在提示下，也无法完成该条目内容。

5.5 有需求时，能通过眼神、手势、言语等多种形式，获得他人的注意

目的：

☆ 考察学生使用言语和非言语等多种方式主动引起他人注意的能力。

要求：

➤ 学生有需求时能通过言语和非言语等多种形式(图片、手势或手语、言语三种形式等多种形式混合使用)获得他人注意。

工具：

√ 学生喜欢的食物、物品、玩具等强化物。

标准：

◇ 通过：有需求时，能够独立使用多种形式获得他人注意。

◇ 部分通过：在提示下，完成该条目的部分内容；或不能持续表现该条目的内容。

◇ 无法通过：即使在提示下，也无法完成该条目内容。

条目 6 能通过眼神等非言语形式，主动分享兴趣

6.1 当学生从事或玩自己感兴趣的活动或物品时，能用眼神从兴趣物转移到他人的眼神，表达兴趣

目的：

☆ 考察学生使用视线转移实现向他人表达自己兴趣的能力。大多数孤独症学生缺少与他人主动分享快乐、兴趣的行为。

要求：

➢ 从事感兴趣的活动或玩喜欢的玩具时，学生能注意到身旁的人，将视线从兴趣物转移到他人身上，并与之眼神接触，向他人表达自己的兴趣。

工具：

√ 学生喜欢的食物、物品、玩具等强化物。

标准：

◇ 通过：独立完成该条目的全部内容。

◇ 部分通过：在提示下，完成该条目的部分内容；或不能持续表现该条目的内容。

◇ 无法通过：即使在提示下，也无法完成该条目内容。

6.2 当学生从事或玩自己感兴趣的活动或物品时，能用适宜的言语或手势、动作等指向兴趣物，以此分享喜悦

目的：

☆ 考察学生手势或手语、动作、言语等言语或非言语形式指向兴趣物以此分享快乐情绪的能力。

要求：

➢ 从事感兴趣的活动或玩喜欢的玩具时，学生能使用适宜的言语或非言语形式向他人指向自己感兴趣的活动或玩具，与他人分享自己快乐的情绪，这些言

语或非言语形式包括手势或手语、动作、言语三种形式。学生使用其中一种形式即可。

工具：

√ 学生喜欢的食物、物品、玩具等强化物。

标准：

◇ 通过：在从事感兴趣的活动或玩喜欢的玩具时，能够独立使用适宜的手势或手语、动作、言语等其中一种形式向他人指向自己感兴趣的活动或玩具，与他人分享自己快乐的情绪。

◇ 部分通过：在提示下，完成该条目的部分内容；或不能持续表现该条目的内容。

◇ 无法通过：即使在提示下，也无法完成该条目内容。

6.3　当学生完成作品或获得新奇物品，能主动运用眼神、手势、言语等多种形式，把物品拿给他人展示

目的：

☆ 考察学生获得成就或物品时使用言语和非言语等多种形式向他人展示的能力。

要求：

➤ 当学生完成作品或得到新奇的物品时，学生能主动使用言语和非言语形式向他人展示物品，这些言语和非言语形式包括眼神、手势或手语、言语三种形式。学生需混合使用多种形式表达。

工具：

√ 学生喜欢的食物、物品、玩具等强化物。

标准：

◇ 通过：独立主动使用眼神、手势或手语、言语多种形式向他人展示获得的成就或物品。

◇ 部分通过：在提示下，完成该条目的部分内容；或不能持续表现该条目的内容。

◇ 无法通过：即使在提示下，也无法完成该条目内容。

条目7　关注并应对周围环境的变化与过渡

7.1　注意到环境发生的变化

目的：

☆ 关注并应对周围环境的变化与过渡是共同注意领域的最高层级。聚焦于孤独症学生根据所处环境的变化或过渡调整自身行为的能力，考察学生注意到环境变化的能力。

要求：

➤ 当从事自己的活动时，学生注意到外界环境发生的变化，明白发生了什么事情（所发生的变化）。例如，环境的变化是到了下课时间，学生能明白下课了可以去休息或喝水了。

➤ 教师需要根据环境变化后学生表现的反应或行为来判定学生是否能关注和理解环境的变化。

标准：

◇ 通过：独立注意到外界环境所发生的变化。

◇ 部分通过：在提示下，完成该条目内容；或不能持续表现该条目的内容。

◇ 无法通过：即使在提示下，也无法完成该条目内容。

7.2 注意到活动的过渡

目的：

☆ 考察学生注意到活动过渡的能力。

要求：

➤ 当从事自己的活动时，学生注意到当前活动已经结束，过渡到下一个活动，学生明白下一步要做什么，在哪里做，怎么做。例如，活动该过渡到玩游戏了，学生能明白下一步要去玩游戏了。

➤ 教师需要根据活动过渡时学生表现的反应或行为来判定学生是否能关注和理解活动的过渡。

标准：

◇ 通过：独立注意到活动的过渡。

◇ 部分通过：在提示下，完成该条目的部分内容；或不能持续表现该条目的内容。

◇ 无法通过：即使在提示下，也无法完成该条目内容。

7.3 当环境变化或活动过渡后知道应该做什么，并做出相应的反应或行为

目的：

☆ 考察学生注意到环境变化或活动过渡后做出相应的反应或行为的能力。

要求：

➤ 当从事自己的活动时，学生注意到外界环境发生的变化或活动的过渡，

知道下一步要做什么，并做出相应的反应或行为。

➤ 教师需要根据环境变化后或活动过渡时学生表现的反应或行为，来判定学生能否根据环境的变化或活动的过渡调整自身的行为。

标准：

◇ 通过：独立完成该条目内容。

◇ 部分通过：在提示下，完成该条目的部分内容；或不能持续表现该条目的内容。

◇ 无法通过：即使在提示下，也无法完成该条目内容。

分领域二：交往礼仪

社交礼仪强调了对社会规则的理解和尊重，要求孤独症学生对环境做出自我调控行为。孤独症学生往往缺乏基本的社会常识，不理解、不遵守基本的社会交往规则规范及社会约定俗成的惯例及习俗，如无法理解约定俗成的谚语和常识等。在社会交往过程中孤独症儿童很难调控、管理自己的行为、想法和情绪情感。本分领域考察的是孤独症儿童理解和遵守社交礼仪的能力。

在本分领域评估中，建议教师使用强化物，请参考本评估系统中的《学生强化物信息汇总》来准备强化物。家长报告、他人或教师报告是主要的评估手段。此外，建议教师最好在自然的社交场景中直接观察，或创造一些社交场景现场测试。

条目 8　按顺序参与教学活动

8.1　能够排队并安静等待

目的：

☆ 考察学生排队和安静等待的能力。按顺序参与或轮流参与的能力是一项基本的社会交往规则，在很多社交情境中都能使用到此规则，如超市排队结账等，同时按顺序参与或轮流参与也是参与课堂教学活动和游戏时必须遵循的规则。

要求：

➤ 当需要排队的情境出现时，学生能做到排队并安静等待出发，不会做出问题行为逃避排队。

➤ 需要排队的情境可能有出早操、结束早操、排队打饭、放学出校园等，教师可选择其中三种情境测试或选择其他适合的排队情境。

标准：

◇ 通过：在三种需要排队的情境中独立完成排队并安静等待出发。

◇ 部分通过：在提示下，完成该条目的部分内容；或不能持续表现该条目的内容。

◇ 无法通过：即使在提示下，也无法完成该条目内容。

8.2 在教学活动或游戏中轮到他人时安静等待，不吵闹

目的：

☆ 考察学生在教学活动或游戏中轮到他人时安静等待的能力。

要求：

➤ 在教学活动或游戏中轮到他人时，学生能调控自己的行为，不吵闹或做出问题行为，安静等待自己的轮次。

标准：

◇ 通过：在教学活动或游戏中轮到其他同学时，独立保持安静并等待自己的轮次。

◇ 部分通过：在提示下，完成该条目的部分内容；或不能持续表现该条目的内容。

◇ 无法通过：即使在提示下，也无法完成该条目内容。

8.3 在教学活动或游戏中轮到自己时会参与

目的：

☆ 考察学生在教学活动或游戏中轮到自己时，参与活动或游戏的能力。

要求：

➤ 在教学活动或游戏中轮到自己时学生能参与，不吵闹或做出问题行为。

标准：

◇ 通过：在教学活动或游戏中轮到自己时，独立参与教学活动或游戏。

◇ 部分通过：在提示下，完成该条目的部分内容；或不能持续表现该条目的内容。

◇ 无法通过：即使在提示下，也无法完成该条目内容。

条目 9　会等待，直到所期望的人、事物或情况出现

9.1　当期望的人没有出现时安静等待不哭闹，直到其出现

目的：

☆ 如果期望的人、事物或情况没有出现，孤独症学生很可能会出现焦虑、恐慌、崩溃的情绪，很难做到安静等待。在一些事件中，孤独症学生知道此时不能达成愿望、实现要求，会管理自己的情绪和行为，考察学生在期望的人没有出现时安静等待的能力。

要求：

➤ 在期望的人没有出现时，学生能等待并在等待的过程中保持安静、不哭闹，直到期望的人出现。

标准：

◇ 通过：独立安静等待直到期望的人出现。

◇ 部分通过：在提示下，完成该条目的部分内容；或不能持续表现该条目的内容。

◇ 无法通过：即使在提示下，也无法完成该条目内容。

9.2　当期望的事物或情况没有出现时安静等待不哭闹，直到其出现

目的：

☆ 考察学生在期望的事物、情况没有出现时安静等待的能力。

要求：

➤ 在期望的事物、情况没有出现时，学生能等待并在等待的过程中保持安静、不哭闹，直到期望的事物或情况出现。

标准：

◇ 通过：独立安静等待直到期望的事物、情况出现。

◇ 部分通过：在提示下，完成该条目的部分内容；或不能持续表现该条目的内容。

◇ 无法通过：即使在提示下，也无法完成该条目内容。

条目 10　在适宜的情境下，打招呼

10.1　看着对方的眼睛，微笑点头

目的：

☆ 考察学生在适宜的情境中使用非言语形式向他人打招呼的能力。问候他

人是社会交往中较为基础的能力，社交发起或社交对话也是从问候他人开始的。

要求：

➤ 在需要打招呼的情境中，学生能使用非言语形式打招呼，包括微笑看着对方的眼睛，挥手、点头或鞠躬两个步骤。

➤ 适宜的情境包括到校见到教师、同学，家里来客人，路上遇到熟人三种情境，教师也可根据学生的情况设置三种情境测试。

标准：

◇ 通过：独立在三种情境中微笑看着对方的眼睛挥手、点头或鞠躬问候他人。

◇ 部分通过：在提示下，完成该条目的部分内容；或不能持续表现该条目的内容。

◇ 无法通过：即使在提示下，也无法完成该条目内容。

10.2 看着对方的眼睛，说"你好"

目的：

☆ 考察学生在适宜的情境中使用言语向他人打招呼的能力。

要求：

➤ 在需要打招呼的情境中，学生能使用适当的言语打招呼，包括微笑看着对方的眼睛，说"你好""早上好""晚上好"等礼貌用语两个步骤。

➤ 适宜的情境包括到校见到教师、同学，家里来客人，路上遇到熟人三种情境，教师也可根据学生的情况设置三种情境测试。

标准：

◇ 通过：独立在三种情境中微笑看着对方的眼睛并说"你好""早上好""晚上好"等问候他人。

◇ 部分通过：在提示下，完成该条目的部分内容；或不能持续表现该条目的内容。

◇ 无法通过：即使在提示下，也无法完成该条目内容。

条目 11 在适宜的情境下，会告别

11.1 看着对方的眼睛，微笑挥手告别

目的：

☆ 考察学生在适宜的情境中使用非言语形式向他人告别的能力。向他人告别是社会交往中较为基础的能力，社交对话也是通过告别来结束。

要求：

➤ 在需要告别的情境中，学生能使用适当的非言语形式向他人告别，包括微笑看着对方的眼睛，挥手告别两个步骤。

➤ 适宜的情境包括离校跟教师、同学告别，家里客人要离开，路上与熟人告别三种情境，教师也可根据学生的情况设置三种情境测试。

标准：

◇ 通过：独立在三种情境中微笑看着对方眼睛、挥手向他人告别。

◇ 部分通过：在提示下，完成该条目的部分内容；或不能持续表现该条目的内容。

◇ 无法通过：即使在提示下，也无法完成该条目内容。

11. 2　看着对方的眼睛，微笑说"再见"

目的：

☆ 考察学生在适宜的情境中使用言语向他人告别的能力。

要求：

➤ 在需要告别的情境中，学生能使用适当的言语向他人告别，包括微笑看着对方的眼睛，说"再见""拜拜""明天见"等礼貌用语两个步骤。

➤ 适宜的情境包括离校跟教师、同学告别，家里客人要离开，路上与熟人告别三种情境，教师也可根据学生的情况设置三种情境测试。

标准：

◇ 通过：独立在三种情境中微笑看着对方的眼睛并说"再见""拜拜""明天见"等向他人告别。

◇ 部分通过：在提示下，完成该条目的部分内容；或不能持续表现该条目的内容。

◇ 无法通过：即使在提示下，也无法完成该条目内容。

条目 12　在适宜的情境下，会致谢

12. 1　能够微笑看着对方的眼睛，点头致谢

目的：

☆ 考察学生在适宜的情境中使用非言语形式向他人致谢的能力。

要求：

➤ 在需要致谢的情境中，学生能使用适当的非言语形式表示感谢，包括微笑看着对方的眼睛，点头表示谢意两个步骤。

➤ 适宜的情境包括教师奖励学生想要的物品、同学递给学生物品、同学帮助学生三种情境，教师也可根据学生的情况设置三种情境测试。

工具：

√ 学生喜欢的食物、物品、玩具等强化物，通过给予强化物来观察致谢能力。

标准：

◇ 通过：独立在三种情境中做到微笑看着对方眼睛、点头表示谢意。

◇ 部分通过：在提示下，完成该条目的部分内容；或不能持续表现该条目的内容。

◇ 无法通过：即使在提示下，也无法完成该条目内容。

12.2 能说"谢谢"等话语，以表谢意

目的：

☆ 考察学生在适宜的情境中使用言语向他人致谢的能力。

要求：

➤ 在需要致谢的情境中，学生能使用适当的言语表示感谢，包括微笑看着对方的眼睛，说"谢谢（您、你）""多谢（您、你）""感谢（您、你）"等礼貌用语两个步骤。

➤ 适宜的情境包括教师奖励学生想要的物品、同学递给学生物品、同学帮助学生三种情境，教师也可根据学生的情况设置三种情境测试。

工具：

√ 学生喜欢的食物、物品、玩具等强化物，通过给予强化物来观察致谢能力。

标准：

◇ 通过：独立在三种情境中微笑看着对方的眼睛并说"谢谢（您、你）""多谢（您、你）""感谢（您、你）"等向他人致谢。

◇ 部分通过：在提示下，完成该条目的部分内容；或不能持续表现该条目的内容。

◇ 无法通过：即使在提示下，也无法完成该条目内容。

条目 13 在适宜的情境下，回应他人的问候和感谢

13.1 他人问候自己时，微笑看着对方的眼睛，点头回应他人的问候，或说"你好"等用语

目的：

☆ 考察当他人向学生打招呼时，学生使用言语或非言语形式回应他人问候的能力。

要求：

➤ 当他人向学生打招呼时，学生能微笑看着对方的眼睛说"你好"，或微笑看着对方的眼睛点头、挥手回应他人的问候。

标准：

◇ 通过：独立使用微笑看着对方的眼睛点头、挥手或微笑看着对方的眼睛说"你好"等其中一种方式回应他人的问候。

◇ 部分通过：在提示下，完成该条目的部分内容；或不能持续表现该条目的内容。

◇ 无法通过：即使在提示下，也无法完成该条目内容。

13. 2　他人感谢自己时，微笑看着对方的眼睛，说"不用谢"等用语

目的：

☆ 考察当他人感谢自己时，学生使用言语或非言语形式回应他人感谢的能力。

要求：

➤ 当他人向学生表示感谢时，学生能微笑看着对方的眼睛说"不用谢""不客气"，或微笑看着对方的眼睛摆手回应他人的感谢。

标准：

◇ 通过：独立微笑看着对方的眼睛说"不用谢""不客气"，或微笑看着对方的眼睛摆手回应他人的感谢。

◇ 部分通过：在提示下，完成该条目的部分内容；或不能持续表现该条目的内容。

◇ 无法通过：即使在提示下，也无法完成该条目内容。

条目 14　赞扬他人和接受、回应他人的赞扬

14. 1　微笑看着对方的眼睛，竖大拇指或说"你真棒"等用语

目的：

☆ 考察学生在他人做出正向行为时使用言语或非言语形式赞扬他人的能力。

要求：

➤ 当他人做出正向行为时，学生能微笑看着对方的眼睛说"你真棒"，或微笑看着对方的眼睛竖大拇指赞扬他人。

➤ 他人做出的正向行为可能包括同学画了一幅很漂亮的画、10 道数学题都正确等，教师可根据学生的情况测试学生赞扬他人的能力。

标准：

◇ 通过：独立微笑看着对方的眼睛说"你真棒"，或微笑看着对方的眼睛竖大拇指。

◇ 部分通过：在提示下，完成该条目的部分内容；或是不能持续表现该条目的内容。

◇ 无法通过：即使在提示下，也无法完成该条目内容。

14.2　当他人称赞自己时，微笑看着对方的眼睛，点头或说"谢谢"

目的：

☆ 考察他人赞扬学生时，学生使用言语或非言语形式回应他人赞扬的能力。

要求：

➤ 当他人赞扬学生时，学生能微笑看着对方的眼睛说"谢谢"，或微笑看着对方的眼睛点头回应他人的赞扬。

标准：

◇ 通过：独立微笑看着对方的眼睛说"谢谢"，或微笑看着对方的眼睛点头回应他人的赞扬。

◇ 部分通过：在提示下，完成该条目的部分内容；或是不能持续表现该条目的内容。

◇ 无法通过：即使在提示下，也无法完成该条目内容。

条目 15　交谈时和他人保持适宜的距离，身体能面向对方，保持眼神接触

15.1　交谈时与他人保持一定的安全距离，不过远或过近

目的：

☆ 考察学生在交谈时保持适宜安全距离的能力。社会交往中的安全距离包括一般距离、礼貌距离、私人距离和亲密距离，礼貌距离和私人距离适用于一般的交谈情境，礼貌距离为 1.2～3.6 米，可进行一般社交活动，私人距离约为 0.45～1.2 米，适用于朋友、熟人或亲戚之间。

要求：

➤ 在不同的对话情境中学生能与他人保持一定的安全距离，不会靠的过远或过近。

标准：

◇ 通过：在对话情境中能够独立根据不同的人或不同的亲密关系保持适宜的礼貌距离和私人距离。

◇ 部分通过：在提示下，完成该条目的部分内容；或不能持续表现该条目的内容。

◇ 无法通过：即使在提示下，也无法完成该条目内容。

15.2 交谈时，和他人保持眼神接触

目的：

☆ 考察学生在交谈时保持眼神接触的能力。

要求：

➤ 在对话情境中，学生能频繁地与他人保持眼神接触。

标准：

◇ 通过：能够独立在对话情境中频繁地与他人保持眼神接触。

◇ 部分通过：在提示下，完成该条目的部分内容；或不能持续表现该条目的内容。

◇ 无法通过：即使在提示下，也无法完成该条目内容。

15.3 交谈时，身体面向对方，并适宜地使用肢体语言(如点头)等

目的：

☆ 考察学生在交谈时动作的适宜性，在对话情境中因关系的亲密程度应保持适宜的距离、身体面向对方以及保持眼神接触。

要求：

➤ 在对话情境中，学生能身体面向对方，适宜地使用肢体语言，如表示赞同时可点头，表示反对时可摇头，表示赞扬时可竖大拇指等。

➤ 教师需要根据具体情况判定学生能否适当地使用肢体语言。

标准：

◇ 通过：独立在对话情境中身体面向对方以及适宜地使用肢体语言。

◇ 部分通过：在提示下，完成该条目的部分内容；或不能持续表现该条目的内容。

◇ 无法通过：即使在提示下，也无法完成该条目内容。

15.4 交谈时，能恰当使用礼貌用语，如"谢谢"等

目的：

☆ 考察学生在交谈时恰当使用礼貌用语的能力。

要求：

➤ 在对话情境中，学生能恰当使用礼貌用语，如赞扬他人时说"你真棒"，交谈一会儿后说"见到你真高兴"等。

➤ 教师需要根据具体情况判定学生能否适当地使用礼貌用语。

标准：

◇ 通过：独立在对话情境中恰当地使用礼貌用语。

◇ 部分通过：在提示下，完成该条目的部分内容；或不能持续表现该条目的内容。

◇ 无法通过：即使在提示下，也无法完成该条目内容。

条目 16　交谈时态度自信诚恳，接受他人的不同观点

16. 1　与他人交谈时，不退缩也不激动

目的：

☆ 考察学生在交谈中保持情绪稳定的能力。

要求：

➤ 在对话情境中学生表现情绪稳定，不过于激动，也不会退缩。

标准：

◇ 通过：独立在对话情境中保持情绪稳定且表现稳定。

◇ 部分通过：在提示下，完成该条目的部分内容；或不能持续表现该条目的内容。

◇ 无法通过：即使在提示下，也无法完成该条目内容。

16. 2　恰当地表达自己的想法

目的：

☆ 考察学生与他人交谈时恰当表达自己想法的能力。

要求：

➤ 在对话情境中，学生能恰当地表达自己的想法，而不是喋喋不休地说同一个话题。

标准：

◇ 通过：独立在对话情境中恰当地表达自己的想法。

◇ 部分通过：在提示下，完成该条目的部分内容；或不能持续表现该条目的内容。

◇ 无法通过：即使在提示下，也无法完成该条目内容。

16.3　理解他人的想法

目的：

☆ 考察学生与他人交谈时理解他人想法的能力。

要求：

➤ 在对话情境中学生能理解他人的想法。例如，听到对话的话语后，学生表现出点头等动作或说"你说得对""我不同意(你的观点)""我也不知道"等。

➤ 教师需要根据学生听到对方的话语后做出的反应，来判断学生是否能理解他人的想法。

标准：

◇ 通过：独立在对话情境中理解他人的想法。

◇ 部分通过：在提示下，完成该条目的部分内容；或是不能持续表现该条目的内容。

◇ 无法通过：即使在提示下，也无法完成该条目内容。

16.4　能从多个角度分析和表达对一个事件的看法

目的：

☆ 考察学生从多个角度出发分析和表达对一个事件的看法。

要求：

➤ 在对话情境中，学生能从多个角度出发来分析和表达对一个事件的看法，这些角度包括从自己的角度出发、从对方的角度出发以及从他人的角度(不是对话双方)出发分析事件，表达自己的想法。

➤ 教师需要根据实际情况判断学生是否能从多个角度分析和表达对一个事件的看法。例如，班里一个同学不小心把书本摔在地上，另一个同学对学生说"他把书本摔地上了"，学生可能会说"他不是故意的"。

标准：

◇ 通过：在对话情境中，独立从三个角度出发来分析和表达对一个事件的看法。

◇ 部分通过：在提示下，完成该条目的部分内容；或不能持续表现该条目的内容。

◇ 无法通过：即使在提示下，也无法完成该条目内容。

16.5　当他人观点与自己不同时，保持情绪稳定，接受他人的观点

目的：

☆ 考察当他人观点与自己不一致时学生保持情绪稳定并接受他人观点的能力。

要求：

➤ 在对话情境中，当他人的观点与自己的观点不一致时，学生能保持情绪稳定，理解并接受他人的观点。例如，当学生与另一名同伴对于一个事件的看法不同，学生不会表现激动或生气，而是保持平静，从同伴的角度出发理解其看法，并接受同伴的看法。

标准：

◇ 通过：对话情境中他人与自己观点不一致时，独立保持情绪稳定，理解并接受他人的观点。

◇ 部分通过：在提示下，完成该条目的部分内容；或不能持续表现该条目的内容。

◇ 无法通过：即使在提示下，也无法完成该条目内容。

条目 17　适宜地结束交谈

17.1　注意到交谈对象不想继续交谈的表情、动作或言语后，适时结束交谈

目的：

☆ 考察学生注意交谈对象不想继续交谈的言语或非言语表现并适时结束对话的能力。一些孤独症学生一旦谈到自己喜欢的话题容易反复谈论，而不会考虑交谈对象想结束交谈的意愿。

要求：

➤ 在交谈过程中，学生能观察到交谈对象不想继续交谈的言语或非言语表现，适时结束交谈。交谈对象不想继续交谈的表现，包括言语表现，如"我还有其他事情""我要走了"等，以及非言语表现，如频繁看表、不停地跺脚等。

标准：

◇ 通过：独立观察到交谈对象不想继续交谈的言语或非言语表现，很快结束交谈。

◇ 部分通过：在提示下，完成该条目的部分内容；或不能持续表现该条目的内容。

◇ 无法通过：即使在提示下，也无法完成该条目内容。

17.2　注意到外界环境变化时，适时结束交谈

目的：

☆ 考察学生注意到外界环境的变化，适时结束对话的能力。

要求：

➤ 在交谈过程中，学生注意到外界环境的变化，适时地结束对话。外界环境的变化包括上课铃声响了、另一名同学过来找交谈对象谈事情等。

标准：

◇ 通过：独立注意到外界环境的变化，很快结束交谈。

◇ 部分通过：在提示下，完成该条目的部分内容；或不能持续表现该条目的内容。

◇ 无法通过：即使在提示下，也无法完成该条目内容。

17.3 有礼貌地表达自己想结束交谈的意愿

目的：

☆ 考察当学生不想继续交谈时，有礼貌表达自己想结束交谈的意愿的能力。

要求：

➤ 交谈过程中，当学生不想继续交谈时，能有礼貌地表达自己想结束交谈的意愿，如"我们下次再聊""不好意思，我还有事，下次聊"等。

标准：

◇ 通过：独立有礼貌地表达自己想结束交谈的意愿。

◇ 部分通过：在提示下，完成该条目的部分内容；或不能持续表现该条目的内容。

◇ 无法通过：即使在提示下，也无法完成该条目内容。

条目 18 以适宜的方式与他人(包括异性)握手、拥抱等

18.1 与对方握手时，微笑看着对方的眼睛

目的：

☆ 考察学生以适宜的方式与他人握手的能力。一些孤独症学生不知道如何以适宜的方式与他人握手和拥抱，有时握手时间过长、拥抱时间过长、距离过近。

要求：

➤ 与对方握手时，学生能微笑看着对方的眼睛，握手时间不超过 3 秒。

标准：

◇ 通过：独立微笑看着对方的眼睛握手，时间不超过 3 秒。

◇ 部分通过：在提示下，完成该条目的部分内容；或不能持续表现该条目的内容。

◇ 无法通过：即使在提示下，也无法完成该条目内容。

18.2 与他人拥抱时间不过长

目的：

☆ 考察学生适时结束与他人拥抱的能力。

要求：

➤ 当学生与他人拥抱时，拥抱时间约为 3 秒，防止时间过长使他人尴尬。

标准：

◇ 通过：独立保持与他人的拥抱时间在 3 秒左右。

◇ 部分通过：在提示下，完成该条目的部分内容；或不能持续表现该条目的内容。

◇ 无法通过：即使在提示下，也无法完成该条目内容。

18.3 与他人发生其他身体接触时，保持安全适宜的距离

目的：

☆ 考察学生与他人发生其他身体接触时，保持安全适宜距离的能力。

要求：

➤ 与他人发生其他身体接触（除握手、拥抱之外）时，学生能保持安全适宜的距离，距离约为 0.5 米，不过远或过近。其他的身体接触包括拍他人的胳膊、肩膀、后背等。

标准：

◇ 通过：与他人发生其他身体接触时，独立保持 0.5 米左右的距离。

◇ 部分通过：在提示下，完成该条目的部分内容；或不能持续表现该条目的内容。

◇ 无法通过：即使在提示下，也无法完成该条目内容。

18.4 当他人挡路时，可以适宜地请求他人让路

目的：

☆ 考察当他人挡路时学生适宜请求他人让路的能力。

要求：

➤ 当他人挡路时，学生能使用言语或非言语形式适宜地请求他人让路，微笑看着对方的眼睛说"请让一让""请让一下，谢谢"，或微笑看着对方的眼睛伸手做出让路的手势。

标准：

◇ 通过：独立微笑看着对方的眼睛说"请让一让""请让一下，谢谢"，或微笑看着对方的眼睛伸手做出让路的手势来适宜地请求他人让路。

◇ 部分通过：在提示下，完成该条目的部分内容；或不能持续表现该条目的内容。

◇ 无法通过：即使在提示下，也无法完成该条目内容。

分领域三：交往互动

有的孤独症儿童词汇量很大，但却很难发起与他人的对话，即便发起对话也很难维持。与普通幼儿相比，除了向成人要求物品或表示不满，孤独症幼儿一般很少向他人发起社交互动。发起和维持社交建立在眼神接触、共同注意、理解他人想法和意图、口语表达基础之上。本分领域主要考察孤独症学生发起社会交往的能力，同时也是评估孤独症学生的参与行为和非参与行为，制订后续教学目标的重要依据。

建议教师使用现场测试、直接观察、他人或教师报告等手段，并利用强化物，请参考本评估系统中的《学生强化物信息汇总》来准备强化物。但务必在学生注意力集中于评估者时并在一个积极、温暖的互动情境中进行评估。

条目 19　表达自己的兴趣和爱好

19.1　在被引见时，能介绍自己

目的：

☆ 考察学生向他人介绍自己的能力。在交往和互动中，通过表达自己的兴趣和爱好能更好地让他人了解自己，共同的兴趣和爱好还能促使建立朋友关系。

要求：

➢ 在被引见时，学生能向他人介绍自己，包括姓名、年龄、年级等三个以上的信息。

标准：

◇ 通过：独立介绍自己，完成该条目全部内容。

◇ 部分通过：在提示下，完成该条目的部分内容；或不能持续表现该条目的内容。

◇ 无法通过：即使在提示下，也无法完成该条目内容。

19.2 他人询问自己喜欢什么物品时，能用手指、图片或言语等方式表达

目的：

☆ 考察学生使用言语或非言语形式表达喜欢物品的能力。

要求：

➤ 当他人询问学生喜欢的物品时，学生能使用言语或非言语形式表达自己的喜好，这些言语或非言语形式包括用手指、图片、言语等。学生使用其中一种即可。

工具：

√ 学生喜欢的食物、物品、玩具等强化物。

标准：

◇ 通过：当他人询问自己喜欢的物品时，独立使用某种适宜的方式表达自己的各种喜好。

◇ 部分通过：在提示下，完成该条目的部分内容；或不能持续表现该条目的内容。

◇ 无法通过：即使在提示下，也无法完成该条目内容。

19.3 主动向他人表达自己喜欢的物品、活动等

目的：

☆ 考察学生使用言语或非言语形式主动表达喜欢物品的能力。

要求：

➤ 学生能使用言语或非言语形式主动向他人表达自己喜欢的物品和活动，这些言语或非言语形式包括用手指、图片、言语等。学生使用其中一种即可。

工具：

√ 学生喜欢的食物、物品、玩具等强化物。

标准：

◇ 通过：独立使用手指、图片或言语向他人表达自己喜欢的物品和活动。

◇ 部分通过：在提示下，完成该条目的部分内容；或不能持续表现该条目的内容。

◇ 无法通过：即使在提示下，也无法完成该条目内容。

条目20　分享自己喜欢的物品或食物

20.1　在分享前，看着对方的眼睛，用手势、口语提示等线索获得对方的注意

目的：

☆ 考察学生与他人分享物品时获得他人注意的能力。分享包括获取他人注意、分发物品（或者配合言语"给你"）、保持微笑和眼神接触三个部分。很多孤独症学生不懂得"分享"的概念，也不知道如何分享物品。

要求：

➤ 分享物品前，学生能使用言语或非言语形式获得对方的注意，包括看着对方的眼睛，使用手势或口语提示获得对方的注意两个步骤，口语提示可以是"看这里""这是……"。

工具：

√ 学生喜欢的食物、物品、玩具等强化物。

标准：

◇ 通过：分享物品时，能够独立看着对方的眼睛，使用手势或口语提示获得对方的注意。

◇ 部分通过：在提示下，完成该条目的部分内容；或不能持续表现该条目的内容。

◇ 无法通过：即使在提示下，也无法完成该条目内容。

20.2　将物品或食物分发给对方

目的：

☆ 考察学生与他人分享物品时分发物品的能力。

要求：

➤ 学生能将自己的物品或食物分发给同伴，分发后不会从同伴手中拿回，也不会做出问题行为来索要自己的物品。

工具：

√ 学生喜欢的食物、物品、玩具等强化物。

标准：

◇ 通过：独立将物品或食物分发给同伴。

◇ 部分通过：在提示下，完成该条目的部分内容；或不能持续表现该条目

的内容。

◇ 无法通过：即使在提示下，也无法完成该条目内容。

20.3　分享时，保持微笑和眼神接触

目的：

☆ 考察学生与他人分享物品时使用面部表情的能力。

要求：

➤ 学生在分发物品时保持微笑和眼神接触。

工具：

√ 学生喜欢的食物、物品、玩具等强化物。

标准：

◇ 通过：独立保持微笑和眼神接触。

◇ 部分通过：在提示下，完成该条目的部分内容；或不能持续表现该条目的内容。

◇ 无法通过：即使在提示下，也无法完成该条目内容。

条目 21　应答教师或同伴关于自己的提问，接受教师或同学给予的物品

21.1　教师和同伴提问后，能用眼睛注视、手势、言语等方式回应

目的：

☆ 考察学生使用言语和非言语形式回应教师或同伴提问的能力。

要求：

➤ 课堂活动中教师或同伴提问后，学生能看着对方的眼睛，使用言语或非言语形式回答问题，并且答对问题的个数在 80% 以上，这三个部分是需要考察的内容。

➤ 言语或非言语形式包括用手指、手势、动作、言语等形式。例如，教师问学生五个物品配对的问题，学生能用手指的方式回答问题或使用言语直接回答问题，并答对至少四个问题。

标准：

◇ 通过：独立看着对方眼睛，使用手指、手势、动作或言语等形式正确回答 80% 以上的问题数量。

◇ 部分通过：在提示下，完成该条目的部分内容；或不能持续表现该条目的内容。

◇ 无法通过：即使在提示下，也无法完成该条目内容。

21.2 微笑接受教师或同伴分发的物品，点头或用言语表达感谢

目的：

☆ 考察学生接受他人给予物品并表示感谢的能力。

要求：

➤ 当教师或同伴分发物品时，学生能微笑看着对方眼睛，双手接过教师或同伴分发的教学材料等物品，使用言语或非言语形式表达感谢，这三个部分是需要考察的内容。

➤ 言语或非言语形式包括手势、动作、言语等形式。例如，教师或同伴分发点心给学生时，学生能微笑看着对方眼睛，双手接过点心盒子，点头或使用言语"谢谢你"表达感谢。

标准：

◇ 通过：独立完成该条目所有内容。

◇ 部分通过：在提示下，完成该条目的部分内容；或不能持续表现该条目的内容。

◇ 无法通过：即使在提示下，也无法完成该条目内容。

条目 22 发起与同伴的互动

22.1 发起双方都想要谈论的话题，并得到对方的积极回应

目的：

☆ 考察学生找到话题、发起对话并得到对方回应的能力。发起并维持对话是建立社交关系的基础之一。

要求：

➤ 学生能发起双方喜欢的话题，如宠物、点心等，并得到对方的积极回应，对话（学生说一句，同伴回应一句）应在六句以上，对方的回应应是积极的。例如，学生说"我特别喜欢小猫"，同伴的回应可以是"我也喜欢""我喜欢小狗"，而不是类似"我不想说这个话题""我特别讨厌宠物"这种消极的回应。

➤ 教师需要根据学生发起互动后同伴的反应来判断是否能得到积极的回应。

标准：

◇ 通过：独立发起双方喜欢的话题，得到对方的积极回应，对话在六句以上。

◇ 部分通过：在提示下，完成该条目的部分内容；或不能持续表现该条目

的内容。

◇ 无法通过：即使在提示下，也无法完成该条目内容。

22.2　主动询问对方的喜好

目的：

☆ 考察学生主动询问对方喜好的能力。

要求：

➢ 学生能主动询问对方的喜好，并且得到对方对于喜好的回应。例如，学生问，"你平时喜欢做什么"或"我喜欢游泳，你喜欢什么"，同伴回应"我喜欢跑步"。

标准：

◇ 通过：独立主动询问对方的喜好，得到对方对于喜好的回应。

◇ 部分通过：在提示下，完成该条目的部分内容；或不能持续表现该条目的内容。

◇ 无法通过：即使在提示下，也无法完成该条目内容。

条目 23　帮助教师或同伴，也能够寻求他人的帮助

23.1　当看到他人需要帮助时，主动向他人提供帮助

目的：

☆ 考察学生主动向他人提供帮助的能力。

要求：

➢ 当看见教师或同伴需要帮助时，学生能根据自己的能力主动提供帮助。

➢ 教师需要根据学生的能力判断学生是否有能力提供帮助，以及是否能做出帮助的行为。例如，教师手里拿了太多东西，拿不了书时，学生能主动帮教师拿书(学生有能力帮教师拿书，也做出了帮助教师拿书的行为)。

标准：

◇ 通过：独立主动提供帮助。

◇ 部分通过：在提示下，完成该条目的部分内容；或不能持续表现该条目的内容。

◇ 无法通过：即使在提示下，也无法完成该条目内容。

23.2　遇到困难时，主动向他人求助

目的：

☆ 考察学生主动向他人求助的能力。

要求：

➢ 当遇到困难时，学生能主动向他人求助，包括使用言语或非言语形式向他人表达遇到什么困难以及事后使用言语或非言语形式表达感谢两个部分。言语和非言语形式包括图片、手势或言语等。

标准：

◇ 通过：遇到困难时，独立完成该条目内容。

◇ 部分通过：在提示下，完成该条目的部分内容；或不能持续表现该条目的内容。

◇ 无法通过：即使在提示下，也无法完成该条目内容。

条目 24　不轻信他人

24.1　遇到陌生人不盲目听从他人的指令

目的：

☆ 考察学生遇到陌生人不盲目听从指令的能力。目前很多报道孤独症儿童走失的事件，其中一个原因是孤独症学生的自我保护能力较弱，没有防备陌生人的心理，遇到陌生人给的糖果就接受，甚至会跟陌生人走。

要求：

➢ 遇到陌生人时，学生能不盲目听从陌生人的指令。例如，当陌生人说"把你的手机给我"，学生不盲目听从他的指令。

标准：

◇ 通过：遇到陌生人时，独立地不盲目听从陌生人指令。

◇ 部分通过：在提示下，完成该条目的部分内容；或不能持续表现该条目的内容。

◇ 无法通过：即使在提示下，也无法完成该条目内容。

24.2　分辨欺骗性与危险性的语言和行为

目的：

☆ 考察学生分辨欺骗性与危险性语言和行为的能力。

要求：

➢ 与他人的交往中，学生能具有一定的判断力，能分辨欺骗性与危险性的语言和行为。例如，他人说"你妈妈叫我来接你回家""你把这瓶饮料喝了，我就带你去找妈妈"，学生能分辨这是欺骗性的语言；陌生人说"你按一下火警报警器"，学生能分辨按火警报警器是危险性的行为。

标准：

◇ 通过：与他人交往中，学生能够独立完成该条目内容。

◇ 部分通过：在提示下，完成该条目的部分内容；或不能持续表现该条目的内容。

◇ 无法通过：即使在提示下，也无法完成该条目内容。

24.3 对陌生人给予的饮食、玩具、手机等有抵抗力

目的：

☆ 考察学生不随便接受陌生人给予的物品的能力。

要求：

➤ 学生能不接受陌生人给予的食物、玩具、手机等物品。例如，陌生人给学生一瓶学生喜欢喝的饮料，学生不接受。

标准：

◇ 通过：独立完成该条目内容。

◇ 部分通过：在提示下，完成该条目的部分内容；或不能持续表现该条目的内容。

◇ 无法通过：即使在提示下，也无法完成该条目内容。

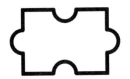

分领域四：游戏参与

游戏是孤独症学生进行社会交往的高级形式，对言语和社交的发展都非常重要。游戏技能较好的孤独症学生能更好地融入同伴中，对游戏技能的考察能有效评估其社会交往中表现出的优势。孤独症学生在游戏或活动中，往往不能遵守游戏规则，对玩具坚持以自己的方式（如摸、舔、敲等）探索，无法安静等待或轮流，较难在游戏中与同伴合作和互动。我们按递进关系将本领域的游戏分为独立游戏、平行游戏、简单和复杂的合作游戏、桌上游戏、竞赛性游戏以及戏剧表演性游戏六种。本分领域考察的是孤独症学生参与游戏的能力。

直接观察、现场测试、家长报告、他人或教师报告是主要的评估方法。此

外，有些条目的评估建议教师使用强化物，请参考本评估系统中的《学生强化物信息汇总》来准备强化物。现场测试时，还需做好游戏的准备工作，如收拾场地、摆放玩具、安排同伴等。

条目 25　模仿他人的动作

25.1　关注他人演示的动作

目的：

☆ 考察学生关注他人演示动作的能力。主动、自发的模仿能力是孤独症学生提高认知、社交能力发展的基石。

要求：

➤ 模仿他人动作前，学生能用眼神关注他人演示的动作。例如，教师做出剪纸动作，学生能关注到教师剪纸的动作。

标准：

◇ 通过：在模范他人动作前，独立主动关注到他人演示的动作。

◇ 部分通过：在提示下，完成该条目的部分内容；或不能持续表现该条目的内容。

◇ 无法通过：即使在提示下，也无法完成该条目内容。

25.2　模仿他人一个步骤的动作

目的：

☆ 考察学生模仿他人一个步骤动作的能力。

要求：

➤ 学生能模仿他人演示的一个步骤的动作。例如，教师做出举手的动作，学生能模仿教师举手的动作。

标准：

◇ 通过：独立主动模仿他人演示的一个步骤的动作。

◇ 部分通过：在提示下，完成该条目的部分内容；或不能持续表现该条目的内容。

◇ 无法通过：即使在提示下，也无法完成该条目内容。

25.3　模仿他人两个步骤的动作

目的：

☆ 考察学生模仿他人两个步骤动作的能力。

要求：

➤ 学生能模仿他人演示的两个步骤的动作。例如，教师做出举手然后放下两个步骤的动作，学生能模仿教师举手和放下的动作。

标准：

◇ 通过：独立主动模仿他人演示的两个步骤的动作。

◇ 部分通过：在提示下，完成该条目的部分内容；或不能持续表现该条目的内容。

◇ 无法通过：即使在提示下，也无法完成该条目内容。

25.4 模仿他人的连续三个以上步骤的动作

目的：

☆ 考察学生模仿他人连续三个以上步骤动作的能力。

要求：

➤ 学生能模仿他人演示的三个以上步骤的动作。例如，教师做出拧开杯盖、喝水、拧上杯盖三个步骤的动作，学生能模仿教师拧开杯盖、喝水和拧上杯盖的动作。

标准：

◇ 通过：独立主动模仿他人演示的三个以上步骤的动作。

◇ 部分通过：在提示下，完成该条目的部分内容；或不能持续表现该条目的内容。

◇ 无法通过：即使在提示下，也无法完成该条目内容。

25.5 模仿简单的音乐律动动作

目的：

☆ 考察学生模仿简单音乐律动动作的能力。

要求：

➤ 学生能模仿他人演示的三个步骤以上（较为简单）的音乐律动动作。例如，教师演示"小手拍拍"的律动动作，"小手拍拍，小手拍拍，手指伸出来，眼睛在哪里？眼睛在这里"，小手拍拍包括三个步骤，即拍手、伸手指、指眼睛。教师可选择其他较为简单的音乐律动动作。

标准：

◇ 通过：独立主动模仿他人演示的三个以上步骤的音乐律动动作。

◇ 部分通过：在提示下，完成该条目的部分内容；或不能持续表现该条目的内容。

◇ 无法通过：即使在提示下，也无法完成该条目内容。

条目 26　玩简单的玩具或游戏

26.1　主动探索玩具的操作方式

目的：

☆ 考察学生主动探索玩具操作方式的能力。很多孤独症学生拿到玩具不会探索玩具的玩法，而是以摸、舔、敲等怪异的方式玩。玩简单的玩具或游戏是玩复杂游戏的前提。

要求：

➤ 拿到玩具后，学生能主动探索玩具的玩法，包括探索玩法的行为、正确操作玩具两个部分。这两部分中探索玩法的时间可能会很短，或没有探索玩法直接操作玩具，只要能独立正确操作玩具即可判定为通过。

➤ 例如，教师拿出玩偶，学生能主动探索玩偶的玩法，反复观察试探，过了一会儿学生按玩偶的肚子，玩偶发出声音，这一过程中包括探索玩法和正确操作玩具两种行为，而不是拿到玩偶后直接摸、舔、敲玩偶。

工具：

√ 发条玩具、音乐玩具等。

标准：

◇ 通过：拿到玩具后，独立主动探索玩法并正确操作玩具。

◇ 部分通过：在提示下，完成该条目的部分内容；或不能持续表现该条目的内容。

◇ 无法通过：即使在提示下，也无法完成该条目内容。

26.2　运用玩具配件，玩简单玩具

目的：

☆ 考察学生运用玩具配件玩简单游戏的能力。

要求：

➤ 拿到玩具后，学生能使用玩具配件玩简单玩具至少达三分钟，包括探索玩法以及正确使用玩具配件完成玩简单游戏两个部分，且没有表现刻板玩耍的行为。这两部分中探索玩法的时间可能会很短，或没有探索玩法直接使用配件玩玩具，只要能独立正确使用玩具配件玩玩具即可判定为通过。

➤ 例如，教师拿出可切的蔬菜水果玩具和玩具刀，学生能拿刀切蔬菜或玩具。教师现场测试或直接观察时，可使用其他带配件的简单玩具。

工具：

√ 可切蔬菜水果、钓鱼、敲鼓等有配件的玩具等。

标准：

◇ 通过：独立主动地探索玩法，正确使用玩具配件玩简单玩具至少达三分钟，且没有表现出刻板玩耍的行为。

◇ 部分通过：在提示下，完成该条目的部分内容；或不能持续表现该条目的内容。

◇ 无法通过：即使在提示下，也无法完成该条目内容。

26.3 操作因果关系类玩具

目的：

☆ 考察学生操作因果关系类玩具的能力。

要求：

➤ 学生能操作因果关系玩具至少达三分钟，能明白自己与玩具之间的因果互动，包括探索玩法、正确操作因果关系类玩具两个部分，且没有表现刻板玩耍的行为。这两部分中探索玩法的时间可能会很短，或没有探索玩法直接操作玩具，只要能独立、主动地正确操作因果关系类玩具三分钟或以上即可判定为通过。

➤ 发条玩具、音乐盒等都属于因果关系类玩具，通过转动发条或按动按钮，玩具前进或发出声响，帮助学生了解事物间的因果关系。例如，教师拿出一个发条汽车，学生能探索玩法，转动发条，然后把汽车放在地上，汽车就开始跑起来。

工具：

√ 发条玩具、音乐盒、音乐玩具等。

标准：

◇ 通过：独立主动地探索玩法，正确操作因果关系类玩具至少达三分钟，且没有表现出刻板玩耍的行为。

◇ 部分通过：在提示下，完成该条目的部分内容；或不能持续表现该条目的内容。

◇ 无法通过：即使在提示下，也无法完成该条目内容。

26.4 进行建构性游戏

目的：

☆ 考察学生进行建构性游戏的能力。建构性游戏是幼儿利用积木、纸盒等各种不同的建构材料构造一定的物体形象来反映周围生活的一种游戏。

要求：

➤ 学生能使用积木或纸盒等搭建某一物体，进行建构性游戏至少达三分钟，包括使用积木或纸盒搭建以及搭建成某一物体两个部分，且没有表现刻板玩耍的行为。

➤ 教师需要根据学生搭建的物体判断学生能否进行建构性游戏。

工具：

√ 积木、纸盒等。

标准：

◇ 通过：独立主动地完成使用积木或纸盒搭建并搭建成某一物体的行为至少达三分钟，且没有表现刻板玩耍的行为。

◇ 部分通过：在提示下，完成该条目的部分内容；或不能持续表现该条目的内容。

◇ 无法通过：即使在提示下，也无法完成该条目内容。

条目 27 与教师进行简单的互动游戏

27.1 与教师进行简单的沟通类小游戏

目的：

☆ 考察学生与教师进行简单的沟通类小游戏的能力。简单的沟通游戏能促进孤独症学生发展复杂游戏的能力，也会促进孤独症学生的社会交往能力。

要求：

➤ 学生能与教师进行简单的沟通类小游戏，包括参与游戏时保持情绪稳定、能回应教师发起的三个以上的游戏指令两个部分。例如，学生与教师玩传递球的游戏，学生在参与游戏时保持情绪稳定，当教师说"请把球传给我"，学生能把球传给教师，传给教师后学生说"请把球传给我"，教师把球传给学生。

工具：

√ 学生喜欢的教具、玩具等强化物。

标准：

◇ 通过：参与游戏时能够独立保持情绪稳定并回应教师发起的三个以上的游戏指令。

◇ 部分通过：在提示下，完成该条目的部分内容；或不能持续表现该条目的内容。

◇ 无法通过：即使在提示下，也无法完成该条目内容。

27.2　与教师玩简单的轮流完成的游戏

目的：

☆ 考察学生与教师玩简单轮流完成的游戏的能力。

要求：

➤ 学生能与教师玩简单的轮流完成的游戏，包括轮到教师玩时安静等待、轮到自己玩时能参与游戏两个部分。例如，与教师玩打地鼠的游戏，轮到教师打地鼠时，学生能安静等待；轮到自己玩时，学生能拿起小棒打地鼠。

工具：

√ 学生喜欢的教具、玩具等强化物。

标准：

◇ 通过：独立完成轮到教师玩时学生能够独立安静等待、轮到自己玩时参与游戏两个部分。

◇ 部分通过：在提示下，完成该条目的部分内容；或不能持续表现该条目的内容。

◇ 无法通过：即使在提示下，也无法完成该条目内容。

27.3　在教师带领下，完成简单的群体游戏

目的：

☆ 考察学生在教师带领下完成简单的群体游戏的能力。

要求：

➤ 在教师的带领下，学生能完成简单的群体游戏，包括回应教师或同伴的动作和言语、轮到他人时安静等待自己的轮次、轮到自己时能继续参与游戏三个部分。例如，在教师带领下玩木头人游戏，教师说"一二三，木头人"，学生能立即停止所有动作站着不动（回应教师或同伴的动作或言语）；轮到同伴主导游戏时，能安静等待自己的轮次，听同伴的指令"一二三，木头人"，停止所有动作站着不动（轮到同伴时安静等待自己的轮次）；轮到自己主导游戏时，能发出"一二三，木头人"指令，与教师、同伴共同参与游戏（轮到自己时能参与）。

工具：

√ 学生喜欢的教具、玩具、游戏活动等强化物或活动。

标准：

◇ 通过：独立完成回应教师或同伴的动作和言语、轮到他人时安静等待自己的轮次、轮到自己时继续参与游戏三个部分。

◇ 部分通过：在提示下，完成该条目的部分内容；或不能持续表现该条目

的内容。

◇ 无法通过：即使在提示下，也无法完成该条目内容。

27.4　用适当的动作或言语表达参与游戏的意愿

目的：

☆ 考察学生使用言语或非言语形式表达参与游戏意愿的能力。

要求：

➤ 学生能使用适当的言语或非言语形式表达想要参与游戏的意愿，这些言语或非言语形式包括手势、动作、言语等。例如，学生看见同伴们在玩过家家，于是向其中一个同伴询问"我能和你们一起玩吗？"，得到对方回应后，学生加入了过家家的游戏。

工具：

√ 学生喜欢的教具、玩具、游戏活动等强化物或活动。

标准：

◇ 通过：独立使用适当的手势、动作或言语表达想要参与游戏的意愿。

◇ 部分通过：在提示下，完成该条目的部分内容；或不能持续表现该条目的内容。

◇ 无法通过：即使在提示下，也无法完成该条目内容。

条目 28　玩象征性游戏

28.1　适当地使用仿生活用品的玩具，自己模仿和扮演

目的：

☆ 考察学生利用玩具模仿和扮演的能力。象征性游戏是儿童游戏最典型的形式，从幼儿阶段一直延伸到小学。象征性游戏是指幼儿在心理具备象征性功能的基础上，对事物及其某些方面进行"假装""想象""表演"或"模仿"的一种游戏，故其通常又被称为假装游戏或想象游戏等。象征性游戏主要包括"以物代物"和角色扮演两种表现形式。以物代物指幼儿为满足游戏需要，把某一事物当作另一事物来使用；而角色扮演则指幼儿把自己假装或想象成另一个人或另一种物体。

要求：

➤ 学生能适当使用仿生活用品的玩具，如蔬菜玩具、玩具刀、锅碗铲勺玩具等，模仿成人的动作或扮演成人，包括使用仿生活用品的玩具以及模仿成人的动作或扮演成人两个部分。例如，学生使用蔬菜玩具和玩具刀，模仿妈妈切菜；学生使用蔬菜玩具、玩具刀、锅碗铲勺玩具，扮演妈妈的角色，切菜、做饭、布置饭桌。

工具：

√ 模拟动物、模拟人物和模拟生活用品（房子、家具、餐具等），模拟医院玩具、商店玩具、交通工具等主题玩具。

标准：

◇ 通过：独立使用仿生活用品的玩具并模仿成人的动作或扮演成人。

◇ 部分通过：在提示下，完成该条目的部分内容；或不能持续表现该条目的内容。

◇ 无法通过：即使在提示下，也无法完成该条目内容。

28.2 扮演生活中的常见角色、生物体或物体，并以肢体动作展现其特征

目的：

☆ 考察学生扮演并以肢体动作展现生活中常见事物特征的能力。

要求：

➢ 学生能扮演生活中的常见角色、生物体或物体，并通过肢体动作表现其特征。例如，学生能扮演教师，能表演出教师站在黑板前、使用教具讲课的动作。

工具：

√ 模拟动物、模拟人物和模拟生活用品（房子、家具、餐具等），模拟医院玩具、商店玩具、交通工具等主题玩具。

标准：

◇ 通过：独立使用肢体动作表现所扮演的角色、生物体或物体。

◇ 部分通过：在提示下，完成该条目的部分内容；或不能持续表现该条目的内容。

◇ 无法通过：即使在提示下，也无法完成该条目内容。

28.3 根据物品的用途，能将某物品想象成另外一个替代物品

目的：

☆ 考察学生将某物品想象成另外一种替代物品的能力。

要求：

➢ 学生能根据物品的用途，将某物品想象成另外一个替代物品，包括将物品想象成另一种物品以及适宜地使用想象后的物品两个部分。例如，教师手里拿着塑料勺子，学生能把它想象成为铲雪的工具，把纸片想象成雪，假装拿着铲雪工具铲雪。

工具：

√ 模拟动物、模拟人物和模拟生活用品(房子、家具、餐具等)，模拟医院玩具、商店玩具、交通工具等主题玩具。

标准：

◇ 通过：独立将物品想象成另一种物品以及适宜地使用想象后的物品。

◇ 部分通过：在提示下，完成该条目的部分内容；或不能持续表现该条目的内容。

◇ 无法通过：即使在提示下，也无法完成该条目内容。

28.4　能在物品不存在的情况下，做出假装性动作

目的：

☆ 考察学生在物品不在场的前提下做出假装性动作的能力。

要求：

➤ 物品不在场的情况下，学生能做出假装性动作。例如，学生喜欢孙悟空，能表演孙悟空抓耳挠腮的动作。

标准：

◇ 通过：物品不在场的情况下，学生能够独立做出假装性的动作。

◇ 部分通过：在提示下，完成该条目的部分内容；或不能持续表现该条目的内容。

◇ 无法通过：即使在提示下，也无法完成该条目内容。

28.5　玩主题性、有情节的角色扮演游戏

目的：

☆ 考察学生玩主题性、有情节的角色扮演游戏的能力。

要求：

➤ 学生能玩主题性、有情节的角色扮演游戏，如过家家游戏，包括扮演其中一个角色、做出与角色相对应的三种行为两个部分。例如，学生和同伴玩过家家游戏，学生扮演妈妈的角色，使用仿生活用品玩具布置厨房、布置餐桌，给玩偶喂食、更换睡衣、洗漱、哄玩偶睡觉，只需要完成三种行为，并不需要按顺序全部完成。

工具：

√ 模拟动物、模拟人物和模拟生活用品(房子、家具、餐具等)，模拟医院玩具、商店玩具、交通工具等主题玩具。

标准：

◇ 通过：在角色扮演游戏中，独立扮演其中一个角色，做出与角色相对应的三种行为。

◇ 部分通过：在提示下，完成该条目的部分内容；或不能持续表现该条目的内容。

◇ 无法通过：即使在提示下，也无法完成该条目内容。

28.6　在象征性游戏中，能赋予物品或人物抽象特质

目的：

☆ 考察学生在象征性游戏中赋予物品或人物抽象特质的能力。

要求：

➤ 在象征性游戏中，学生能赋予物品或人物抽象特质，包括说出物品或人物的抽象特质、使用动作或言语表现抽象特质。例如，在过家家游戏中，学生能说出妈妈的抽象特质，如勤劳，并做出洗衣服、整理房间、做饭等动作或说"妈妈每天会洗衣服、整理房间、做饭"来表现妈妈的勤劳特质。

工具：

√ 模拟动物、模拟人物和模拟生活用品(房子、家具、餐具等)，模拟医院玩具、商店玩具、交通工具等主题玩具。

标准：

◇ 通过：在象征性游戏中，独立说出物品或人物的抽象特质并使用动作或言语表现抽象特质。

◇ 部分通过：在提示下，完成该条目的部分内容；或不能持续表现该条目的内容。

◇ 无法通过：即使在提示下，也无法完成该条目内容。

条目 29　与同伴、教师一起进行互动游戏

29.1　与同伴在同一区域内，自己独立游戏，并不时观察同伴

目的：

☆ 考察与同伴处于同一区域时学生独立游戏的能力。

要求：

➤ 与同伴在同一区域内，学生能独立游戏，并不时观察同伴，而不是沉浸在自己的游戏中，包括学生能独立游戏、眼神关注同伴 3 次以上。例如，学生与同伴处于同一区域，学生能独自玩积木，在玩积木的过程中，会关注到其他同伴

在做什么，并且次数达到 3 次以上。

标准：

◇ 通过：与同伴在同一区域内时，独立游戏、眼神关注同伴 3 次以上。

◇ 部分通过：在提示下，完成该条目的部分内容；或不能持续表现该条目的内容。

◇ 无法通过：即使在提示下，也无法完成该条目内容。

29. 2　用适当的动作或言语表达其参与游戏的意愿

目的：

☆ 考察学生使用言语或非言语形式表达参与游戏意愿的能力。

要求：

➤ 学生能使用适当的言语或非言语形式表达想要参与游戏的意愿，这些言语或非言语形式包括手势、动作、言语等。

标准：

◇ 通过：独立使用适当的手势、动作或言语表达想要参与游戏的意愿。

◇ 部分通过：在提示下，完成该条目的部分内容；或不能持续表现该条目的内容。

◇ 无法通过：即使在提示下，也无法完成该条目内容。

29. 3　与一至两名同伴或教师进行平行游戏

目的：

☆ 考察学生与一至两名同伴或教师一起进行平行游戏的能力。

要求：

➤ 学生能与一至两名同伴或教师一起进行平行游戏，包括学生能玩自己的游戏、不打扰同伴或教师玩游戏两个部分。例如，在教室中学生玩小鼓、同伴玩积木，相互之间不影响。

标准：

◇ 通过：独立玩自己的游戏，不打扰同伴或教师玩游戏。

◇ 部分通过：在提示下，完成该条目的部分内容；或不能持续表现该条目的内容。

◇ 无法通过：即使在提示下，也无法完成该条目内容。

29. 4　与一至两名同伴或教师进行简单合作游戏

目的：

☆ 考察学生与一至两名同伴或教师一起进行简单合作游戏的能力。

要求：

➤ 学生能与一至两名同伴或教师一起进行简单合作游戏，包括遵守相应的游戏规则、保持稳定的情绪、完成自己的任务三个部分。例如，学生与一至两名同伴玩简单的跳棋游戏，规则是掷硬币反面前进一步，正面保持原地不动，学生的任务是掷硬币并根据硬币确定前进还是不动。

标准：

◇ 通过：独立遵守游戏规则、保持稳定的情绪并完成自己的任务。

◇ 部分通过：在提示下，完成该条目的部分内容；或不能持续表现该条目的内容。

◇ 无法通过：即使在提示下，也无法完成该条目内容。

29.5　与三至四名同伴或教师进行较复杂合作游戏

目的：

☆ 考察学生与三至四名同伴或教师进行较复杂合作游戏的能力。

要求：

➤ 学生能与三至四名同伴或教师进行较复杂合作游戏，包括遵守相应的游戏规则、保持稳定的情绪、完成自己的任务三个部分。例如，学生和同伴们一起玩老鹰抓小鸡，规则是如果被老鹰捉到就要到座位区等候，每个人都扮演不同的角色，学生的任务是作为小鸡在小鸡队长的带领下躲避老鹰的追赶。

标准：

◇ 通过：独立遵守游戏规则、保持稳定的情绪并完成自己的任务。

◇ 部分通过：在提示下，完成该条目的部分内容；或不能持续表现该条目的内容。

◇ 无法通过：即使在提示下，也无法完成该条目内容。

29.6　在教师带领下，与同伴完成简单的桌上游戏

目的：

☆ 考察学生在教师带领下与同伴进行简单桌上游戏的能力。桌上游戏是一种可供多人在桌子上玩的游戏，主要包括跳棋、纸牌、拼字游戏等。

要求：

➤ 在教师带领下，学生能与同伴完成简单的桌上游戏，包括遵守相应的游戏规则、保持情绪稳定、完成自己的任务三个部分。例如，在教师带领下，学生与同伴玩跳棋游戏，通过掷骰子决定前进的步数，规则是骰子向上的数字就是前进的步数，学生的任务是掷骰子并根据骰子确定前进几步，并将跳棋移至相应位置。

标准：

◇ 通过：独立遵守相应的游戏规则、保持情绪稳定并完成自己的任务。

◇ 部分通过：在提示下，完成该条目的部分内容；或不能持续表现该条目的内容。

◇ 无法通过：即使在提示下，也无法完成该条目内容。

29.7 在教师带领下，与同伴完成竞赛性游戏

目的：

☆ 考察学生在教师带领下与同伴进行竞赛性游戏的能力。

要求：

➤ 在教师带领下，学生能与同伴完成竞赛性游戏，包括遵守相应的游戏规则、保持情绪稳定、完成自己的任务、接受相应的奖励或惩罚四个部分。例如，在教师带领下，学生与同伴玩跳棋游戏，通过掷骰子决定前进的步数，规则是骰子向上的数字就是前进的步数，学生的任务是掷骰子并根据骰子确定前进几步，并将跳棋移至相应位置。最先到终点的人可获得教师给予的奖励，输的人要收拾跳棋并打扫卫生。

标准：

◇ 通过：独立遵守相应的游戏规则、保持情绪稳定、完成自己的任务并接受相应的奖励或惩罚。

◇ 部分通过：在提示下，完成该条目的部分内容；或不能持续表现该条目的内容。

◇ 无法通过：即使在提示下，也无法完成该条目内容。

29.8 在教师带领下，进行戏剧表演性质的游戏

目的：

☆ 考察学生在教师带领下进行戏剧表演性质游戏的能力。

要求：

➤ 在教师带领下，进行戏剧表演性质的游戏，包括选择角色、使用适当的言语和动作表现角色、遵守相应的游戏规则。例如，在教师的带领下进行小蝌蚪找妈妈的游戏，学生需要选择自己喜欢的角色，如小蝌蚪，当遇到乌龟时学生能用生动的语言和动作表现角色，如"妈妈，你是不是我们的妈妈"（语气夸张，用手指着乌龟）。

标准：

◇ 通过：独立选择角色、使用适当的言语和动作表现角色并遵守游戏规则。

◇ 部分通过：在提示下，完成该条目的部分内容；或不能持续表现该条目的内容。

◇ 无法通过：即使在提示下，也无法完成该条目内容。

条目 30 遵守游戏规则

30.1 理解游戏规则的内容，接受违反规则的后果

目的：

☆ 考察学生理解游戏规则和接受违反规则后果的能力。游戏的开展需要规则的约束，在游戏中学生能够明白和遵守不同的游戏相对应的规则。

要求：

➤ 在游戏中，学生能理解游戏规则，接受违反规则的后果。当学生违反游戏规则时，考察能保持情绪稳定、接受相应的惩罚，不会做出问题行为。

➤ 教师需要根据学生在游戏中的表现判断学生是否能理解游戏规则。

标准：

◇ 通过：独立理解游戏规则，当违反游戏规则时能够独立保持情绪稳定并接受相应的惩罚。

◇ 部分通过：在提示下，完成该条目的部分内容；或不能持续表现该条目的内容。

◇ 无法通过：即使在提示下，也无法完成该条目内容。

30.2 遵守游戏规则，安静等待

目的：

☆ 考察学生遵守游戏规则和安静等待的能力。

要求：

➤ 参与游戏时学生能遵守游戏规则，安静等待，不会做出问题行为。

➤ 教师需要根据学生在游戏中的表现判断学生是否能遵守游戏规则，独立遵守游戏规则的时间占参与游戏时间的 80% 即可视为通过。

标准：

◇ 通过：独立完成遵守游戏规则的时间占参与游戏时间的 80% 和安静等待两个部分。

◇ 部分通过：在提示下，完成该条目的部分内容；或不能持续表现该条目的内容。

◇ 无法通过：即使在提示下，也无法完成该条目内容。

30.3　轮流完成任务、传递玩具

目的：

☆ 考察学生轮流完成任务和传递玩具的能力。

要求：

➤ 在游戏中，学生能轮流完成任务，轮到他人时安静等待，轮到自己时能参与并完成任务；在游戏中，学生能传递玩具，轮到他人传递玩具时能安静等待，轮到自己时能把玩具传递给他人。

标准：

◇ 通过：独立轮流完成任务和传递玩具。

◇ 部分通过：在提示下，完成该条目的部分内容；或不能持续表现该条目的内容。

◇ 无法通过：即使在提示下，也无法完成该条目内容。

30.4　分享玩具给他人

目的：

☆ 考察学生分享玩具的能力。

要求：

➤ 在游戏中，学生能把玩具分享给他人，分享时间超过三分钟。

标准：

◇ 通过：独立与他人分享玩具并且分享时间超过三分钟。

◇ 部分通过：在提示下，完成该条目的部分内容；或不能持续表现该条目的内容。

◇ 无法通过：即使在提示下，也无法完成该条目内容。

30.5　帮助同伴

目的：

☆ 考察学生帮助同伴的能力。

要求：

➤ 在游戏中，学生能帮助同伴，当看见同伴需要帮助时，根据自己的能力提供帮助。

➤ 教师需要根据学生的能力判断学生是否有能力提供帮助，以及是否能做出帮助的行为。例如，同伴摔倒或手里东西太多时，学生能把同伴扶起来或帮助同伴拿东西(学生有能力扶起同伴或帮忙拿东西，也做出了帮助的行为)，即可判定为通过。

标准：

◇ 通过：独立帮助同伴并完成帮助行为。

◇ 部分通过：在提示下，完成该条目的部分内容；或不能持续表现该条目的内容。

◇ 无法通过：即使在提示下，也无法完成该条目内容。

条目 31　讲述参与游戏的内容

31.1　参与游戏前知道自己玩什么游戏

目的：

☆ 考察学生参与游戏前知道自己玩什么游戏的能力。

要求：

➤ 参与游戏前，学生能知道自己要玩什么游戏，能说出游戏的名称、玩法两个部分。

标准：

◇ 通过：独立说出游戏的名称和玩法。

◇ 部分通过：在提示下，完成该条目的部分内容；或不能持续表现该条目的内容。

◇ 无法通过：即使在提示下，也无法完成该条目内容。

31.2　向同伴讲述游戏内容

目的：

☆ 考察学生向同伴讲述游戏内容的能力。

要求：

➤ 参与游戏前，学生能向同伴讲述游戏的内容，至少讲述游戏地点、参与人数、角色分工等内容。

标准：

◇ 通过：独立向同伴讲述游戏地点、参与人数、角色分工等内容。

◇ 部分通过：在提示下，完成该条目的部分内容；或不能持续表现该条目的内容。

◇ 无法通过：即使在提示下，也无法完成该条目内容。

31.3　向同伴讲述玩这个游戏需要的材料

目的：

☆ 考察学生向同伴讲述游戏所需材料的能力。

要求：

➤ 参与游戏前，学生能向同伴讲述游戏需要使用的材料，包括游戏中使用的玩具、桌椅、纸张等。

标准：

◇ 通过：独立向同伴讲述游戏需要使用的材料。

◇ 部分通过：在提示下，完成该条目的部分内容；或不能持续表现该条目的内容。

◇ 无法通过：即使在提示下，也无法完成该条目内容。

31.4　向同伴讲述游戏规则

目的：

☆ 考察学生向同伴讲述游戏规则的能力。

要求：

➤ 参与游戏前，学生能向同伴讲述游戏规则，包括输赢的规则、轮流、安静等待等。

标准：

◇ 通过：独立向同伴讲述游戏规则。

◇ 部分通过：在提示下，完成该条目的部分内容；或不能持续表现该条目的内容。

◇ 无法通过：即使在提示下，也无法完成该条目内容。

条目 32　对游戏内容和游戏计划表达自己的想法

32.1　当游戏内容和游戏计划不符合自己的期待时，保持稳定情绪

目的：

☆ 考察当游戏内容和计划不符合学生期待时学生保持稳定情绪的能力。

要求：

➤ 当游戏内容和游戏计划不符合自己的期待时，能保持稳定的情绪，而不是做出问题行为，如发脾气、扔东西或伤害自己。

标准：

◇ 通过：当游戏内容和游戏计划不符合自己的期待时，独立保持稳定情绪。

◇ 部分通过：在提示下，完成该条目的部分内容；或不能持续表现该条目的内容。

◇ 无法通过：即使在提示下，也无法完成该条目内容。

32.2 在游戏中，表达自己对游戏内容和游戏计划的建议

目的：

☆ 考察学生对游戏内容和计划表达建议的能力。

要求：

➤ 在游戏的过程中，学生能产生对游戏内容和游戏计划的建议并向同伴表达出来。例如，进行老鹰抓小鸡游戏时，学生能提出建议扮演老鹰的同学可以带上褐色的帽子，扮演小鸡的同学带上黄色的帽子。

标准：

◇ 通过：独立向同伴表达自己对游戏内容和游戏计划的建议。

◇ 部分通过：在提示下，完成该条目的部分内容；或不能持续表现该条目的内容。

◇ 无法通过：即使在提示下，也无法完成该条目内容。

32.3 主动提出新的游戏点子和内容

目的：

☆ 考察学生主动提出新的游戏点子和内容的能力。

要求：

➤ 学生在游戏的过程中能主动提出新的游戏点子和内容。例如，在玩老鹰捉小鸡的游戏时，学生能提出玩其他新游戏的点子并说出怎么玩新游戏。

标准：

◇ 通过：独立主动提出新的游戏点子和内容。

◇ 部分通过：在提示下，完成该条目的部分内容；或不能持续表现该条目的内容。

◇ 无法通过：即使在提示下，也无法完成该条目内容。

32.4 接受同伴对游戏内容和游戏计划的建议

目的：

☆ 考察学生接受同伴对游戏内容和计划表达建议的能力。

要求：

➤ 学生能接受同伴对游戏内容和游戏计划的建议，保持稳定的情绪并继续参与游戏。例如，同伴建议在老鹰捉小鸡游戏中，老鹰由比较高大的同学扮演，学生能接受同伴的建议，并继续参与游戏。

标准：

◇ 通过：独立接受同伴对游戏内容和游戏计划的建议、保持稳定的情绪并

继续参与游戏。

◇ 部分通过：在提示下，完成该条目的部分内容；或不能持续表现该条目的内容。

◇ 无法通过：即使在提示下，也无法完成该条目内容。

32.5　游戏中，服从大多数人的意愿

目的：

☆ 考察学生在游戏中服从大多数人意愿的能力。

要求：

➤ 在游戏中，学生能服从大多数人的意愿，包括按照大多数人的意愿做出某一行为以及继续参与游戏两个部分。例如，在小蝌蚪找妈妈的游戏中，大多数同伴认为小蝌蚪头上需要戴一顶蝌蚪帽子，学生能服从大多数人的意愿，接受戴蝌蚪帽子并继续参与游戏。

标准：

◇ 通过：按照大多数人的意愿独立完成某一行为并继续参与游戏。

◇ 部分通过：在提示下，完成该条目的部分内容；或不能持续表现该条目的内容。

◇ 无法通过：即使在提示下，也无法完成该条目内容。

32.6　接受胜负结果

目的：

☆ 考察学生接受胜负结果的能力。

要求：

➤ 在游戏中，学生能保持情绪稳定，接受游戏的胜负结果，学生赢得游戏时能接受游戏的奖励，学生输掉游戏时能接受相应的惩罚。

标准：

◇ 通过：赢得游戏时能够独立接受游戏的奖励，输掉游戏时能够独立接受相应的惩罚，并保持情绪稳定。

◇ 部分通过：在提示下，完成该条目的部分内容；或不能持续表现该条目的内容。

◇ 无法通过：即使在提示下，也无法完成该条目内容。

条目 33　用图片、手势、言语等要求终止游戏，或过渡到其他游戏活动中

33.1　当自己想要终止游戏或过渡到其他游戏时，保持稳定的情绪

目的：

☆ 考察学生在提出终止或过渡到其他游戏时保持稳定情绪的能力。一些孤独症学生不能使用恰当的言语或非言语形式提出终止或过渡的要求，有时他们会通过问题行为达到终止游戏或活动的目的。

要求：

➤ 在游戏或活动过程中，学生想终止游戏或过渡到其他游戏时能保持稳定的情绪，而不会做出问题行为，如发脾气、扔东西或伤害自己。

标准：

◇ 通过：在终止游戏或过渡到其他游戏时，独立保持稳定的情绪。

◇ 部分通过：在提示下，完成该条目的部分内容；或不能持续表现该条目的内容。

◇ 无法通过：即使在提示下，也无法完成该条目内容。

33.2　使用图片、手势、言语等表达终止或过渡的要求

目的：

☆ 考察学生使用适宜的言语和非言语形式提出终止或过渡到其他游戏要求的能力。

要求：

➤ 在游戏或活动过程中，学生能使用适宜的言语或非言语形式提出终止游戏或过渡到其他游戏，这些言语或非言语形式包括图片、手语、手势、言语等形式。

标准：

◇ 通过：独立使用图片、手势、手语或言语提出终止游戏或过渡到其他游戏的要求。

◇ 部分通过：在提示下，完成该条目的部分内容；或不能持续表现该条目的内容。

◇ 无法通过：即使在提示下，也无法完成该条目内容。

第七章

言语沟通领域

　　言语沟通障碍是孤独症学生的核心障碍之一，不仅影响其社会互动与交往，还可能导致问题行为、自伤行为等，严重影响孤独症学生的学习和生活。孤独症学生在接收性语言和表达性语言方面存在困难，较难理解他人的言语信息及信息背后隐藏的类比、幽默和讽刺等深层含义，也难以通过语言表达自己的意图、想法等，在与他人沟通互动方面也存在障碍。此外，孤独症学生还经常出现代词反转、言语音异常的情况。言语沟通的发展与社会交往以及认知的发展有着密切联系，但本教育评估系统将考察孤独症学生指令听从、理解回应、口语表达、语音语调以及沟通互动五个分领域，处于第三层次的考量维度，共60个条目。

　　建议在测试过程中，教师和家长可以通过给予适当的提示来考察学生的执行能力，包括口头提示、图片提示、手势提示、动作示范。评估结果从通过、部分通过或无法通过三个方面呈现。值得注意的是，如果学生能够独立完成该条目内容且表现稳定，则被列为通过。如果学生需要一定的提示完成条目内容（包括部分内容），或是不能持续表现，均被列为部分通过。如果学生在提示之下也无法完成该条目全部内容，或是主要依靠教师或他人提供的大量、直接的肢体辅助才能完成，均被列为无法通过。

分领域一：指令听从

　　指令听从是指遵循指令或服从其他人的要求，又称为听者技能。指令听从是言语沟通最基础的能力，与理解和领会言语共同构成了接收性语言。与口语表达相比，大多数孤独症学生在听从指令方面的表现更好。评估指令听从能力最常用的方法是发出指令后观察是否引起学生的某一特定反应，如模仿小鸟飞、拿杯子等。本分领域考察学生听从指令的能力。

　　建议教师使用强化物进行现场测试和直接观察，请参考本评估系统中的《学生强化物信息汇总表》来准备强化物，作为完成测试的奖赏物。此外，家长、他人或教师的报告也是获取评估信息的手段。

条目1　模仿完成口腔动作

1.1　模仿张嘴和闭嘴的动作

　　目的：

　　☆ 考察学生模仿张嘴和闭嘴动作的能力。口语表达、咀嚼、吞咽都需要口部肌肉的协调运动。

　　要求：

　　➤ 学生能模仿他人演示的张嘴和闭嘴的动作，包括张嘴时呈竖椭圆状、闭嘴时呈闭合状两个部分的内容。

　　标准：

　　◇ 通过：独立模仿他人张嘴和闭嘴动作的全部内容且表现稳定。

　　◇ 部分通过：在提示下，完成该条目的部分内容；或不能持续表现该条目

的内容。

◇ 无法通过：即使在提示下，也无法完成该条目内容。

1.2　模仿伸舌的动作

目的：

☆ 考察学生模仿伸舌动作的能力。

要求：

➤ 学生能模仿他人演示的伸舌动作，伸舌时露出舌尖，伸出的舌头部分约为两厘米三个部分的内容。

标准：

◇ 通过：独立模仿他人伸舌动作的全部内容且表现稳定。

◇ 部分通过：在提示下，完成该条目的部分内容；或不能持续表现该条目的内容。

◇ 无法通过：即使在提示下，也无法完成该条目内容。

1.3　模仿吹气的动作

目的：

☆ 考察学生模仿吹气动作的能力。

要求：

➤ 学生能模仿他人演示的吹气动作，包括吹气时做出嘟嘴的动作、有呼出的气体、持续三秒以上三个部分的内容。

➤ 教师可在学生面前放置一张薄纸条，学生吹气时检测是否呼出气体，如果呼出气体，薄纸条就会被吹起来。

标准：

◇ 通过：独立模仿他人吹气动作的全部内容且表现稳定。

◇ 部分通过：在提示下，完成该条目的部分内容；或不能持续表现该条目的内容。

◇ 无法通过：即使在提示下，也无法完成该条目内容。

1.4　模仿舔嘴唇和噘嘴的动作

目的：

☆ 考察学生模仿舔嘴唇和噘嘴动作的能力。

要求：

➤ 学生能模仿他人演示的舔嘴唇和噘嘴动作，舔嘴唇包括舔上唇、舔下唇，噘嘴包括嘴巴闭合、上下唇上翘。

标准：

◇ 通过：独立模仿他人舔嘴唇和噘嘴动作的全部内容且表现稳定。

◇ 部分通过：在提示下，完成该条目的部分内容；或不能持续表现该条目的内容。

◇ 无法通过：即使在提示下，也无法完成该条目内容。

条目 2　遵守简单的手势和口语指示

2.1　遵守教师摆手表示"不"的提示

目的：

☆ 考察学生遵守教师摆手表示"不"指示的能力。

要求：

√ 教师摆手表示"不"时，学生能做出相应的行为，包括以下三种情境：

√ 当学生正在做某事时，教师摆手表示"不"，学生能在五秒内停止当前活动；

√ 当学生询问教师能否做某事（未做）时，教师摆手表示"不"，学生能放弃做某事；

√ 当他人递给或送给学生某物时，教师摆手表示"不"，学生能拒绝某物。

工具：

√ 学生喜欢的食物、物品、玩具等强化物以及其他日常教学用品。

标准：

◇ 通过：在三种情境下独立遵守教师摆手表示"不"的指示且表现稳定。

◇ 部分通过：在提示下，完成该条目的部分内容；或不能持续表现该条目的内容。

◇ 无法通过：即使在提示下，也无法完成该条目内容。

2.2　遵守教师表达"安静"的手势和口语提示

目的：

☆ 考察学生遵守教师表达"安静"手势和口语提示的能力。

要求：

➤ 教师表达"安静"的手势和口语提示时，学生能保持安静。

标准：

◇ 通过：独立完成该条目内容且表现稳定。

◇ 部分通过：在提示下，完成该条目的部分内容；或不能持续表现该条目

的内容。

◇ 无法通过：即使在提示下，也无法完成该条目内容。

2.3 遵守教师表达"起来"的手势和口语提示

目的：

☆ 考察学生遵守教师表达"起来"的手势和口语提示的能力。

要求：

➤ 教师表达"起来"的手势提示和口语提示时，学生能在五秒内站起。

标准：

◇ 通过：独立完成该条目内容且表现稳定。

◇ 部分通过：在提示下，完成该条目的部分内容；或不能持续表现该条目的内容。

◇ 无法通过：即使在提示下，也无法完成该条目内容。

2.4 遵守教师表达"过来"的手势和口语提示

目的：

☆ 考察学生遵守教师表达"过来"的手势和口语提示的能力。

要求：

➤ 学生能遵守教师表达"过来"的手势和口语提示，做出相应的动作，包括向教师方向走过来、走到教师身边两个动作。

标准：

◇ 通过：独立完成该条目内容且表现稳定。

◇ 部分通过：在提示下，完成该条目的部分内容；或不能持续表现该条目的内容。

◇ 无法通过：即使在提示下，也无法完成该条目内容。

条目 3 在集体活动中，听从指令，完成活动

3.1 完成一个步骤的活动

目的：

☆ 考察学生听从一个步骤指令完成活动的能力。在集体活动中听从指令完成任务是教学难点。

要求：

➤ 在集体活动中，学生能在三至五秒内，听从指令完成具有一个步骤的活动，一个步骤的活动包括"站起来""给我""坐下""拿杯子""接水"等。

➤ 教师现场测试或直接观察时，应注意在不同的集体活动中评估学生听从一个步骤指令完成活动的能力。要求学生能完成 10 个以上这样的活动。

标准：

◇ 通过：在集体活动中能够独立听从指令完成 10 个具有一个步骤的活动，每个活动在五秒内完成。

◇ 部分通过：在提示下，完成该条目的部分内容(少于 10 个)；或不能持续表现该条目的内容。

◇ 无法通过：即使在提示下，也无法完成该条目内容。

3.2　完成两个步骤的活动

目的：

☆ 考察学生听从两个步骤指令完成活动的能力。

要求：

➤ 在集体活动中，学生能在三至五秒内，听从指令完成具有两个步骤的活动，两个步骤的活动包括"把书拿来给我""坐下拿出作业""拿抹布擦桌子""拿杯子去接水"等。

➤ 教师现场测试或直接观察时，应注意在不同的集体活动中评估学生听从两个步骤指令完成活动的能力。要求学生能完成 10 个以上这样的活动。

标准：

◇ 通过：学生在集体活动中能够独立听从指令完成 10 个具有两个步骤的活动，每个活动在 5 秒内完成。

◇ 部分通过：在提示下，完成该条目的部分内容(少于 10 个)；或不能持续表现该条目的内容。

◇ 无法通过：即使在提示下，也无法完成该条目内容。

3.3　完成三个步骤的活动

目的：

☆ 考察学生听从三个步骤指令完成活动的能力。

要求：

➤ 在集体活动中，学生能够在 10 秒内，听从指令完成具有三个步骤的活动，三个步骤的活动包括"站起来拿杯子去接水""站起来把书拿给我""站起来踏步再转一个圈"等。

➤ 教师现场测试或直接观察时，应注意在不同的集体活动中评估学生听从三个步骤指令完成活动的能力。要求学生能完成 5 个以上这样的活动。

标准：

◇ 通过：学生在集体活动中能够独立听从指令完成 5 个具有三个步骤的活动，每个活动在 10 秒内完成。

◇ 部分通过：在提示下，完成该条目的部分内容（少于 5 个）；或不能持续表现该条目的内容。

◇ 无法通过：即使在提示下，也无法完成该条目内容。

条目 4　模仿简单的声音

4.1　模仿常见动物的叫声

目的：

☆ 考察学生模仿常见动物叫声的能力。模仿能力是后期语言发展的重要指标。

要求：

➤ 学生能模仿 10 种常见动物的叫声，如猫、狗、马、牛、羊、猪、鸡、鸭、麻雀、蜜蜂。

➤ 教师可选择其他常见动物的叫声让学生模仿。

工具：

√ 猫、狗、马、牛、羊、猪、鸡、鸭、麻雀、蜜蜂等常见动物的模型、绘本或图片。

标准：

◇ 通过：独立模仿 10 种常见动物的叫声。

◇ 部分通过：在提示下，完成该条目的部分内容；或不能持续表现该条目的内容。

◇ 无法通过：即使在提示下，也无法完成一种动物的叫声。

4.2　模仿常见玩具的发音

目的：

☆ 考察学生模仿常见玩具发音的能力。

要求：

➤ 学生能模仿三种常见玩具的发音，如鼓、风铃等。

➤ 教师可选择其他常见发声玩具让学生模仿。

工具：

√ 发声的玩教具。

标准：

◇ 通过：独立模仿 3 种常见玩具的发音。

◇ 部分通过：在提示下，完成该条目的部分内容；或不能持续表现该条目的内容。

◇ 无法通过：即使在提示下，也无法完成一种玩具的发音。

4.3　模仿常见的物品和动作的发音

目的：

☆ 考察学生模仿常见物品和动作发音的能力。

要求：

➤ 学生能模仿 5 种常见物品和动作的发音。

➤ 常见物品的发音，如拍篮球的声音、水龙头流水的声音、敲门的声音等。

➤ 动作的发音，如拍手、跺脚发出的声音等。

➤ 教师可选择常见的物品和动作的发音让学生模仿。

标准：

◇ 通过：独立模仿 5 种常见物品和动作的发音。

◇ 部分通过：在提示下，完成该条目的部分内容；或不能持续表现该条目的内容。

◇ 无法通过：即使在提示下，也无法完成一种常见物品和动作的发音。

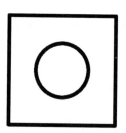

分领域二：理解回应

理解回应指个体理解和领悟所听到或看到的语言或信息，并基于此做出相应的回应，包括理解手势、指令、图片、词汇以及言语等。大多数孤独症儿童能理解一些言语，但仅限于熟悉的事物或简单的指令。理解是接收性语言的重要组成部分，缺乏理解的能力将会影响听从指令的能力，还会影响到表达性语言能力，不能通过言语和非言语形式表达自己的想法或意见，进而影响社会交往能力的发展。孤独症学生可能会命名物品、颜色、字母、形状，但在对话中可能并不能理解这些词语。本分领域考察学生理解回应的能力。

建议教师使用强化物进行现场测试和直接观察，请参考本评估系统中的《学生强化物信息汇总表》来准备强化物，作为测试的工具。此外，家长、他人或教师的报告也是获取评估信息的手段。

条目 5　对自己的名字有正确回应

目的：

☆ 考察学生对自己名字有正确回应的能力。学生能在所有言语刺激中正确辨别自己的名字，是早期听觉理解中最常见的形式。

要求：

➤ 当听到他人叫自己的名字时，学生能做出正确的回应并至少 5 次，包括三个部分：

目光转向他人；

微笑看着对方的眼睛；

能使用动作或言语两种方式做出适当的回应，如向他人挥手，或说"哎！""叫我什么事？""是叫我吗？"等。

标准：

◇ 通过：独立完成该条目的全部内容，并正确回应达 5 次。

◇ 部分通过：在提示下，完成该条目的部分内容；或不能持续表现该条目的内容。

◇ 无法通过：即使在提示下，也无法对自己的名字有正确回应。

条目 6　当别人问候时，能通过挥手或言语的方式回应

目的：

☆ 考察当别人问候时学生使用言语或非言语形式回应他人问候的能力。回应他人的问候也是理解回应考察的重点。

要求：

➤ 当他人向学生打招呼时，学生能微笑看着对方的眼睛挥手或微笑看着对方的眼睛说"你好""早上好"回应他人的问候。

标准：

◇ 通过：独立完成该条目的全部内容且表现稳定。

◇ 部分通过：在提示下，完成该条目的部分内容；或不能持续表现该条目的内容。

◇ 无法通过：即使在提示下，也无法回应他人的问候。

条目 7　当别人道别时，能通过挥手或言语的方式回应

目的：

☆ 考察当别人道别时学生使用言语或非言语形式回应他人道别的能力。

要求：

➤ 当他人向学生道别时，学生能微笑看着对方的眼睛挥手或微笑看着对方的眼睛说"再见""拜拜"回应他人的道别。

标准：

◇ 通过：独立完成该条目的全部内容且表现稳定。

◇ 部分通过：在提示下，完成该条目的部分内容；或不能持续表现该条目的内容。

◇ 无法通过：即使在提示下，也无法回应他人的道别。

条目 8　安静坐好，注意教师，倾听授课

目的：

☆ 考察学生课堂上安静坐好听教师讲课的能力。

要求：

➤ 课堂上教师讲课时，学生能安静坐好、注视教师、倾听授课、提问时做出适当的言语或非言语回应，这些言语和非言语回应包括用手指、动作和言语回应等，并能持续 15 分钟。

标准：

◇ 通过：独立安静坐好、注视教师、倾听授课、提问时做出适当的言语或非言语回应，并能持续 15 分钟以上。

◇ 部分通过：在提示下，完成该条目的部分内容；或不能持续表现该条目的内容；或是持续时间在 5~15 分钟。

◇ 无法通过：即使在提示下，安静坐好倾听授课时间少于 5 分钟，或是无法完成该条目内容。

条目9　能根据指令和自己的喜好进行选择，用言语表达自己的喜好

目的：

☆ 考察学生根据指令和喜好进行选择的能力，以及使用言语表达自己喜好的能力。自我选择是孤独症儿童教育的内容之一，包括选择自己喜欢的物品、喜欢的生活方式等任何关于自己生活的所有选择。自我选择的发展能促进个体产生自我意识，发展自我决定。

要求：

➢ 当教师让学生从两件及以上物品中选择一件时，学生能根据教师的指令做出选择的行为、根据自己的喜好选择喜欢的物品、使用言语表达自己的喜好。例如，教师将苹果和香蕉放在学生面前并询问"选一个你喜欢的水果"，学生能根据自己的喜好选择，并使用言语表达自己的喜好，如"我喜欢苹果"。

工具：

√ 学生喜欢的食物、物品、玩具等强化物。

标准：

◇ 通过：独立完成该条目的所有内容且表现稳定。

◇ 部分通过：在提示下，完成该条目的部分内容；或不能持续表现该条目的内容。

◇ 无法通过：即使在提示下，也无法完成该条目内容。

条目10　回答是与否类型的问题

目的：

☆ 考察学生回答是与否类型问题的能力。

要求：

➢ 当他人问是与否类型的问题时，学生能理解并使用适当的言语或非言语形式回应，正确回应5个回合以上。

➢ 回应包括使用点头或摇头、摆手，"是"或"不是"等，独立做出其中一种回应即可判定为通过。

➢ 教师需根据学生的回应来判定学生能否回答是与否类型的问题。为了保证学生真正理解问题，可以采用多次测试并适当调整问题内容的形式来测评，如"你是学生吗？"可以改变成"你不是学生？"来进行调整。

工具：

√ 学生喜欢的食物、物品、玩具等强化物。

标准：

◇ 通过：独立完成该条目的所有内容且表现稳定。

◇ 部分通过：在提示下，完成该条目的内容；或不能持续表现该条目的内容。

◇ 无法通过：即使在提示下，也无法完成该条目内容。

条目 11　回答"你要什么?""你想要什么?"的提问，即使物品不在场

目的：

☆ 考察物品不在场时，学生回答"想要什么物品?"类型问题的能力。该题目是孤独症学生表达需求的体现，也是教学的重点。

要求：

➢ 当他人问"想要什么物品?"类型的问题时，学生能理解并使用适当的言语或非言语形式回应，正确回应 5 个回合以上。

➢ 回应包括用手指、图片、动作以及言语回应。独立做出其中一种回应即可判定为通过。

➢ 包括物品在场和不在场两种情况。

➢ 教师现场测试或直接观察时，需根据学生的回应来判定学生能否回答"想要什么物品?"类型的问题。如果学生回答"想要笔"，但却不接受教师所给的笔，这种所答非所意的情况应判断为学生无法通过。

工具：

√ 学生喜欢的食物、物品、玩具等强化物。

标准：

◇ 通过：独立完成该条目的所有内容且表现稳定。

◇ 部分通过：在提示下，完成该条目的部分内容；或不能持续表现该条目的内容。

◇ 无法通过：即使在提示下，也无法完成该条目内容。

条目 12　根据情境，回答"是谁?"类型的句子

目的：

☆ 考察学生根据情境回答"是谁?"类型问题的能力。

要求：

➤ 在某一情境中，当他人问"是谁?"类型的问题时，学生能理解并使用适当的言语回答，并完成 5 个回合。例如，在阅读绘本小蝌蚪找妈妈时，教师问"这是谁?"，学生能使用言语回答"这是小蝌蚪的妈妈青蛙"；在萝卜蹲游戏情境中，教师问"青菜是谁?"，学生能回答"青菜是我"，教师问"萝卜是谁?"，学生能回答"萝卜是某某同学"。

工具：

√ 绘本、图片、玩教具等。

标准：

◇ 通过：独立完成该条目的所有内容且表现稳定。

◇ 部分通过：在提示下，完成该条目的部分内容；或不能持续表现该条目的内容。

◇ 无法通过：即使在提示下，也无法完成该条目内容。

条目 13　根据情境，回答"这(那)是什么?"类型的句子

目的：

☆ 考察学生根据情境回答"这(那)是什么?"类型问题的能力。

要求：

➤ 在某一情境中，当他人问"这(那)是什么?"类型的问题时，学生能理解并使用适当的言语回答，并完成 5 个回合。例如，在阅读绘本时，教师指着牙刷问"这是什么?"，学生能使用言语回答"这是牙刷"；在游戏情境中，教师指着积木搭成的房屋问"这是什么?"，学生能使用言语回答"这是房子"。

工具：

√ 绘本、图片、玩教具等。

标准：

◇ 通过：独立完成该条目的所有内容且表现稳定。

◇ 部分通过：在提示下，完成该条目的部分内容；或不能持续表现该条目的内容。

◇ 无法通过：即使在提示下，也无法完成该条目内容。

条目 14 根据情境，回答"在哪里?"类型的句子

目的：

☆ 考察学生根据情境回答"在哪里?"类型问题的能力。

要求：

➤ 在某一情境中，他人问"在哪里?"类型的问题时，学生能理解并使用适当的言语回答并完成 5 个回合。例如，在阅读绘本小蝌蚪找妈妈时，教师指着小蝌蚪问"小蝌蚪在哪里?"，学生能使用言语回答"在水里"或"在河里"；在游戏情境中，学生为躲避教师扮演的大灰狼躲在树后，同伴问"你在哪里?"，学生能使用言语回答"在大树后面"。

工具：

√ 绘本、图片、玩教具等。

标准：

◇ 通过：独立完成该条目的所有内容且表现稳定。

◇ 部分通过：在提示下，完成该条目的部分内容；或不能持续表现该条目的内容。

◇ 无法通过：即使在提示下，也无法完成该条目内容。

条目 15 根据情境，回答"什么时候?"类型的句子

目的：

☆ 考察学生根据情境回答"什么时候?"类型问题的能力。

要求：

➤ 在某一情境中，他人问"什么时候?"类型的问题时，学生能理解并使用适当的言语回答，并完成 5 个回合。例如，午餐前教师问"现在是什么时候?"，学生能回答"中午了"；阅读绘本猴子捞月时，教师指着绘本问"故事里是什么时间?"，学生能回答"是晚上"。

工具：

√ 绘本、图片、玩教具等。

标准：

◇ 通过：独立完成该条目的所有内容且表现稳定。

◇ 部分通过：在提示下，完成该条目的部分内容；或不能持续表现该条目的内容。

◇ 无法通过：即使在提示下，也无法完成该条目内容。

条目 16　根据情境，回答"做什么?"类型的句子

目的：

☆ 考察学生根据情境回答"做什么?"类型问题的能力。

要求：

➤ 在某一情境中，当他人问"做什么?"类型的问题时，学生能理解并使用适当的言语回答，并完成 5 个回合。例如，在阅读绘本龟兔赛跑时，教师指着乌龟和兔子问"他们在做什么?"，学生能使用言语回答"他们在赛跑"。

工具：

√ 绘本、图片、玩教具等。

标准：

◇ 通过：独立完成该条目的所有内容且表现稳定。

◇ 部分通过：在提示下，完成该条目的部分内容；或不能持续表现该条目的内容。

◇ 无法通过：即使在提示下，也无法完成该条目内容。

条目 17　根据情境，回答"为什么?"类型的句子

目的：

☆ 考察学生根据情境回答"为什么?"类型问题的能力。

要求：

➤ 在某一情境中，当他人问"为什么?"类型的问题时，学生能理解并使用适当的言语回答，并完成 5 个回合。例如，在阅读绘本龟兔赛跑时，教师指着乌龟问"为什么是乌龟胜利了?"，学生能使用言语回答"因为兔子睡觉了"。

工具：

√ 绘本、图片、玩教具等。

标准：

◇ 通过：独立完成该条目的所有内容且表现稳定。

◇ 部分通过：在提示下，完成该条目的部分内容；或不能持续表现该条目的内容。

◇ 无法通过：即使在提示下，也无法完成该条目内容。

条目 18　能回答关于自己信息的问题

目的：

☆ 考察学生回答关于自己信息的问题的能力。

要求：

➤ 当他人问学生个人信息时，学生能使用适当的言语回答 4 个以上的问题。

➤ 教师现场测试或直接观察时，可询问的个人信息包括学生的姓名、性别、年龄、学校、班级等信息。例如，同伴问"你叫什么名字?""你多大了?""你是哪班的?"等问题，学生能回答"我叫……""我八岁了""我是三年级二班的"。

标准：

◇ 通过：独立使用适当的言语回答 4 个以上关于自己的问题且表现稳定。

◇ 部分通过：在提示下，完成该条目的部分内容；或不能持续表现该条目的内容。

◇ 无法通过：即使在提示下，也无法完成该条目内容。

条目 19　理解并回答选择性提问

目的：

☆ 考察学生理解选择性问题并回答的能力。

要求：

➤ 包括两方面内容：

一种是物品在场时，他人提出选择性问题后，学生能理解他人提出的选择性问题、根据自己的喜好说出选择并做出选择的行为。例如，同伴拿着小火车和泡泡问"你想玩小火车还是吹泡泡?"，学生能根据自己的喜好说"我要吹泡泡"并做出拿起泡泡(做出选择的行为)的行为。

一种是物品不在场时，他人提出选择性问题后，学生能理解他人提出的选择性问题、根据自己的喜好说出选择。例如，同伴问"你想玩小火车还是吹泡泡?"(物品不在场)，学生根据自己的喜好说"我要吹泡泡"。

工具：

√ 绘本、图片、玩教具等。

标准：

◇ 通过：独立完成该条目的所有内容且表现稳定。

◇ 部分通过：在提示下，完成该条目的部分内容；或不能持续表现该条目的内容。

◇ 无法通过：即使在提示下，也无法完成该条目内容。

分领域三：口语表达

口语表达领域的评估主要包括仿说、命名、要求和评论 4 个部分，提要求被认为是第一个需要掌握的沟通形式，仿说和命名对于言语发展是必不可少的，评论是更高水平的口语表达能力。本分领域主要考察学生口语表达的能力。

建议教师使用强化物进行现场测试和直接观察，请参考本评估系统中的《学生强化物信息汇总表》来准备强化物，作为完成测试的奖赏物。此外，家长、他人或教师的报告也是获取评估信息的手段。

条目 20　在听到词语后，能够进行仿说

目的：

☆ 考察学生听到词语后能仿说的能力。仿说是言语的一种类型，指重复另一个人所说的话语。

要求：

➤ 在听到词语后，学生能仿说听到的词语。例如，教师说"苹果"，学生能仿说"苹果"。

➤ 教师可以根据学生的仿说能力，从发音简单的单个词入手，如仿说"花"，到发音困难的单个词，如仿说"勺"等，过渡到简单的两个字的词语，如"花朵"，再到"火车"等发音困难的词语。

工具：

√ 绘本、图片、玩教具、强化物等。

标准：

◇ 通过：独立仿说听到的词语且表现稳定。

◇ 部分通过：在提示下，完成该条目部分内容；或不能持续稳定表现该条

目内容。

◇ 无法通过：即使在提示下，也无法完成该条目内容。

条目 21　根据情境，用口语或手势等命名人物

21.1　根据情境，用口语或手势等命名常见的人

目的：

☆ 考察学生在某一情境下使用口语或手势等命名常见的人的能力。

要求：

➢ 在某一情境下，学生能使用口语或手势命名常见的人，能独立使用其中一种即可判定为通过。

➢ 通过手势命名这种形式，主要用于重度孤独症学生，在本条目中指的是使用手势代表某个人，并且这种手势得到家长、教师的认同。

➢ 建议教师在自然情景中进行现场测试或直接观察。例如，在游戏中，教师指着一名同伴问学生"他是谁?"，学生能回答"他是某某"，或做出某一手势命名同伴。

工具：

√ 绘本、图片、玩教具、强化物等。

标准：

◇ 通过：独立使用口语或手势命名常见的人且表现稳定。

◇ 部分通过：在提示下，完成该条目的部分内容；或不能持续稳定表现该条目内容。

◇ 无法通过：即使在提示下，也无法完成该条目内容。

21.2　根据情境，用口语或手势等命名常见的动物

目的：

☆ 考察学生在某一情境下使用口语或手势等命名常见动物的能力。

要求：

➢ 在某一情境下，学生能使用口语或手势命名常见的动物，能独立使用其中一种即可判定为通过。

➢ 通过手势命名这种形式，主要用于重度孤独症学生，在本条目中指的是使用手势代表某一动物，并且这种手势得到家长、教师的认同。

➢ 建议教师在自然情景中进行现场测试或直接观察。例如，阅读绘本过程中，教师指着绘本上一个动物问学生"这是什么动物?"，学生能回答"这是小鸟

龟",或做出某一手势(如模仿乌龟慢爬手势)命名小乌龟。

工具:

√ 绘本、图片、玩教具、强化物等。

标准:

◇ 通过:独立使用口语或手势命名常见的动物且表现稳定。

◇ 部分通过:在提示下,完成该条目的部分内容;或不能持续稳定表现该条目内容。

◇ 无法通过:即使在提示下,也无法完成该条目内容。

21.3 根据情境,用口语或手势等命名常见的动作

目的:

☆ 考察学生在某一情境下使用口语或手势等命名常见的动作的能力。

要求:

➤ 在某一情境下,学生能使用口语或手势命名常见的动作,能独立使用其中一种即可判定为通过。

➤ 通过手势命名这种形式,主要用于重度孤独症学生,在本条目中指的是使用手势代表某个动作,并且这种手势得到家长、教师的认同。

➤ 建议教师在自然情景中进行现场测试或直接观察。例如,在游戏中,教师做出跑的动作问学生"这是什么动作?",学生能回答"跑的动作",或做出握拳以及两臂前后摆动的手势命名跑步。

工具:

√ 绘本、图片、玩教具、强化物等。

标准:

◇ 通过:独立使用口语或手势命名常见的动作且表现稳定。

◇ 部分通过:在提示下,完成该条目的部分内容;或不能持续稳定表现该条目内容。

◇ 无法通过:即使在提示下,也无法完成该条目内容。

21.4 根据情境,用口语或手势等命名人的常见部位

目的:

☆ 考察学生在某一情境下使用口语或手势等命名常见的身体部位的能力。

要求:

➤ 在某一情境下,学生能使用口语或手势命名常见的身体部位,能独立使用其中一种即可判定为通过。

➤ 通过手势命名这种形式，主要用于重度孤独症学生，在本条目中指的是使用手势代表某个动作，并且这种手势得到家长、教师的认同。

➤ 建议教师在自然情景中进行现场测试或直接观察。例如，在游戏中，教师指着胳膊问学生"这是什么身体部位？"，学生能回答"胳膊"，或做出胳膊向前横放的手势命名胳膊。

工具：

√ 绘本、图片、玩教具、强化物等。

标准：

◇ 通过：独立使用口语或手势命名常见的身体部位且表现稳定。

◇ 部分通过：在提示下，完成该条目的部分内容；或不能持续稳定表现该条目内容。

◇ 无法通过：即使在提示下，也无法完成该条目内容。

条目 22 说出常用学习和生活物品

22.1 说出常用学习和生活物品

目的：

☆ 考察学生说出常用学习和生活物品的能力。

要求：

➤ 学生能说出 5 种常用学习用品，如铅笔、本子、书、书包、尺子、橡皮、水彩笔、蜡笔等。

➤ 此外，学生能说出 10 种常用生活用品，如床、被子、桌椅、碗筷勺锅、毛巾、牙刷、水杯、饭盒等。

工具：

√ 常用学习和生活物品。

√ 软件图片《言语沟通——常用学习和生活物品》中的图片。

标准：

◇ 通过：独立说出 5 种常用学习用品和 10 种常用生活用品且表现稳定。

◇ 部分通过：在提示下，完成该条目的部分内容；或不能持续稳定表现该条目内容。

◇ 无法通过：即使在提示下，也无法说出任何一种学习用品和生活用品。

22.2 说出常用学习和生活物品的功能

目的：

☆ 考察学生说出常用的学习用品和生活用品功能的能力。

要求：

➢ 学生能说出 5 种常用学习用品的功能，如铅笔、本子、书、书包、尺子、橡皮、水彩笔、蜡笔等。例如，教师问"铅笔是用来做什么的?"，学生能回答"写字"。

➢ 此外，学生能说出 10 种常用生活用品的功能，如床、被子、桌椅、碗筷勺锅、毛巾、牙刷、水杯、饭盒等。例如，教师问"我们用牙刷做什么?"，学生能回答"刷牙"。

工具：

✓ 常用学习和生活物品。

✓ 软件图片《言语沟通——常用学习和生活物品》中的图片。

标准：

◇ 通过：独立说出 5 种常用学习用品和 10 种常用生活用品且表现稳定。

◇ 部分通过：在提示下，完成该条目的部分内容；或不能持续稳定表现该条目内容。

◇ 无法通过：即使在提示下，也无法命名任何一种学习用品和生活用品的功能。

22.3 命名常用学习和生活物品的主要特征

目的：

☆ 考察学生命名常用学习和生活物品特征的能力。

要求：

➢ 学生能命名 5 种常用学习用品的特征，如铅笔、本子、书、书包、尺子、橡皮、水彩笔、蜡笔等。例如，教师问"尺子的特点是什么?"，学生能回答"直直的"。

➢ 此外，学生能命名 10 种常用生活用品的特征，如床、被子、桌椅、碗筷勺锅、毛巾、牙刷、水杯、饭盒等。例如，教师问"牙刷的特点是什么?"，学生能回答"有刷毛"。

工具：

✓ 常用学习和生活物品。

✓ 软件图片《言语沟通——常用学习和生活物品》中的图片。

标准：

◇ 通过：独立命名 5 种常用学习用品和 10 种常用生活用品的主要特征且表现稳定。

◇ 部分通过：在提示下，完成该条目的部分内容；或不能持续稳定表现该条目内容。

◇ 无法通过：即使在提示下，也无法说出任何一种学习用品和生活用品的特征。

条目 23　命名丢失物品

目的：

☆ 考察学生命名丢失物品的名称的能力。

要求：

➤ 学生能命名缺失物品的名称，包括配对图片、找出缺失的物品，以及命名物品名称三个部分的内容。

工具：

√ 两组相同的常见物品，其中一组缺失一件物品；也可以是一组常见物品以及对应的图片一组，其中一组缺失一件物品。

√ 软件图片配套的《言语沟通——丢失物品》5 套图片卡片盒，如"动物运动会"这个盒子，教师把一套动物的图片放入盒子里，另一套动物图片放在外面，拿走某一张图片，指导学生把外面图片与盒子里的图片一一配对、检查。学生能否辨别（指或说）出缺失的图片（说出哪只动物没有参加运动会）。

标准：

◇ 通过：配对图片、找出缺失的物品以及命名物品名称且表现稳定。

◇ 部分通过：在提示下，完成该条目的部分内容；或不能持续稳定表现该条目内容。

◇ 无法通过：即使在提示下，也无法完成该条目内容。

条目 24　通过肢体语言主动提出需求

24.1　使用动作，索要看到的物品或不在视线范围内的物品

目的：

☆ 考察学生，尤其是重度孤独症学生使用动作索要在场或不在场的物品。提要求对于早期言语发展和日常交流是非常重要的能力，是孤独症学生需要掌握的第一种沟通形式。

要求：

➤ 学生能使用手势或动作等主动向他人索要物品，包括物品在场和物品不在场两种情况。例如，学生喜欢玩积木，当学生看到积木时，能使用动作(用手指积木、做出搭积木的动作)向教师提出要求玩积木；当积木不在场时，学生也能使用动作(搭积木的动作)向教师提出要求玩积木。

工具：

√ 学生喜好的强化物。

标准：

◇ 通过：主动索要物品，完成该条目的全部内容且表现稳定。

◇ 部分通过：在提示下，完成该条目的部分内容；或不能持续稳定表现该条目内容。

◇ 无法通过：即使在提示下，也无法完成该条目内容。

24.2 使用动作，表达需要休息一下

目的：

☆ 考察学生使用动作表达需要休息的能力。

要求：

➤ 学生能使用手势或动作等主动向他人表达需要休息。例如，学生能做出停止的动作表达需要休息，教师让学生休息五分钟。

标准：

◇ 通过：独立使用手势或动作等主动向他人表达需要休息且表现稳定。

◇ 部分通过：在提示下，完成该条目内容；或不能持续稳定表现该条目内容。

◇ 无法通过：即使在提示下，也无法完成该条目内容。

条目 25 表达自己的需求(包括活动和物品)

25.1 使用图片，表达自己的需求

目的：

☆ 考察学生，尤其是言语缺乏的重度孤独症学生使用图片表达需求的能力。

要求：

➤ 学生能使用图片向他人表达自己想要的物品或想玩的活动，包括物品在场和物品不在场两种情况。例如，看到小乌龟玩具(喜欢的玩具)，学生能拿着小乌龟玩具的图片找到教师表示想玩小乌龟玩具；学生想玩小乌龟玩具(玩具不在

场），学生能拿着小乌龟玩具的图片找到教师表示想玩小乌龟玩具。

工具：

√ 学生喜好的强化物。

标准：

◇ 通过：独立使用图片，完成条目的所有内容。

◇ 部分通过：在提示下，完成该条目内容；或不能持续稳定表现该条目内容。

◇ 无法通过：即使在提示下，也无法完成该条目内容。

25.2　使用言语，表达自己的需求

目的：

☆ 考察学生使用言语表达需求的能力。若学生能用言语表达自己的需求，那么 25.1 就不适用。

要求：

➤ 学生能使用言语向他人表达自己想要的物品或想玩的活动，包括物品在场和不在场两种情况。例如，学生说"我想要山楂片"向教师提出吃山楂片的要求。

工具：

√ 学生喜好的强化物。

标准：

◇ 通过：独立使用言语，完成条目的所有内容。

◇ 部分通过：在提示下，完成该条目内容；或不能持续稳定表现该条目内容。

◇ 无法通过：即使在提示下，也无法完成该条目内容。

条目 26　根据情境，用口语或手势等，用两至三个单词的短语指代

26.1　把两至三个词结合在一起指代某人

目的：

☆ 考察学生根据情境使用两至三个单词的短语指代某人的能力。指代的意思是使用简单的词语代表或表示人物、动物、物品和动作。

要求：

➤ 在某一情境中，学生能使用两至三个单词的口语短语或手势短语代表某

一人物并完成 5 个回合。例如，在游戏中，教师问"谁是老鹰?"，学生能指着扮演老鹰的同伴使用口语说或手势表示"那个人""这个人""戴帽子的""穿红衣服的"来指代同伴。

➤ 教师注意若学生能独立说出 3 个单词以上的短语也可判定为通过。

标准:

◇ 通过:独立完成条目的所有内容且表现稳定。

◇ 部分通过:在提示下，完成该条目内容;或不能持续稳定表现该条目内容。

◇ 无法通过:即使在提示下，也无法完成该条目内容。

26.2　把两至三个词结合在一起指代某只动物

目的:

☆ 考察学生根据情境使用两至三个单词的短语指代动物的能力。

要求:

➤ 在某一情境中，学生能使用两至三个单词的口语短语或手势短语代表某只动物并完成 5 个回合。例如，在阅读绘本龟兔赛跑时，教师问"哪只是乌龟"，学生能使用口语说或手势表示"这只""有壳的""绿色的"来指代乌龟。

➤ 教师需注意若学生能独立说出三个单词以上的短语也可判定为通过。

标准:

◇ 通过:独立完成条目的所有内容且表现稳定。

◇ 部分通过:在提示下，完成该条目内容;或不能持续稳定表现该条目内容。

◇ 无法通过:即使在提示下，也无法完成该条目内容。

26.3　把两至三个词结合在一起指代某物品

目的:

☆ 考察学生根据情境使用两至三个单词的短语指代物品的能力。

要求:

➤ 在某一情境中，学生能使用两至三个单词的口语短语或手势短语代表某一物品并完成五个回合。例如，教师指着饭盒(有盖)和水杯(无盖)问"饭盒是哪个?"，学生能使用口语说或手势表示"这个""有盖子的"来指代饭盒。

➤ 教师需注意若学生能独立说出 3 个单词以上的短语也可判定为通过。

标准:

◇ 通过:独立完成条目的所有内容且表现稳定。

◇ 部分通过：在提示下，完成该条目内容；或不能持续稳定表现该条目内容。

◇ 无法通过：即使在提示下，也无法完成该条目内容。

26.4　把两至三个词结合在一起指代某动作

目的：

☆ 考察学生根据情境使用两至三个单词的短语指代动作的能力。

要求：

➤ 在某一情境中，学生能使用两至三个单词的口语短语或手势短语代表某一动作并完成 5 个回合。例如，在阅读绘本猴子捞月中，教师问"猴子做了什么动作？"，使用口语说或手势表示"向下捞""一个拉一个"来代指捞月的动作。

➤ 教师需注意若学生能独立说出 3 个单词以上的短语也可判定为通过。

标准：

◇ 通过：独立完成条目的所有内容且表现稳定。

◇ 部分通过：在提示下，完成该条目内容；或不能持续稳定表现该条目内容。

◇ 无法通过：即使在提示下，也无法完成该条目内容。

条目 27　描述物品的不同之处

目的：

☆ 考察学生辨别并描述物品不同特征的能力。

要求：

➤ 给学生展示两个物品，学生能辨别并描述物品的一条不同特征。例如，教师给学生展示苹果和香蕉的玩具，询问"苹果和香蕉不同的地方在哪里？"，学生能说出一条不同的特征。例如，"苹果是圆的，香蕉是长的""苹果是红色的，香蕉是黄色的""苹果咬起来脆脆的，香蕉咬起来软软的"等。

工具：

√ 玩教具或学生喜好的强化物。

标准：

◇ 通过：独立描述两个物品的一条不同特征且表现稳定。

◇ 部分通过：在提示下，完成该条目内容；或不能持续稳定表现该条目内容。

◇ 无法通过：即使在提示下，也无法完成该条目内容。

条目 28　描述类似物品的相似特征

目的：

☆ 考察学生辨别和描述类似物品的相似特征的能力。

要求：

➤ 给学生展示两个类似物品，学生能辨别并描述物品的一条相同特征。例如，教师给学生展示苹果和香蕉的玩具，询问"苹果和香蕉相同的地方在哪里？"，学生能说出一条相同的特征，如"都是水果"等。

工具：

√ 玩教具或学生喜好的强化物。

标准：

◇ 通过：独立描述两个物品的一条相同特征且表现稳定。

◇ 部分通过：在提示下，完成该条目内容；或不能持续稳定表现该条目内容。

◇ 无法通过：即使在提示下，也无法完成该条目内容。

条目 29　用简单语句描述事件

29.1　描述过去发生的事情

目的：

☆ 考察学生描述过去发生事情的能力。

要求：

➤ 学生能使用简单的语句描述过去发生的事件，包括时间、地点、人物、事情 4 个要素。例如，教师问学生周末做了什么，学生能简单描述周末发生的事情"周末我和爸爸妈妈去公园散步了"。

标准：

◇ 通过：独立使用至少包含 3 个要素的简单语句描述过去发生的事件且表现稳定。

◇ 部分通过：在提示下，完成该条目部分内容；或不能持续稳定表现该条目内容。

◇ 无法通过：即使在提示下，也无法完成该条目内容。

29.2　描述将要发生的事情

目的：

☆ 考察学生描述将要发生的事情的能力。

要求：

➤ 学生能使用简单的语句描述将要发生的事件，包括时间、地点、人物、事情 4 个要素。例如，教师问学生"明天要做什么？"，学生能简单描述"明天早上妈妈要送我上学"。

标准：

◇ 通过：独立使用至少 3 个要素的简单语句描述将要发生的事件且表现稳定。

◇ 部分通过：在提示下，完成该条目部分内容；或不能持续稳定表现该条目内容。

◇ 无法通过：即使在提示下，也无法完成该条目内容。

29.3　描述事情的开始(如"已经开始了")

目的：

☆ 考察学生描述事情开始的能力。

要求：

➤ 学生能使用简单的语句描述事情的开始。例如，当搭积木游戏开始时，学生能说"积木游戏已经开始了""我开始搭积木了"。

标准：

◇ 通过：独立使用简单的语句描述事情的开始且表现稳定。

◇ 部分通过：在提示下，完成该条目内容；或不能持续稳定表现该条目内容。

◇ 无法通过：即使在提示下，也无法完成该条目内容。

29.4　描述事情的完结(如"已经结束了")

目的：

☆ 考察学生描述事情完结的能力。

要求：

➤ 学生能使用简单的语句描述事情的结束。例如，当搭积木游戏结束时，学生能说"积木游戏已经结束了""我搭完积木了"。

标准：

◇ 通过：独立使用简单的语句描述事情的结束且表现稳定。

◇ 部分通过：在提示下，完成该条目内容；或不能持续稳定表现该条目内容。

◇ 无法通过：即使在提示下，也无法完成该条目内容。

条目 30　使用简单的形容词和副词

30.1　使用简单的形容词描述物品

目的：

☆ 考察学生使用简单的形容词描述物品的能力。

要求：

➢ 学生能使用简单的形容词描述物品。例如，教师给学生展示一个苹果玩具模型，询问学生"这是什么颜色的?"，学生能回答"红色的"；学生指着山楂片说"山楂片好酸""山楂片好吃"等。

工具：

√ 玩教具或学生喜好的强化物。

标准：

◇ 通过：独立完成该条目内容且表现稳定。

◇ 部分通过：在提示下，完成该条目内容；或不能持续稳定表现该条目内容。

◇ 无法通过：即使在提示下，也无法完成该条目内容。

30.2　使用简单的形容词描述人物

目的：

☆ 考察学生使用简单的形容词描述人物的能力。

要求：

➢ 学生能使用简单的形容词描述人物，如高大、美丽、可爱、强壮、帅气、肥胖、瘦小等。例如，教师给学生展示一张带有男孩和女孩的图片，询问学生"哪个更高?"，学生能回答"男孩高"；或教师询问学生"你觉得这个小兔子长得怎么样?"，学生能回答"很可爱"。

工具：

√ 玩教具、图片、绘本或学生喜好的强化物。

标准：

◇ 通过：独立完成该条目内容且表现稳定。

◇ 部分通过：在提示下，完成该条目内容；或不能持续稳定表现该条目内容。

◇ 无法通过：即使在提示下，也无法完成该条目内容。

30.3　使用简单的副词描述动作特征

目的：

☆ 考察学生使用简单的副词描述动作特征的能力。

要求：

➤ 学生能使用简单的副词描述动作特征，如很、非常、特别、尤其等。例如，教师给学生展示一张舞蹈动作的图片，询问学生"他的动作优美吗？"，学生能回答"非常优美"；学生看到同伴在拍球时说"他拍球拍得好快"。

工具：

√ 玩教具、图片、绘本或学生喜好的强化物。

标准：

◇ 通过：独立完成该条目内容且表现稳定。

◇ 部分通过：在提示下，完成该条目内容；或不能持续稳定表现该条目内容。

◇ 无法通过：即使在提示下，也无法完成该条目内容。

条目 31　使用人称代词

31.1　使用表示第一人称的代词

目的：

☆ 考察学生使用第一人称代词的能力。人称代词分为第一人称、第二人称、第三人称和他称。孤独症学生经常出现代词反转的现象，把本人称作"你"或直接叫名字而不会使用"我"。

要求：

➤ 学生能使用包括"我""我的""我们""我们的"在内的第一人称代词。例如，教师询问"这是谁的笔？"，学生能说"这是我的"；学生能说"这是我的山楂片""我叫……"。

工具：

√ 学生喜好的强化物。

标准：

◇ 通过：独立完成该条目内容且表现稳定。

◇ 部分通过：在提示下，使用部分第一人称代词；或不能持续稳定表现该条目内容。

◇ 无法通过：即使在提示下，也无法完成该条目内容。

31.2　使用表示第二人称的代词

目的：

☆ 考察学生使用表示第二人称代词的能力。

要求：

➢ 学生能使用包括"你""你的""你们""你们的"在内的第二人称代词。例如，教师询问"这是谁的本子？"，学生能说"这是你的"；学生能说"你是王老师"。

工具：

√ 学生喜好的强化物。

标准：

◇ 通过：独立完成该条目内容且表现稳定。

◇ 部分通过：在提示下，使用部分表示第二人称代词；或不能持续稳定表现该条目内容。

◇ 无法通过：即使在提示下，也无法完成该条目内容。

31.3　使用表示第三人称的代词

目的：

☆ 考察学生使用表示第三人称代词的能力。

要求：

➢ 学生能使用包括"她""他""他的""她的""他们""他们的"在内的第三人称代词。例如，教师询问"这是谁的书包"，学生能说"这是他的""这是某某同学的"。

工具：

√ 玩教具、图片、绘本、常用物品等。

标准：

◇ 通过：独立完成该条目内容且表现稳定。

◇ 部分通过：在提示下，使用部分表示第三人称代词；或不能持续稳定表现该条目内容。

◇ 无法通过：即使在提示下，也无法完成该条目内容。

条目32　教学活动或学习任务完成后主动说"我完成啦！"

目的：

☆ 考察学生主动表达自己完成任务的能力。

要求：

➤ 学生完成教学活动或学习任务后，能主动使用言语表达"我完成啦!""我完成任务了"等。例如，当配对任务完成后，学生能主动对教师说"我完成了"，而不是反复拿着物品做自我刺激行为。类似的语言还有"我做完了"等。

标准：

◇ 通过：独立完成该条目内容且表现稳定。

◇ 部分通过：在提示下，完成该条目内容；或不能持续稳定表现该条目内容。

◇ 无法通过：即使在提示下，也无法完成该条目内容。

条目33　表达自己的内心感受和态度

33.1　使用图片或手势，表达自己的喜好

目的：

☆ 考察学生使用图片或手势表达喜好的能力。

要求：

➤ 学生能使用图片或手势表达自己的各种喜好，如喜欢的物品、活动等，包括提问下学生回答以及学生主动表达两个方面内容。例如，询问学生喜欢什么游戏时，学生能拿自己喜欢游戏的图片或使用手势表达。

工具：

√ 学生喜好的强化物。

标准：

◇ 通过：独立完成该条目内容且表现稳定。

◇ 部分通过：在提示下，完成该条目内容；或不能持续稳定表现该条目内容。

◇ 无法通过：即使在提示下，也无法完成该条目内容。

33.2　使用口语，表达自己的喜好

目的：

☆ 考察学生使用口语表达自己喜好的能力。

要求：

➤ 学生能使用口语表达自己的各种喜好，如喜欢的物品、活动等，包括提问下学生回答以及学生主动表达两个方面内容。例如，学生能主动说"我喜欢玩插小棒"。

工具：

√ 学生喜好的强化物。

标准：

◇ 通过：独立完成该条目内容且表现稳定。

◇ 部分通过：在提示下，完成该条目内容；或不能持续稳定表现该条目内容。

◇ 无法通过：即使在提示下，也无法完成该条目内容。

33.3 使用口语，表达自己对人或事物的感受

目的：

☆ 考察学生使用口语表达对人或事物感受的能力。

要求：

➤ 学生能使用口语表达对 5 种不同人或事物的感受。教师可询问学生"你觉得山楂片好吃吗？"，学生能回答"好吃""不好吃""太酸了"；同伴询问学生"这个游戏怎么样？"，学生能回答"这个游戏很好玩"；教师询问学生"你觉得王老师怎么样？"，学生能回答"王老师很负责""王老师很认真""王老师很和蔼""王老师很美丽"等。

工具：

√ 玩教具、绘本、学生喜好的强化物。

标准：

◇ 通过：独立完成条目全部内容且表现稳定。

◇ 部分通过：在提示下，完成该条目部分内容；或不能持续稳定表现该条目内容。

◇ 无法通过：即使在提示下，也无法完成该条目内容。

33.4 使用口语，表达自己对人或事物的态度

目的：

☆ 考察学生使用口语表达对人或事物态度的能力。

要求：

➤ 学生能使用口语表达自己对 5 种不同人或事物的态度，如喜欢或厌恶、接受或拒绝等。教师需要给学生提供不同人或事物，如同伴、教师、食物、玩具、游戏活动等。例如，教师询问学生"你喜欢这个游戏吗？"，学生能回答"不喜欢""喜欢"；教师询问学生"你要吃山楂片吗？"，学生能回答"我要，谢谢""不用了，谢谢"等。

➤ 建议教师在自然的教学、游戏、日常环境中测试和直接观察，不要采取刻意的现场测试。

工具：

√ 玩教具、绘本、学生喜好的强化物。

标准：

◇ 通过：独立完成条目全部内容且表现稳定。

◇ 部分通过：在提示下，完成该条目部分内容；或不能持续稳定表现该条目内容。

◇ 无法通过：即使在提示下，也无法完成该条目内容。

条目 34　表达他人的感受、观点、需求

34.1　使用口语表达他人的感受

目的：

☆ 考察学生使用口语表达他人感受的能力。

要求：

➤ 学生能根据情境使用口语表达他人的感受。教师根据情境判断学生是否具备这一能力。例如，教师询问学生"某某同学觉得这个游戏好玩吗?"，学生能根据创设的情境回答"他觉得很好玩"；教师询问学生"你觉得王老师现在开心吗?"，学生能根据创设的情境回答"王老师很开心""王老师不开心"。

➤ 建议教师在自然的教学、游戏、日常环境中测试和直接观察，不要采取刻意的现场测试。

工具：

√ 玩教具、绘本、学生喜好的强化物。

标准：

◇ 通过：独立完成条目全部内容且表现稳定。

◇ 部分通过：在提示下，完成该条目部分内容；或不能持续稳定表现该条目内容。

◇ 无法通过：即使在提示下，也无法完成该条目内容。

34.2　使用口语表达他人对事物的态度

目的：

☆ 考察使用口语表达他人对事物态度的能力。

要求：

➤ 学生能根据情境使用口语表达他人对事物的态度（如喜欢、讨厌、接受、拒绝等）。教师根据情境判断学生是否具备这一能力。例如，教师询问学生"同伴喜欢山楂片吗？"，学生能根据创设的情境回答"他喜欢""他不喜欢"；教师询问学生"王老师会接受这个礼物吗？"，学生能根据创设的情境回答"会接受""可能不会"。

➤ 建议教师在自然的教学、游戏、日常环境中测试和直接观察，不要采取刻意的现场测试。

工具：

√ 玩教具、绘本、学生喜好的强化物。

标准：

◇ 通过：独立完成条目全部内容且表现稳定。

◇ 部分通过：在提示下，完成该条目部分内容；或不能持续稳定表现该条目内容。

◇ 无法通过：即使在提示下，也无法完成该条目内容。

条目 35 使用"我"开始的句子主动评论某一活动或他人的感受、观点、需求

目的：

☆ 考察学生使用"我"开始的句子主动评论某一活动或他人感受、观点和需求的能力。

要求：

➤ 学生能根据情境使用"我"开始的句子主动评论他人的感受、观点和需求，教师根据情境判断学生是否具备这一能力。例如，教师询问学生"你觉得这个游戏好玩吗？"，学生能根据创设的情境回答"我很喜欢这个游戏，很有趣""我觉得这个游戏很好玩"；教师询问学生"某某同学玩累了，你觉得他接下来想做什么"，学生能根据创设的情境回答"我觉得他会想休息一下"。

➤ 建议教师在自然的教学、游戏、日常环境中测试和直接观察，不要采取刻意的现场测试。

工具：

√ 玩教具、绘本、学生喜好的强化物。

标准：

◇ 通过：独立完成条目全部内容且表现稳定。

◇ 部分通过：在提示下，完成该条目部分内容；或不能持续稳定表现该条目内容。

◇ 无法通过：即使在提示下，也无法完成该条目内容。

条目 36　主动表示对某些信息感兴趣，并会用以下句式提问

36.1　"你要什么?""你想要什么?"

目的：

☆ 考察学生使用"你要什么?"或"你想要什么?"疑问句型提问的能力。

要求：

➤ 学生能观察到他人的需求，并使用"你要什么?"或"你想要什么?"疑问句型提问，包括观察他人的动作、看着对方的眼睛、使用"你要什么?"或"你想要什么?"疑问句型提问并得到他人的回应 4 个部分。

➤ 建议教师创设情境。例如，教师创设同伴想要喝水的情境，如学生身边的同伴一直盯着水杯看或做出喝水的手势、动作等，学生能观察到同伴的动作或手势，看着同伴的眼睛问"你想要什么?"，同伴回应说"我想喝水"。情境应自然，可在自然的教学、游戏、日常环境中测试和直接观察，不要采取刻意的现场测试。

标准：

◇ 通过：独立完成条目全部内容且表现稳定。

◇ 部分通过：在提示下，完成该条目部分内容；或不能持续稳定表现该条目内容。

◇ 无法通过：即使在提示下，也无法完成该条目内容。

36.2　对人主动提问："是谁?"

目的：

☆ 考察学生主动使用"是谁?"疑问句型提问的能力。

要求：

➤ 学生能对人物信息感兴趣并主动使用"是谁?"疑问句型提问，包括看着对方的眼睛、主动使用"是谁?"疑问句型提问，并得到他人的回应三个部分。

➤ 建议教师创设情境。例如，阅读绘本故事小红帽时，学生能看着同伴或教师的眼睛主动问"小红帽是谁?"，同伴或教师指着小红帽回应说"是这个带红帽子的""这个"。情境应自然，可在自然的教学、游戏、日常环境中测试和直接观察，不要采取刻意的现场测试。

标准：

◇ 通过：独立完成条目全部内容且表现稳定。

◇ 部分通过：在提示下，完成该条目部分内容；或不能持续稳定表现该条目内容。

◇ 无法通过：即使在提示下，也无法完成该条目内容。

36.3　对物品主动提问："这(那)是什么？"

目的：

☆ 考察学生主动使用"这(那)是什么？"疑问句型提问的能力。

要求：

➤ 学生能对物品信息感兴趣并主动使用"这(那)是什么？"疑问句型提问，包括看着对方的眼睛、主动使用"这(那)是什么？"疑问句型提问，并得到他人的回应 3 个部分。

➤ 建议教师创设情境。例如，教师上课分发动物图片的教学材料后，学生能看着教师的眼睛主动问"这是什么？"，教师指着图片回应说"这是小马"。情境应自然，可在自然的教学、游戏、日常环境中测试和直接观察，不要采取刻意的现场测试。

标准：

◇ 通过：独立完成条目全部内容且表现稳定。

◇ 部分通过：在提示下，完成该条目部分内容；或不能持续稳定表现该条目内容。

◇ 无法通过：即使在提示下，也无法完成该条目内容。

36.4　对地点主动提问："在哪里？"或"去哪里？"

目的：

☆ 考察学生主动使用"在哪里？"或"去哪里？"疑问句型提问的能力。

要求：

➤ 学生能对地点信息感兴趣并主动使用"在哪里？""去哪里？"疑问句型提问，包括看着对方的眼睛、主动使用"在哪里？""去哪里？"疑问句型提问，并得到他人的回应三个部分。

➤ 建议教师创设情境。例如，在阅读绘本故事托马斯火车时，学生能看着教师的眼睛主动问"托马斯要去哪里"，教师回应说"去某地"；在阅读绘本故事龟兔赛跑时，学生能看着教师的眼睛主动问"乌龟和兔子在哪儿？"，教师回应说"在山上"。情境应自然，可在自然的教学、游戏、日常环境中测试和直接观察，不要采取刻意的现场测试。

标准：

◇ 通过：独立完成条目全部内容且表现稳定。

◇ 部分通过：在提示下，完成该条目部分内容；或不能持续稳定表现该条目内容。

◇ 无法通过：即使在提示下，也无法完成该条目内容。

36.5　对时间主动提问："什么时候?"

目的：

☆ 考察学生主动使用"什么时候?"疑问句型提问的能力。

要求：

➤ 学生能对时间信息感兴趣并主动使用"什么时候?"疑问句型提问，包括看着对方的眼睛、主动使用"什么时候?"疑问句型提问，并得到他人的回应三个部分。

➤ 建议教师创设情境。例如，在玩积木前，学生能看着同伴的眼睛主动问"什么时候玩积木?"，同伴回应说"再过 10 分钟"。情境应自然，可在自然的教学、游戏、日常环境中测试和直接观察，而不要采取刻意的现场测试。

标准：

◇ 通过：独立完成条目全部内容且表现稳定。

◇ 部分通过：在提示下，完成该条目部分内容；或不能持续稳定表现该条目内容。

◇ 无法通过：即使在提示下，也无法完成该条目内容。

36.6　关于如何主动提问："我怎么……?"

目的：

☆ 考察学生主动使用"我怎么……?"疑问句型提问的能力。

要求：

➤ 学生能对做法方面的信息感兴趣并主动使用"我怎么?"疑问句型提问，包括看着对方的眼睛、主动使用"我怎么……?"疑问句型提问，并得到他人的回应三个部分。

➤ 建议教师创设情境。例如，玩游戏"老鹰捉小鸡"时，学生能看着同伴或教师的眼睛主动问"我怎么才能不被老鹰抓住?"，同伴或教师说"你要蹲着跑"，并为学生示范。情境应自然，可在自然的教学、游戏、日常环境中测试和直接观察，而不要采取刻意的现场测试。

标准：

◇ 通过：独立完成条目全部内容且表现稳定。

◇ 部分通过：在提示下，完成该条目部分内容；或不能持续稳定表现该条目内容。

◇ 无法通过：即使在提示下，也无法完成该条目内容。

36.7 动作或活动的主动提问："做什么？"

目的：

☆ 考察学生主动使用"做什么？"疑问句型提问的能力。

要求：

➤ 学生能对人物信息感兴趣并主动使用"做什么？"疑问句型提问，包括看着对方的眼睛、主动使用"做什么？"疑问句型提问，并得到他人的回应三个部分。

➤ 建议教师创设情境。例如，玩积木游戏讨论分工时，学生能看着同伴或教师的眼睛问"我要做些什么？"，同伴或教师回应说"你要搭一个小房子"。情境应自然，可在自然的教学、游戏、日常环境中测试和直接观察，不要采取刻意的现场测试。

标准：

◇ 通过：独立完成条目全部内容且表现稳定。

◇ 部分通过：在提示下，完成该条目部分内容；或不能持续稳定表现该条目内容。

◇ 无法通过：即使在提示下，也无法完成该条目内容。

36.8 原因的主动提问："为什么？"

目的：

☆ 考察学生主动使用"为什么？"疑问句型提问的能力。

要求：

➤ 学生能对原因信息感兴趣并主动使用"为什么？"疑问句型提问，包括看着对方的眼睛、主动使用"为什么？"疑问句型提问，并得到他人的回应三个部分。

➤ 建议教师创设情境。例如，阅读绘本故事小红帽时，学生能看着同伴或教师的眼睛主动问"大灰狼为什么扮成小红帽的外婆？"，同伴或教师回应说"大灰狼想吃小红帽"。情境应自然，可在自然的教学、游戏、日常环境中测试和直接观察，不要采取刻意的现场测试。

标准：

◇ 通过：独立完成条目全部内容且表现稳定。

◇ 部分通过：在提示下，完成该条目部分内容；或不能持续稳定表现该条目内容。

◇ 无法通过：即使在提示下，也无法完成该条目内容。

条目 37　疲惫或不适时，能主动提出休息

目的：

☆ 考察学生疲惫或不适时，主动提出休息的能力。

要求：

➤ 感到疲惫或不舒服时，学生能使用适当的言语或非言语形式（图片、手势、动作）主动提出休息。对于重度孤独症学生来说，能够采用非言语形式表达休息的需求是非常重要的。例如，玩游戏 15 分钟后，学生感到疲惫时能独立使用言语主动提出"我想休息一下"，或使用图片、手势以及动作主动提出休息。

标准：

◇ 通过：独立完成该条目内容且表现稳定。

◇ 部分通过：在提示下，完成该条目内容；或不能持续稳定表现该条目内容。

◇ 无法通过：即使在提示下，也无法完成该条目内容。

条目 38　感到困惑时，表达"我不知道"

目的：

☆ 考察学生感到困惑时的能力。

要求：

➤ 感到困惑或疑问时，学生能使用适当的言语或非言语形式（图片、手势、动作）表达"我不知道"。例如，课堂教师授课时，学生感到困惑时能独立使用言语表达"我不知道"。

标准：

◇ 通过：独立完成该条目内容且表现稳定。

◇ 部分通过：在提示下，完成该条目内容；或不能持续稳定表现该条目内容。

◇ 无法通过：即使在提示下，也无法完成该条目内容。

条目 39　当还需要某物时，能适当表达"我还要……"

目的：

☆ 考察学生再次表达需要某物的能力。

要求：

➤ 当还需要某物时，学生能使用适当的言语或非言语形式（图片、手势、动作）表达"我还要……"。例如，在点心时间学生还想再要一个点心时，能使用图片、手势以及动作表达"我还要一个点心"。

工具：

√ 玩教具、绘本、学生喜好的强化物。

标准：

◇ 通过：独立完成该条目内容且表现稳定。

◇ 部分通过：在提示下，完成该条目内容；或不能持续稳定表现该条目内容。

◇ 无法通过：即使在提示下，也无法完成该条目内容。

条目 40 听不清楚的时候，能要求大人复述一遍

目的：

☆ 考察学生听不清楚时，要求大人复述的能力。

要求：

➤ 听不清楚大人的话语时，学生能使用适当的言语或非言语形式（图片、手势、动作）要求大人复述一遍。例如，学生听不清楚教师的指令时，能独立使用言语表达"您能再说一遍吗？"

标准：

◇ 通过：独立完成该条目内容且表现稳定。

◇ 部分通过：在提示下，完成该条目内容；或不能持续稳定表现该条目内容。

◇ 无法通过：即使在提示下，也无法完成该条目内容。

条目 41 主动提出合理的调整要求

目的：

☆ 考察学生主动提出合理的调整要求的能力。

要求：

➤ 当他人提出的要求学生无法做到时，学生能使用适当的言语或非言语形式提出合理的调整要求。例如，教师要求学生完成配对任务，学生能独立使用言语提出合理的调整要求，如"不做配对，做拼图可以吗？"

标准：

◇ 通过：独立完成该条目内容且表现稳定。

◇ 部分通过：在提示下，完成该条目内容；或不能持续稳定表现该条目内容。

◇ 无法通过：即使在提示下，也无法完成该条目内容。

分领域四：语音语调

有些孤独症儿童言语音律特征异常，表现为语调单一、发音不清晰或音调异常，语速可能过快或过慢，并且在控制音量方面也存在问题，音量可能过高或过低。本分领域考察学生的语音语调情况。

建议教师使用强化物进行现场测试和直接观察。此外，家长、他人或教师的报告也是获取评估信息的手段。

条目 42　具有与所处情境相适宜的音量

目的：

☆ 考察学生在所处情境中使用适宜音量的能力。

要求：

➤ 在某一情境中，学生发言或与他人谈论时音量合适，不会过高或过低以及不会保持单一的音量。

➤ 教师需要根据情境判断学生的音量是否适宜。例如，集体活动时学生发言的音量能让教师听到，保持适中，不过高或过低；在安静的环境（如图书馆）中，学生与他人谈论时能将音量减小。

标准：

◇ 通过：独立完成该条目内容且表现稳定。

◇ 部分通过：在提示下，完成该条目内容；或不能持续稳定表现该条目内容。

◇ 无法通过：即使在提示下，也无法完成该条目内容。

条目 43 声音清晰，没有怪音和噪声

目的：

☆ 考察学生声音清晰的能力。

要求：

➤ 学生能在发言或与他人谈论时说话声音清晰，没有怪音和噪声。例如，在集体活动中学生发言时能让教师听清楚在说什么，不发出奇怪的声音（如"哧哧哧哧"声）或噪声（如"嗯呃嗯呃"声）等。

标准：

◇ 通过：独立完成该条目内容且表现稳定。

◇ 部分通过：在提示下，完成该条目内容；或不能持续稳定表现该条目内容。

◇ 无法通过：即使在提示下，也无法完成该条目内容。

条目 44 根据谈论的内容，适当地调整语调和语速

目的：

☆ 考察学生根据谈论内容适当调整语调和语速的能力。

要求：

➤ 学生能根据谈话的内容或主题，适当地升高或降低语调及增快或减慢语速。例如，当与他人谈到喜欢的活动时，学生能升高语调（如"我特别喜欢团团坐活动了"）并增快语速；当与他人谈到伤心的事时，学生能降低语调（如"我感到很伤心"）并减慢语速。

标准：

◇ 通过：独立完成该条目内容且表现稳定。

◇ 部分通过：在提示下，完成该条目内容；或不能持续稳定表现该条目内容。

◇ 无法通过：即使在提示下，也无法完成该条目内容。

条目 45 根据他人说话的语气做出适当的反应

目的：

☆ 考察学生根据他人说话的语气做出适当反应的能力。

要求：

➤ 当他人说话时，学生能分辨他人话语的高兴、生气、伤心和害怕 4 种语气，并据此做出适当的反应。教师需要根据学生的反应判断是否具备这一能力。例如，如果他人的话语是伤心的语气，学生能做出安慰他人的行为。

标准：

◇ 通过：独立完成该条目的全部内容且表现稳定。

◇ 部分通过：在提示下，完成该条目部分内容；或不能持续稳定表现该条目内容。

◇ 无法通过：即使在提示下，也无法完成该条目内容。

条目 46 能够根据所强调的内容，做重音变化处理

目的：

☆ 考察学生根据强调的内容做重音变化处理的能力。

要求：

➤ 当学生说话强调某一内容时，能通过加重语气做重音变化处理。例如，教师问"你要小乌龟玩具吗？"，学生能说"不是，我要积木"（对"积木"重读，即在"积木"上加重语气）。

标准：

◇ 通过：独立完成该条目内容且表现稳定。

◇ 部分通过：在提示下，完成该条目内容；或不能持续稳定表现该条目内容。

◇ 无法通过：即使在提示下，也无法完成该条目内容。

分领域五：沟通互动

孤独症学生往往较为缺乏沟通互动的能力，在发起、维持和结束对话，理解情境中对话的含义、理解他人的想法等方面存在困难。有些孤独症儿童虽然词汇

量很大，但却很少有沟通互动行为或总是滔滔不绝地与人谈论同一个话题，还有很多重度孤独症儿童无法通过语言表达需求和想法。本分领域考察的是孤独症儿童沟通互动的能力。

建议教师使用强化物进行现场测试和直接观察。此外，家长、他人或教师的报告也是获取评估信息的手段。

条目 47   进行基本的对话

47.1   主动发起对话

目的：

☆ 考察学生主动发起对话的能力。

要求：

➢ 学生能以适当的方式主动发起与他人(包括同伴与成人)的对话，包括微笑看着对方的眼睛、使用言语问好、发起对话 3 方面的内容。例如，学生见到同伴后微笑问好，主动发起对话，如"今天早上吃什么了？""昨天过得怎么样？"。

标准：

◇ 通过：独立完成该条目的全部内容且表现稳定。

◇ 部分通过：在提示下，完成该条目部分内容；或不能持续稳定表现该条目内容。

◇ 无法通过：即使在提示下，也无法完成该条目内容。

47.2   维持对话

目的：

☆ 考察学生维持对话的能力。

要求：

➢ 学生能维持发起的对话，包括微笑看着对方的眼睛、谈论双方喜欢的话题，并得到对方的回应(对话应在 3 个回合以上)3 方面内容。教师需要根据学生发起互动后同伴的反应来判断是否得到回应。

标准：

◇ 通过：独立完成该条目的全部内容且表现稳定。

◇ 部分通过：在提示下，完成该条目部分内容；或不能持续稳定表现该条目内容。

◇ 无法通过：即使在提示下，也无法完成该条目内容。

47. 3 结束对话

目的：

☆ 考察学生结束对话的能力。

要求：

➤ 学生能以适当的方式主动结束与他人的对话，包括微笑看着对方的眼睛、使用适当的言语结束对话以及道别 3 方面的内容。例如，学生结束话题时能微笑看着对方的眼睛，说"先谈到这吧，再见""下次再聊，再见"。

标准：

◇ 通过：独立完成该条目的全部内容且表现稳定。

◇ 部分通过：在提示下，完成该条目部分内容；或不能持续稳定表现该条目内容。

◇ 无法通过：即使在提示下，也无法完成该条目内容。

条目 48 选择适宜的谈论话题，并根据交流情境调整话题或更改话题

目的：

☆ 考察学生选择适宜的话题并根据交流情境调整话题或更改话题的能力。

要求：

➤ 学生能选择合适的话题与他人对话，当交流情境发生变化时能调整或更改话题。例如，学生能选择双方都感兴趣的话题，当对方感到不耐烦时，能调整话题，变换为新的话题。

标准：

◇ 通过：独立完成该条目内容且表现稳定。

◇ 部分通过：在提示下，完成该条目内容；或不能持续稳定表现该条目内容。

◇ 无法通过：即使在提示下，也无法完成该条目内容。

条目 49 讨论不在场的事物

目的：

☆ 考察学生与他人讨论不在场事物的能力。

要求：

➤ 学生能与他人讨论不在场的事物，并能得到他人的回应。例如，学生能与教师讨论自己家里的宠物小猫。

标准：

◇ 通过：独立完成该条目内容且表现稳定。

◇ 部分通过：在提示下，完成该条目内容；或不能持续稳定表现该条目内容。

◇ 无法通过：即使在提示下，也无法完成该条目内容。

条目 50　就相关场景与主题提问

目的：

☆ 考察学生就相关场景与主题提问的能力。

要求：

➤ 学生能就相关的场景或主题向他人提问。例如，学生能就课堂上将要进行的活动向教师提问"老师，今天我们做什么活动？"；学生能就现有学习任务提问"这样做正确吗？"。

标准：

◇ 通过：独立完成该条目内容且表现稳定。

◇ 部分通过：在提示下，完成该条目内容；或不能持续稳定表现该条目内容。

◇ 无法通过：即使在提示下，也无法完成该条目内容。

条目 51　通过重复询问来坚持和澄清自己的观点

目的：

☆ 考察学生通过重复询问来坚持和澄清自己观点的能力。

要求：

➤ 学生能通过两至三次重复询问他人来澄清自己的观点，而不是刻板地不断重复，包括重复询问 3 次以内以及表达自己的想法。例如，学生能通过重复询问"我真的可以玩玩具吗？"来向教师澄清自己想玩玩具的想法；学生能重复询问"你真的这样认为吗？"，同伴确定后，学生能表达自己与同伴不同的观点"我不这么认为"。

标准：

◇ 通过：独立完成该条目内容且表现稳定。

◇ 部分通过：在提示下，完成该条目内容；或不能持续稳定表现该条目内容。

◇ 无法通过：即使在提示下，也无法完成该条目内容。

条目 52　能够友好地接受或拒绝他人

目的：

☆ 考察学生友好接受或拒绝他人的能力。

要求：

➢ 学生能以适当友好的言语接受他人或他人给的物品以及拒绝他人或他人给的物品。

➢ 包括 4 个方面内容：接受他人或他人给的物品、使用友好的言语表达谢意以及拒绝他人或他人给的物品、使用友好的言语表达谢意或拒绝。例如，教师介绍新朋友给学生认识时，学生能友好地接受新朋友，如微笑握手说"你好，我是……"，而不是做出直接走开等行为；当同伴递给学生需要的物品时，学生能说"谢谢"并接受；当他人递给学生不喜欢的物品时，学生能对他人说"不用，谢谢"，而不是做出直接推开等行为。

标准：

◇ 通过：独立完成该条目的全部内容且表现稳定。

◇ 部分通过：在提示下，完成该条目部分内容；或不能持续稳定表现该条目内容。

◇ 无法通过：即使在提示下，也无法完成该条目内容。

条目 53　简单描述某一场景或某一进行的活动

目的：

☆ 考察学生描述某一场景或某一进行的活动的能力。

要求：

➢ 学生能简单描述某一场景，包括时间、地点、人物及发生的事件 3 个以上要素。例如，学生能向同伴描述"这节课是美劳课，老师在教我们剪花朵的形状"。

➢ 此外，学生能简单向他人讲述具有时间、地点、人物、简单情节、有明确开头和结尾的故事。例如，学生能向同伴讲述这样的故事"早上小熊起床后，在家里吃完妈妈准备的早饭，就和好朋友小猪去游乐园玩了，他们玩得真开心"。

标准：

◇ 通过：独立完成该条目的全部内容且表现稳定。

◇ 部分通过：在提示下，完成该条目部分内容；或不能持续稳定表现该条目内容。

◇ 无法通过：即使在提示下，也无法完成该条目内容。

条目 54　根据所在的场景与讨论的话题，回应他人或回答相关问题，进行 5 个回合以上的交流

目的：

☆ 考察学生根据所处场景或讨论的话题回应他人或回答相关问题的能力。

要求：

➤ 学生能理解当前的场景或讨论的话题，使用言语回应他人（如说"你说的对"）或回答他人提出的 5 个以上的相关问题，如时间、地点、人物、物品、事件、原因等，并保持眼神接触，进行 5 个回合以上的交流。例如，当讨论六一儿童节去哪里玩时，有同学提出去游乐园，学生能适当地回应，如点头或说"我也想去游乐园"，或者回答教师或同伴 5 个以上问题，如"你想去哪里？""我想去游乐园""为什么想去游乐园？""游乐园有我喜欢的旋转木马"等，不会所答非所问，出现如"你想去哪里玩""飞机来了"的情况。

标准：

◇ 通过：独立完成该条目的全部内容且表现稳定。

◇ 部分通过：在提示下，完成该条目部分内容；或不能持续稳定表现该条目内容。

◇ 无法通过：即使在提示下，也无法完成该条目内容。

条目 55　在谈话过程中，理解他人所表达的真实想法

目的：

☆ 考察学生在谈话过程中理解他人表达的真实想法的能力。

要求：

➤ 学生能在与他人的对话过程中，站在他人的角度思考问题，理解他人表达的真实想法。教师需要根据学生听到对方的话语后做出的反应来判断是否理解他人表达的真实想法，如学生表现出点头等动作或说"你说得对""我同意""我不这么认为"等。

标准：

◇ 通过：独立完成该条目内容且表现稳定。

◇ 部分通过：在提示下，完成该条目内容；或不能持续稳定表现该条目内容。

◇ 无法通过：即使在提示下，也无法完成该条目内容。

条目 56　理解否定含义，回答"是"与"不是"的问句

目的：

☆ 考察学生理解否定含义的能力。

要求：

➤ 学生能理解否定含义是不接受、不赞同等，并能根据现实情况判断回答"是"与"不是"的问句。

➤ 教师需要根据学生听到对方的话语后做出的反应来判断是否理解否定的含义。例如，同伴问学生"你是男孩吗?"，学生能根据自己的情况回答"是"或"不是"；同伴问"你是不是想要积木?"，学生能根据自己的兴趣回应"是"或"不是"。

标准：

◇ 通过：独立完成该条目内容且表现稳定。

◇ 部分通过：在提示下，完成该条目内容；或不能持续稳定表现该条目内容。

◇ 无法通过：即使在提示下，也无法完成该条目内容。

条目 57　使用简单的复合句

57.1　使用"如果……就……"等推测性言语谈论可能发生的事情

目的：

☆ 考察学生使用"如果……就……"句型推测可能发生事件的能力。

要求：

➤ 学生能理解"如果……就……"表示的推测意义，并能根据现实情况使用"如果……就……"句型。

➤ 教师需要仔细判断是否具备这一能力。例如，在游戏中，学生说"如果轮不到我投掷，我就请求同伴给我一次机会"来推测可能会出现的情况。

标准：

◇ 通过：独立完成该条目内容且表现稳定。

◇ 部分通过：在提示下，完成该条目内容；或不能持续稳定表现该条目内容。

◇ 无法通过：即使在提示下，也无法完成该条目内容。

57.2 使用"因为……所以……"表达因果关系

目的：

☆ 考察学生使用"因为……所以……"表达因果关系的能力。

要求：

➤ 学生能理解"因为……所以……"表示的因果关系，并能根据现实情况使用"因为……所以……"句型。

➤ 教师需要仔细判断是否具备这一能力。例如，在游戏中，学生说"因为我刚刚投掷得很远，所以老师奖励我再投掷一次"来表达因果关系。

标准：

◇ 通过：独立完成该条目内容且表现稳定。

◇ 部分通过：在提示下，完成该条目内容；或不能持续稳定表现该条目内容。

◇ 无法通过：即使在提示下，也无法完成该条目内容。

条目 58 理解"能不能""会不会""有没有"的问句

目的：

☆ 考察学生理解"能不能""会不会""有没有"的能力。

要求：

➤ 学生能理解"能不能""会不会""有没有"的问句，并能根据自己的现实情况回答。

➤ 教师需要根据学生听到对方的话语后做出的反应，仔细来判断是否理解"能不能""会不会""有没有"问句。例如，教师问学生"你会不会涂色?"学生能根据自己的情况回答"会"或"不会"。

标准：

◇ 通过：独立完成该条目内容且表现稳定。

◇ 部分通过：在提示下，完成该条目内容；或不能持续稳定表现该条目内容。

◇ 无法通过：即使在提示下，也无法完成该条目内容。

条目 59 理解并回答开放性问题，以"什么"开头的问句

目的：

☆ 考察学生理解并回答开放性问题的能力。

要求：

➤ 学生能理解以"什么"开头的开放性问题，并根据自己的现实情况回答。

➤ 教师需要根据学生听到对方的话语后做出的反应，仔细判断是否理解以"什么"开头的开放性问题。例如，教师问学生"什么时候进班的？""你想玩什么？"等开放性问题，学生能根据现实情况回答"早上八点进班的""我想玩积木"。

标准：

◇ 通过：独立完成该条目内容且表现稳定。

◇ 部分通过：在提示下，完成该条目内容；或不能持续稳定表现该条目内容。

◇ 无法通过：即使在提示下，也无法完成该条目内容。

条目 60 理解所讨论话题的真正背后含义，而不是只理解其字面意思

目的：

☆ 考察学生理解讨论话题真正背后含义的能力。

要求：

➤ 学生能根据当前情境理解讨论话题或他人话语中背后真正的含义，而不只是理解字面上的意思。

➤ 教师需要根据学生听到对方的话语后做出的面部表情、动作或说出的话语来判断是否理解其背后真正的含义。例如，当学生做了一件不好的事情，同伴对他说"你可真厉害"，学生能理解同伴话语中的讽刺意味，做出不高兴、生气的表情或说"你伤害了我的感情"。

标准：

◇ 通过：独立完成该条目内容且表现稳定。

◇ 部分通过：在提示下，完成该条目内容；或不能持续稳定表现该条目内容。

◇ 无法通过：即使在提示下，也无法完成该条目内容。

第八章

认知与学业领域

　　认知能力是一项基础又综合的能力，它关乎生活、学习、就业等方方面面的内容，又与语言、社交、情绪、行为等具有紧密的联系。此外，与认知直接相关的学业技能也对孤独症学生日后的自立、自足、就业有着重要的影响。尽管认知障碍并不是孤独症学生的核心障碍，然而众多研究表明部分孤独症学生在认知方面存在缺陷，与普通发展的学生相比，他们的思维方式也更为特殊。

　　本教育评估系统将考察孤独症学生概念形成、逻辑思维、心智解读共三个分领域，处于第三层次的考量维度，共有 80 个评估条目。首先，概念是人脑对现实对象的本质特征的一种反应形式，如数概念、量概念、时间概念、空间概念、识字，它们是认知能力发展的第一步。其次，逻辑思维指在认识过程中借助于概念、判断、推理等思维形式能动地反映客观现实的理性认识过程，随着年龄的增长和经验的丰富，学生在逻辑思维的发展中也表现出多种形式，如比较、分类、因果、推理、语义理解等。最后，对于孤独症学生而言，其在社会生活中所形成的对社会关系和社会行为的理解和预测也影响着其是否能够融入社会，因此心智解读成为本次评估考察的要点。

　　建议在测试过程中，教师和家长可以通过给予适当的提示来考察学生的执行能力，包括口头提示、图片提示、手势提示、动作示范。此外，教师应使用《学生强化物信息汇总表》来准备强化物，对学生的强化物进行评估，以为评估过程中实物或强化物的选用做参考。评估结果从通过、部分通过或无法通过 3 个方面呈现。值得注意的是，如果学生能够独立完成条目内容且表现稳定，则被列为通过。如果学生需要一定的提示完成条目内容（包括部分内容），或是不能持续表现，均被列为部分通过。如果学生在提示之下也无法完成该条目全部内容，或是主要依靠教师或他人提供的大量、直接的肢体辅助才能完成，均被列为无法通过。

分领域一：概念形成

　　孤独症学生群体在概念形成过程中具有局部加工优于整体加工的特征。也就是说，与普通学生从概念到细节、从整体到局部的加工方式不同，孤独症学生倾向于首先关注细节和局部，通过对不同部分的信息进行组合和组织，再经过整合和归纳，最终得到相对完整的概念。因此，很多孤独症学生往往将重点放在某个非常局限的点，而忽视了对整体的把握。比如，在较难的图片配对任务中，孤独症学生主要关注的是图片中的细枝末节，而不是对图片中的主要信息进行宏观分析，因而难以把握图片之间的联系。

　　此外，孤独症学生的学习必须要在大量不同环境、不同场合、不同地点、不同对象中泛化。这样，他们才能通过存储各种各样的信息来进行归类，进而抽象化，形成概念。本分领域分为数前概念、分类、配对、常识、数字以及词语共 6 个次领域，建议教师进行现场测试和直接观察来获取评估信息。

次领域 1：数前概念

条目 1　根据实物来辨别相关概念

1.1　多与少

目的：

☆ 考察学生是否具备比较事物之间多与少关系的能力。

要求：

➤ 教师在桌子上放置两堆数量不一样的物品，询问学生哪个多哪个少。学生需要通过言语或手势指明 5 种物品的多与少。

工具：

√ 糖果、水果、积木、珠子和棋子等物品或强化物。

标准：

◇ 通过：独立完成该条目的全部内容且表现稳定。

◇ 部分通过：在提示下，完成该条目的部分内容；或不能持续表现该条目的内容。

◇ 无法通过：即使在提示下，也无法完成该条目内容。

1.2　长与短

目的：

☆ 考察学生是否具备比较物品长与短关系的能力。

要求：

➤ 教师在桌子上放置两个长度不一样的物品，询问学生哪个长哪个短。学生需要通过言语或手势指明 5 种物品的长与短。

工具：

√ 铅笔、直尺、绳子和围巾等物品或强化物。

标准：

◇ 通过：独立完成该条目的全部内容且表现稳定。

◇ 部分通过：在提示下，完成该条目的部分内容；或不能持续表现该条目的内容。

◇ 无法通过：即使在提示下，也无法完成该条目内容。

1.3　大与小

目的：

☆ 考察学生是否具备比较事物之间大与小关系的能力。

要求：

➤ 教师在桌子上放置两个大小不一样的物品，询问学生哪个大哪个小。学生需要通过言语或手势指明 5 种物品的大与小。

工具：

√ 糖果、水果、积木、杯子和珠子等物品或强化物。

标准：

◇ 通过：独立完成该条目的全部内容且表现稳定。

◇ 部分通过：在提示下，完成该条目的部分内容；或不能持续表现该条目的内容。

◇ 无法通过：即使在提示下，也无法完成该条目内容。

1.4　高与矮

目的：

☆ 考察学生是否具备比较事物之间高与矮关系的能力。

要求：

➤ 教师在桌子上放置两个高矮不一样的物品，询问学生哪个高哪个矮。学生需要通过言语或手势指明 5 种物品的高与矮。

工具：

√ 杯子、瓶子、盒子、积木和玩偶等物品或强化物。

标准：

◇ 通过：独立完成该条目的全部内容且表现稳定。

◇ 部分通过：在提示下，完成该条目的部分内容；或不能持续表现该条目的内容。

◇ 无法通过：即使在提示下，也无法完成该条目内容。

1.5　厚与薄

目的：

☆ 考察学生是否具备比较物品之间厚与薄关系的能力。

要求：

➤ 教师在桌子上放置两个厚度不一样的物品，询问学生哪个厚哪个薄。学生需要通过言语或手势指明 5 种物品的厚与薄。

工具：

√ 书籍、作业本、纸板、围巾和手套等物品或强化物。

标准：

◇ 通过：独立完成该条目的全部内容且表现稳定。

◇ 部分通过：在提示下，完成该条目的部分内容；或不能持续表现该条目的内容。

◇ 无法通过：即使在提示下，也无法完成该条目内容。

1.6　轻与重

目的：

☆ 考察学生是否具备比较事物轻与重关系的能力。

要求：

➤ 教师在桌子上放置两个重量不一样的物品，询问学生哪个轻哪个重。学生需要通过言语或手势指明 5 种物品的轻与重。

工具：

√ 文具盒、书籍、杯子、瓶子和水果等物品或强化物。

标准：

◇ 通过：独立完成该条目的全部内容且表现稳定。

◇ 部分通过：在提示下，完成该条目的部分内容；或不能持续表现该条目的内容。

◇ 无法通过：即使在提示下，也无法完成该条目内容。

1.7 快与慢

目的：

☆ 考察学生是否具备比较事物快与慢关系的能力。

要求：

➢ 教师在桌子上放置配套评估工具中提供的图片，询问学生哪个快哪个慢。学生需要通过言语或手势指明。

工具：

√ 带有明显节奏感动作的图片。

√ 软件图片《认知与学业——快与慢》中的图片，共 10 张图片，任选 5 张即可。

标准：

◇ 通过：独立完成该条目的全部内容且表现稳定。

◇ 部分通过：在提示下，完成该条目的部分内容；或不能持续表现该条目的内容。

◇ 无法通过：即使在提示下，也无法完成该条目内容。

1.8 宽与窄

目的：

☆ 考察学生是否具备比较事物之间宽与窄关系的能力。

要求：

➢ 教师在桌子上放置两个宽度不一样的物品，询问学生哪个宽哪个窄。学生需要通过言语或手势指明 5 种物品的宽与窄。

工具：

√ 毛巾、手绢、围巾、纸板和胶带等物品或强化物。

标准：

◇ 通过：独立完成该条目的全部内容且表现稳定。

◇ 部分通过：在提示下，完成该条目的部分内容；或不能持续表现该条目的内容。

◇ 无法通过：即使在提示下，也无法完成该条目内容。

条目2 根据实物辨别"最"的概念

2.1 最多与最少

目的：

☆ 考察学生是否具备比较事物最多与最少关系的能力。

要求：

➤ 教师在桌子上分开放置三堆或三堆以上不同数量的物品，询问学生。学生需要通过言语或手势指明5种物品的最多与最少。

工具：

√ 糖果、水果、积木、珠子和棋子等物品或强化物。

标准：

◇ 通过：独立完成该条目的全部内容且表现稳定。

◇ 部分通过：在提示下，完成该条目的部分内容；或不能持续表现该条目的内容。

◇ 无法通过：即使在提示下，也无法完成该条目内容。

2.2 最长与最短

目的：

☆ 考察学生是否具备比较物品最长与最短关系的能力。

要求：

➤ 教师在桌子上放置三件或三件以上不同长短的物品，询问学生。学生需要通过言语或手势指明5种物品的最长与最短。

工具：

√ 铅笔、直尺、绳子和围巾等物品或强化物。

标准：

◇ 通过：独立完成该条目的全部内容且表现稳定。

◇ 部分通过：在提示下，完成该条目的部分内容；或不能持续表现该条目的内容。

◇ 无法通过：即使在提示下，也无法完成该条目内容。

2.3　最大与最小

目的：

☆ 考察学生是否具备比较事物最大与最小关系的能力。

要求：

➤ 教师在桌子上放置 3 个或 3 个以上不同大小的物品，询问学生。学生需要通过言语或手势指明 5 种物品的最大与最小。

工具：

√ 糖果、水果、积木、杯子和珠子等物品或强化物。

标准：

◇ 通过：独立完成该条目的全部内容且表现稳定。

◇ 部分通过：在提示下，完成该条目的部分内容；或不能持续表现该条目的内容。

◇ 无法通过：即使在提示下，也无法完成该条目内容。

2.4　最高与最矮

目的：

☆ 考察学生是否具备比较事物最高与最矮关系的能力。

要求：

➤ 教师在桌子上放置 3 个或 3 个以上不同高度的物品，询问学生。学生需要通过言语或手势指明 5 种物品的最高与最矮。

工具：

√ 杯子、瓶子、盒子、积木和玩偶等物品或强化物。

标准：

◇ 通过：独立完成该条目的全部内容且表现稳定。

◇ 部分通过：在提示下，完成该条目的部分内容；或不能持续表现该条目的内容。

◇ 无法通过：即使在提示下，也无法完成该条目内容。

条目 3　辨别数量概念

3.1　"一个"和"所有"的概念

目的：

☆ 考察学生辨别"一个"和"所有"的数量概念的能力。数量是对现实生活中事物量的抽象表达方式。

要求：

➤ 教师在桌子上放置一定数量的物品，要求学生拿出"一个"数量的物品和"所有"的物品。例如，要求学生"拿一个糖放进盒子"和"把所有糖放进盒子"。

工具：

√ 纸盒，糖果、水果、积木、珠子和棋子等物品或强化物。

标准：

◇ 通过：独立完成该条目的全部内容且表现稳定。

◇ 部分通过：在提示下，完成该条目的部分内容，如能做"一个"数量的任务，但无法完成"所有"数量的任务；或不能持续表现该条目的内容。

◇ 无法通过：即使在提示下，也无法完成该条目内容。

3.2　"有"和"无"的概念

目的：

☆ 考察学生辨别"有"和"无"数量概念的能力。

要求：

➤ 教师在桌子上放置两个纸盒，一个纸盒里有物品，一个纸盒里没有任何物品，依次询问学生哪个盒子里有物品，哪个盒子里没有物品。学生需要通过言语或手势指明。

工具：

√ 纸盒，糖果、水果、积木、珠子和棋子等物品或强化物。

标准：

◇ 通过：独立完成该条目的全部内容且表现稳定。

◇ 部分通过：在提示下，完成该条目的部分内容；或不能持续表现该条目的内容。

◇ 无法通过：即使在提示下，也无法完成该条目内容。

3.3　"一个"和"半个"的概念

目的：

☆ 考察学生辨别"一个"和"半个"数量概念的能力。

要求：

➤ 教师在桌子上放置一个完整的物品和半个物品或物品模型，要求学生拿出"一个"和"半个"数量的物品。比如，要求学生"拿一个苹果"和"拿半个苹果"。学生需要完成相应的任务。

工具：

√ 糖果、水果、橡皮擦等物品或强化物。

标准：

◇ 通过：独立完成该条目的全部内容且表现稳定。

◇ 部分通过：在提示下，完成该条目的部分内容；或不能持续表现该条目的内容。

◇ 无法通过：即使在提示下，也无法完成该条目内容。

条目 4　识别时间概念

4.1　识别昨天、今天、明天的概念

目的：

☆ 考察学生识别昨天、今天和明天的概念的能力。

要求：

➤ 教师拿出日历，询问学生"昨天/今天/明天是几号?"学生需要通过言语或手势分别指明昨天、今天和明天是几号。

标准：

◇ 通过：独立完成该条目的全部内容且表现稳定。

◇ 部分通过：在提示下，完成该条目的部分内容；或不能持续表现该条目的内容。

◇ 无法通过：即使在提示下，也无法完成该条目内容。

4.2　识别日、月、年的概念

目的：

☆ 考察学生识别日、月和年的概念的能力。

要求：

➤ 教师拿出日历，询问学生关于年、月、日的问题。学生能通过言语或手势指出年、月、日。

标准：

◇ 通过：独立完成该条目的全部内容且表现稳定。

◇ 部分通过：在提示下，完成该条目的部分内容；或不能持续表现该条目的内容。

◇ 无法通过：即使在提示下，也无法完成该条目内容。

4.3 识别整点、半点

目的：

☆ 考察学生识别钟表的能力。

要求：

➢ 教师将钟表的时针对准一个整数，分针对准数字"6"或"12"，然后询问学生钟表的时间是多少。学生需要通过言语说明钟表的时间。

➢ 对于言语缺乏的学生，教师需要拿出配套评估工具中提供的时间卡片，学生通过手势指向某一张卡片来指明钟表或电子表时间显示，任何一种形式即为通过。

工具：

√ 软件图片《认知与学业——时间 1 整点与半点》中的图片。

标准：

◇ 通过：独立完成该条目的全部内容且表现稳定。

◇ 部分通过：在提示下，完成该条目的部分内容；或不能持续表现该条目的内容。

◇ 无法通过：即使在提示下，也无法完成该条目内容。

4.4 识别早晨、上午、中午、下午和晚上

目的：

☆ 考察学生识别一天主要时段的能力。

要求：

➢ 教师拿出配套工具中提供的分别表示早晨、上午、中午、下午和晚上的 5 张卡片，依次询问学生"哪一张卡片表示早晨/上午/中午/下午/晚上?"学生需要通过言语或手势分别指明。

工具：

√ 软件图片《认知与学业——时间 2 一天》中的图片。

标准：

◇ 通过：独立完成该条目的全部内容且表现稳定。

◇ 部分通过：在提示下，完成该条目的部分内容；或不能持续表现该条目的内容。

◇ 无法通过：即使在提示下，也无法完成该条目内容。

次领域 2：分类

条目 5　完成实物的归类

5.1　按大小分类

目的：

☆ 考察学生按照物品的大小进行分类的能力。

要求：

➤ 教师将一定数量的不同尺寸的物品混合放在桌面，要求学生将相同尺寸的物品放在一起。学生需完成 5 种物品的分类。

工具：

√ 糖果、水果、积木、杯子和珠子等物品或强化物。

标准：

◇ 通过：独立完成该条目的全部内容且表现稳定。

◇ 部分通过：在提示下，完成该条目的部分内容；或不能持续表现该条目的内容。

◇ 无法通过：即使在提示下，也无法完成该条目内容。

5.2　按形状分类

目的：

☆ 考察学生按照物品的形状进行分类的能力。

要求：

➤ 教师将一定数量不同形状的物品混合放在桌面，要求学生将相同形状的物品放在一起。学生需完成 5 种物品的分类。

工具：

√ 小球、尺子、积木等物品或强化物。

标准：

◇ 通过：独立完成该条目的全部内容且表现稳定。

◇ 部分通过：在提示下，完成该条目的部分内容；或不能持续表现该条目的内容。

◇ 无法通过：即使在提示下，也无法完成该条目内容。

5.3　按颜色分类

目的：

☆ 考察学生按照物品的颜色进行分类的能力。

要求：

➤ 将一定数量不同颜色的物品混合放在桌面，要求学生将相同颜色的物品放在一起。学生需完成 5 种颜色的分类。

工具：

√ 不同颜色的糖果、水果、积木、珠子等物品或强化物。

标准：

◇ 通过：独立完成该条目的全部内容且表现稳定。

◇ 部分通过：在提示下，完成该条目的部分内容；或不能持续表现该条目的内容。

◇ 无法通过：即使在提示下，也无法完成该条目内容。

条目 6　按照功能属性完成实物的分类

6.1　按特征、属性分类

目的：

☆ 考察学生按照物品的属性进行分类的能力。

要求：

➤ 教师将一定数量(3～5 个)的具有某一属性特征(如相同颜色、大小、形状、气味、形态等)，但不同种类的物品混合组成一组放在桌面，要求学生将相同属性特征(如相同颜色)的物品放在一起。学生需完成 3 组属性特征实物的分类。

➤ 对于轻度孤独症学生而言，一组为 5 个物品；重度孤独症学生，一组为 3 个物品。

工具：

√ 5 个物品为一组，即正方形药盒、水杯、魔方、直尺、球。要求学生将相同形状的物品(药盒和魔方)拿出。

标准：

◇ 通过：独立完成该条目的全部内容且表现稳定。

◇ 部分通过：在提示下，完成该条目的部分内容(完成一组或两组)；或不能持续表现该条目的内容。

◇ 无法通过：即使在提示下，也无法完成该条目内容（任何一组都无法完成）。

6.2 按材质分类

目的：

☆ 考察学生按照物品的制造材料进行分类的能力。

要求：

➤ 教师将一定数量（3~5 个）的相同材质不同种类的物品混合组成一组放在桌面，要求学生将相同制作材料的物品放在一起。学生需完成 3 组实物的材质分类。

➤ 对于轻度孤独症学生而言，一组为 5 个物品；重度孤独症学生，一组为 3 个物品。

工具：

√ 毛巾和手绢，书籍和作业本，七巧板和积木，玻璃球和玻璃杯，塑料盒和塑料杯等同一制作材料不同种类的物品也可以作为学生的强化物。

标准：

◇ 通过：独立完成该条目的全部内容且表现稳定。

◇ 部分通过：在提示下，完成该条目的部分内容（完成一组或两组）；或不能持续表现该条目的内容。

◇ 无法通过：即使在提示下，也无法完成该条目内容（任何一组都无法完成）。

6.3 按用途分类

目的：

☆ 考察学生按照物品的功能进行分类的能力。

要求：

➤ 教师将一定数量（3~5 个）的相同用途、不同种类的物品混合组成一组放在桌面上，要求学生将相同用途的物品放在一起。学生需完成 3 组实物的用途分类。

➤ 对于轻度孤独症学生而言，一组为 5 个物品；重度孤独症学生，一组为 3 个物品。

工具：

√ 铅笔和圆珠笔、文具盒和笔筒、作业本和笔记本、手电筒和台灯、夹子和回形针等同一用途不同种类的物品也可以作为学生的强化物。

标准：

◇ 通过：独立完成该条目的全部内容且表现稳定。

◇ 部分通过：在提示下，完成该条目的部分内容（完成一组或两组）；或不能持续表现该条目的内容。

◇ 无法通过：即使在提示下，也无法完成该条目内容（任何一组都无法完成）。

条目7 利用图片，完成物品的归类

7.1 按大小分类

目的：

☆ 考察学生按照物品的大小进行分类的能力。

要求：

➤ 教师将图片放在桌面，要求学生用言语或手势指明相同大小物品的图片，学生按照指令完成5种物品图片的大小分类。

工具：

√ 常见物品的图片。

√ 软件图片《认知与学业——大小分类》中的图片，共10种物品，任选5种物品图片即可。

标准：

◇ 通过：独立完成该条目的全部内容且表现稳定。

◇ 部分通过：在提示下，完成该条目的部分内容（完成一至四种）；或不能持续表现该条目的内容。

◇ 无法通过：即使在提示下，也无法完成该条目内容（任何一种物品的大小分类都无法完成）。

7.2 按形状分类

目的：

☆ 考察学生按照物品的形状进行分类的能力。

要求：

➤ 教师将图片放在桌面，要求学生用言语或手势指明相同形状物品的图片，学生按照指令完成5种物品图片的形状分类。

工具：

√ 常见物品的图片。

√ 软件图片《认知与学业——形状分类》中的图片，共10种物品，任选5种物品图片即可。

标准：

◇ 通过：独立完成该条目的全部内容且表现稳定。

◇ 部分通过：在提示下，完成该条目的部分内容（完成一至四种）；或不能持续表现该条目的内容。

◇ 无法通过：即使在提示下，也无法完成该条目内容（任何一种物品的形状分类都无法完成）。

7.3　按颜色分类

目的：

☆ 考察学生按照物品的颜色进行分类的能力。

要求：

➢ 教师将图片放在桌面，要求学生用言语或手势指明相同颜色物品的图片，学生按照指令完成 5 种物品图片的颜色分类。

工具：

√ 常见物品的图片。

√ 软件图片《认知与学业——颜色分类》中的图片，共 10 种物品，任选 5 种物品图片即可。

标准：

◇ 通过：独立完成该条目的全部内容且表现稳定。

◇ 部分通过：在提示下，完成该条目的部分内容（完成一至四种）；或不能持续表现该条目的内容。

◇ 无法通过：即使在提示下，也无法完成该条目内容（任何一种物品的颜色分类都无法完成）。

条目 8　利用图片，按照功能属性完成物品的分类

8.1　按属性分类

目的：

☆ 考察学生按照物品的属性进行分类的能力。

要求：

➢ 教师图片放在桌面，要求学生用言语或手势指明相同属性物品的图片，学生按照指令完成 5 种物品图片的属性分类。

工具：

√ 常见物品的图片。

√ 软件图片《认知与学业——属性分类》中的图片，共 10 组物品，任选 5 组物品图片即可。

标准：

◇ 通过：独立完成该条目的全部内容且表现稳定。

◇ 部分通过：在提示下，完成该条目的部分内容（完成一至四组）；或不能持续表现该条目的内容。

◇ 无法通过：即使在提示下，也无法完成该条目内容（任何一组物品的属性分类都无法完成）。

8.2　按材质分类

目的：

☆ 考察学生按照物品的制造材料进行分类的能力。

要求：

➤ 教师将图片放在桌面，要求学生用言语或手势指明相同材质物品的图片，学生按照指令完成 5 组图片的材质分类。

工具：

√ 常见物品的图片。

√ 软件图片《认知与学业——材质分类》中的图片，共 10 组物品，任选 5 组物品图片即可。

标准：

◇ 通过：独立完成该条目的全部内容且表现稳定。

◇ 部分通过：在提示下，完成该条目的部分内容（完成一至四组）；或不能持续表现该条目的内容。

◇ 无法通过：即使在提示下，也无法完成该条目内容（任何一组物品的材质分类都无法完成）。

8.3　按用途分类

目的：

☆ 考察学生按照物品的功能进行分类的能力。

要求：

➤ 教师将图片放在桌面，要求学生用言语或手势指明相同用途物品的图片，学生按照指令完成 5 组图片的用途分类。

工具：

√ 常见物品的图片。

√ 软件图片《认知与学业——用途分类》中的图片，共 10 组物品，任选 5 组物品图片即可。

标准：

◇ 通过：独立完成该条目的全部内容且表现稳定。

◇ 部分通过：在提示下，完成该条目的部分内容（完成一至四组）；或不能持续表现该条目的内容。

◇ 无法通过：即使在提示下，也无法完成该条目内容（任何一组物品的用途分类都无法完成）。

次领域 3：配对

条目 9　完成实物对实物的配对

9.1　完成相同的物品的配对

目的：

☆ 考察学生根据外形特征对物品进行配对的能力。

要求：

➤ 教师将 3~5 个物品随意摆放，其中两个物品完全相同，其余物品为干扰，学生需要将完全相同的物品拿出来放在一起为一组配对成功。学生需完成 5 组配对。

工具：

√ 扑克、三角板、尺子、橡皮擦、文具盒、笔筒、铅笔、圆珠笔、作业本和漫画书等物品以及干扰物，也可以作为学生的强化物。

标准：

◇ 通过：独立完成该条目的全部内容且表现稳定。

◇ 部分通过：在提示下，完成该条目的部分内容（完成一至四组）；或不能持续表现该条目的内容。

◇ 无法通过：即使在提示下，也无法完成该条目内容（任何一组配对都无法完成）。

9.2　完成相同属性的物品的配对

目的：

☆ 考察学生根据属性对物品进行配对的能力。

要求：

➤ 教师将 3～5 个物品随意摆放，其中两个物品的属性完全相同，其余物品为干扰，学生需要将完全相同属性的物品拿出来放在一起为一组配对成功。学生需完成 5 组配对。

工具：

√ 红色积木和红苹果、木珠子与积木等某一属性相同的物品以及干扰物，也可以作为学生的强化物。

标准：

◇ 通过：独立完成该条目的全部内容且表现稳定。

◇ 部分通过：在提示下，完成该条目的部分内容（完成一至四组）；或不能持续表现该条目的内容。

◇ 无法通过：即使在提示下，也无法完成该条目内容（任何一组配对都无法完成）。

条目 10　完成图片对图片的配对

10.1　完成相同物品图片的配对

目的：

☆ 考察学生根据外形特征对物品进行配对的能力。

要求：

➤ 要求学生用言语或手势指明相同物品的图片，学生需完成 4 组配对。

工具：

√ 软件图片《认知与学业——相同物品的配对》中的图片，共 4 组物品，完成全部 4 组配对。

标准：

◇ 通过：独立完成该条目的全部内容且表现稳定。

◇ 部分通过：在提示下，完成该条目的部分内容（完成一至三组）；或不能持续表现该条目的内容。

◇ 无法通过：即使在提示下，也无法完成该条目内容（任何一组配对都无法完成）。

10.2　完成相同属性的物品图片的配对

目的：

☆ 考察学生根据属性对物品进行配对的能力。

要求：

➤ 教师选取配套工具中提供的物品的图片，要求学生用言语或手势指明相同属性物品的图片，学生需完成 4 组配对。

工具：

√ 软件图片《认知与学业——相同属性物品的配对》中的图片，共 4 组物品，完成全部 4 组配对。

标准：

◇ 通过：独立完成该条目的全部内容且表现稳定。

◇ 部分通过：在提示下，完成该条目的部分内容（完成一至三组）；或不能持续表现该条目的内容。

◇ 无法通过：即使在提示下，也无法完成该条目内容（任何一组配对都无法完成）。

10.3　完成颜色图片的配对

目的：

☆ 考察学生按照颜色进行配对的能力。

要求：

➤ 教师选取配套工具中提供的颜色图片，要求学生用言语或手势指明相同颜色的图片，学生需完成 5 组配对。

工具：

√ 软件图片《认知与学业——相同颜色配对》中的图片，共 4 组物品，完成全部 4 组配对。

标准：

◇ 通过：独立完成该条目的全部内容且表现稳定。

◇ 部分通过：在提示下，完成该条目的部分内容（完成一至三组）；或不能持续表现该条目的内容。

◇ 无法通过：即使在提示下，也无法完成该条目内容（任何一组配对都无法完成）。

10.4　识别 20 以内数字图片，完成数字图片的配对

目的：

☆ 考察学生按照数字进行配对的能力。

要求：

➢ 教师选取配套工具中提供的物品的图片，要求学生用言语或手势指明相同数字的图片，学生需完成 4 组配对。

工具：

√ 软件图片《认知与学业——相同数字配对》中的图片，共 4 组物品，完成全部 4 组配对。

标准：

◇ 通过：独立完成该条目的全部内容且表现稳定。

◇ 部分通过：在提示下，完成该条目的部分内容（完成一至三组）；或不能持续表现该条目的内容。

◇ 无法通过：即使在提示下，也无法完成该条目内容（任何一组配对都无法完成）。

10.5　识别基本的平面形状，完成图片配对

目的：

☆ 考察学生按照形状进行配对的能力。

要求：

➢ 教师选取配套工具中提供的物品的图片，要求学生用言语或手势指明相同平面形状的图片，学生需完成 5 组配对。

工具：

√ 软件图片《认知与学业——相同平面形状的配对》中的图片，共 10 组物品，任选 5 组物品图片即可。

标准：

◇ 通过：独立完成该条目的全部内容且表现稳定。

◇ 部分通过：在提示下，完成该条目的部分内容（完成一至四组）；或不能持续表现该条目的内容。

◇ 无法通过：即使在提示下，也无法完成该条目内容（任何一组配对都无法完成）。

10.6 识别基本的立体形状，完成图片配对

目的：

☆ 考察学生按照形状进行配对的能力。

要求：

➤ 教师选取配套工具中提供的物品的图片，要求学生用言语或手势指明相同立体形状的图片，学生需完成5组配对。

工具：

√ 软件图片《认知与学业——相同立体形状的配对》中的图片，共10组物品，任选5组物品图片即可。

标准：

◇ 通过：独立完成该条目的全部内容且表现稳定。

◇ 部分通过：在提示下，完成该条目的部分内容（完成一至四组）；或不能持续表现该条目的内容。

◇ 无法通过：即使在提示下，也无法完成该条目内容（任何一组配对都无法完成）。

条目 11 完成实物与图片的配对

11.1 完成物品与其图片的配对

目的：

☆ 考察学生按照外形特征对物品与该物品的图片进行配对的能力。

要求：

➤ 教师选取几张配套工具中提供的图片，并准备与图片上同款的物品以及干扰物，要求学生将图片与实物进行配对。学生需完成5组配对。

工具：

√ 软件《认知与学业——实物图片配对1》中的图片，共10组物品，任选5组物品图片即可。

标准：

◇ 通过：独立完成该条目的全部内容且表现稳定。

◇ 部分通过：在提示下，完成该条目的部分内容（完成一至四组）；或不能持续表现该条目的内容。

◇ 无法通过：即使在提示下，也无法完成该条目内容（任何一组配对都无法完成）。

11.2　完成物品与相同属性物品图片的配对

目的：

☆ 考察学生根据属性对物品与该物品属性相同的物品图片进行配对的能力。

要求：

➤ 教师选取几张图片，并准备与配套图片上属性相同的物品以及干扰物，要求学生进行属性配对。学生需完成5组配对。

工具：

√ 软件图片《认知与学业——实物图片配对2》中的图片，共5组物品图片，完成全部5组配对。

标准：

◇ 通过：独立完成该条目的全部内容且表现稳定。

◇ 部分通过：在提示下，完成该条目的部分内容（完成一至四组）；或不能持续表现该条目的内容。

◇ 无法通过：即使在提示下，也无法完成该条目内容（任何一组配对都无法完成）。

条目12　完成实物/图片与指认口令的配对

12.1　完成实物与指认口令的配对

目的：

☆ 考察学生对物品与该物品相关的指认口令进行配对的能力。

要求：

➤ 教师将几种物品（如扑克、直尺、橡皮擦、文具盒、铅笔、手表、鸭舌帽）放在桌面，要求学生指一指某物品，口令一般为"碰一下手表"。学生需要用手指指向手表。学生需要指向教师说出的5种物品。

工具：

√ 学生常用物品或强化物。

标准：

◇ 通过：独立完成该条目的全部内容且表现稳定。

◇ 部分通过：在提示下，完成该条目的部分内容（完成一至四个）；或不能持续表现该条目的内容。

◇ 无法通过：即使在提示下，也无法完成该条目内容（任何一个都无法完成）。

12.2 完成图片与指认口令的配对

目的：

☆ 考察学生对物品的图片与该物品图片相关的指认口令进行配对的能力。

要求：

➤ 教师选取配套工具中提供的物品图片，要求学生指一指某物品的图片，口令一般为"碰一下手表的图片"。学生需要用手指指向教师说出的物品的图片。学生需要指向教师说出的 5 种物品。

工具：

√ 软件图片《认知与学业——图片指令配对》中的图片，共 10 组物品，任选 5 组图片即可。

标准：

◇ 通过：独立完成该条目的全部内容且表现稳定。

◇ 部分通过：在提示下，完成该条目的部分内容（完成一至三组）；或不能持续表现该条目的内容。

◇ 无法通过：即使在提示下，也无法完成该条目内容（任何一组配对都无法完成）。

条目 13 完成实物/图片与对应单词的配对

13.1 完成实物与对应单词的配对

目的：

☆ 考察学生按照物品的名称对物品与该物品名称的汉字进行配对的能力。

要求：

➤ 教师将学生常用的物品选为目标物品（如水杯），另外三个干扰物放在一起，将准备目标物品对应的汉字卡片（水杯）放在桌面，要求学生将每个物品与其对应字样的卡片拿出来放在一起。学生将字卡与对应的物品配对。学生需要完成 5 组配对。

工具：

√ 学生常用物品或强化物，以及对应的汉字卡片。

标准：

◇ 通过：独立完成该条目的全部内容且表现稳定。

◇ 部分通过：在提示下，完成该条目的部分内容（完成一至四组）；或不能持续表现该条目的内容。

◇ 无法通过：即使在提示下，也无法完成该条目内容（任何一组配对都无法完成）。

13.2　完成图片与对应单词的配对

目的：

☆ 考察学生对物品及其名字进行配对的能力。

要求：

➤ 教师使用常见物品的图片，要求学生将字卡与其对应的图片配对。学生需要完成 5 组配对。

工具：

√ 软件图片《认知与学业——图片单词配对》中的图片，共 4 组物品，完成全部 4 组配对。

标准：

◇ 通过：独立完成该条目的全部内容且表现稳定。

◇ 部分通过：在提示下，完成该条目的部分内容（完成一至四组）；或不能持续表现该条目的内容。

◇ 无法通过：即使在提示下，也无法完成该条目内容（任何一组配对都无法完成）。

次领域 4：常识

条目 14　识别颜色

14.1　模仿说出基本的颜色

目的：

☆ 考察学生模仿跟读基本颜色的能力。模仿跟读他们说话，是认识、理解的基础和前提。

要求：

➤ 教师依次说出"红色""橙色""黄色""蓝色""绿色""紫色""黑色""白色"及"灰色"等基本颜色，要求学生模仿教师的发音，依次说出以上颜色。学生需要通过言语模仿教师说出以上颜色。例如，教师说"蓝色"，学生模仿说"蓝色"。

标准：

◇ 通过：模仿说出 5 种及以上的颜色。

◇ 部分通过：在提示下，能够模仿说出少于 5 种颜色。

◇ 无法通过：即使在提示下，也不能模仿说出任何一种颜色。

14.2 命名基本的颜色

目的：

☆ 考察学生命名基本颜色的能力。

要求：

➤ 教师依次拿出配套工具中提供的红色、橙色、黄色、蓝色、绿色、紫色、黑色、白色及灰色的卡片，要求学生说出所拿出卡片的颜色。学生需要通过言语说明教师所拿出的卡片颜色。一般教师可以提问"这是什么颜色？"，学生回答"红色"。

工具：

√ 软件图片《认知与学业——颜色命名》，共 10 组物品，任选 5 组物品图片即可。

标准：

◇ 通过：命名 5 种及以上的颜色。

◇ 部分通过：在提示下，能够命名少于 5 种颜色。

◇ 无法通过：即使在提示下，也不能命名任何一种颜色。

条目 15 按照某一规律给物品排序

15.1 按照颜色规律排序

目的：

☆ 考察学生按照颜色规律进行排序的能力。

要求：

➤ 教师选取几组配套工具中提供的颜色卡片混合放在桌面，要求学生按照颜色从浅到深的顺序依次将卡片排成一排。学生需要按照颜色从浅到深的顺序依次将卡片排成一排。

工具：

√ 软件图片《认知与学业——颜色排序盒》中的图片，共 4 组颜色卡片。

标准：

◇ 通过：独立按照由浅到深的顺序完成 4 组颜色排序。

◇ 部分通过：在提示下，能够按照由浅到深的顺序完成少于 4 组颜色的排序。

◇ 无法通过：即使在提示下，也不能按照由浅到深的顺序完成任何一组颜色的排序。

15.2　按照形状规律排序

目的：

☆ 考察学生按照形状规律进行排序的能力。

要求：

➤ 教师选取配套工具中提供的卡片混合放在桌面，要求学生按照从小到大或摆放规律排序。例如，可以按照某一摆放规律排序（如星形、心形、星形、心形、星形、心形的顺序排列），教师可先做出部分（如摆放好星形和心形卡片），然后指导学生按照此规律排序。

工具：

√ 软件图片《认知与学业——形状规律排序盒》，共 4 组图片。

标准：

◇ 通过：按照某一规律完成 4 组形状的排序。

◇ 部分通过：在提示下，能够按照某一规律完成少于 4 组形状的排序。

◇ 无法通过：即使在提示下，也不能按照某一规律完成任何一组形状的排序。

15.3　按事物发展规律排序

目的：

☆ 考察学生按照事物发展的规律进行排序的能力。

要求：

➤ 教师选取配套工具中提供的图片放在桌面，要求学生按照事物发生发展的顺序依次将图片排成一排。

工具：

√ 软件图片《认知与学业——发展规律排序盒》中的图片，共 10 组物品，任选 5 组物品图片即可。

标准：

◇ 通过：按照事物发生发展的顺序完成 5 组图片的排序。

◇ 部分通过：在提示下，能够按照事物发生发展的顺序完成少于 5 组图片的排序。

◇ 无法通过：即使在提示下，也不能按照事物发生发展的顺序完成任何一组图片的排序。

条目 16　辨别位置和方向

16.1　辨别前与后

目的：

☆ 考察学生辨别以自己为中心的前后位置的能力。

要求：

➤ 教师分别在学生的前面以及后面的桌子上放置一个物品（如玩具车），然后依次询问学生"你前边的桌子上有什么?"和"你后边的桌子上有什么?"学生需要通过言语说明前/后边桌子上的物品，或者通过眼睛以及手势指明前/后边桌子上的物品，或利用几个物品的摆放，要求指明某个物品前后的物品是什么。

工具：

√ 常用物品或强化物。

标准：

◇ 通过：独立用言语说明或者用眼睛或手指指明前/后边桌子上的物品。

◇ 部分通过：在提示下，完成该条目内容；或无法持续稳定表现该条目内容。

◇ 无法通过：即使在提示下，也不能完成该条目内容。

16.2　辨别左与右

目的：

☆ 考察学生辨别以自己为中心的左右位置的能力。

要求：

➤ 教师分别在学生的左右桌子上放置一个物品（如糖果），然后依次询问学生"你左边的桌子上有什么?"和"你右边的桌子上有什么?"学生需要通过言语说明左/右边桌子上的物品，或者通过眼睛以及手势指明左/右边桌子上的物品。

工具：

√ 常用物品或强化物。

标准：

◇ 通过：独立用言语说明或者用眼睛或手指指明向左/右边桌子上的物品。

◇ 部分通过：在提示下，完成该条目内容；或无法持续稳定表现该条目内容。

◇ 无法通过：即使在提示下，也不能完成该条目内容。

16.3　辨别上与下

目的：

☆ 考察学生辨别以自己为中心的上下位置的能力。

要求：

➤ 教师分别在学生头部上方和脚下放置一个物品。比如，上方可以放置气球、飘带等；脚下可以放置玩具车、泰迪熊等。然后依次询问学生"你头上边有什么？"和"你脚下有什么？"学生需要通过言语说明头部上边/脚下的物品，或者通过眼睛看向头部上边/脚下的物品。

工具：

√ 常用物品或强化物。

标准：

◇ 通过：能够独立用言语说明或者用眼睛或手指指明上/下方的物品。

◇ 部分通过：在提示下，完成该条目内容；或无法持续稳定表现该条目内容。

◇ 无法通过：即使在提示下，也无法完成该条目内容。

条目 17　寻找缺失的物品

目的：

☆ 考察学生是否能够发现并指明缺少的物品。

要求：

➤ 教师在桌子上放置一组配套工具中提供的图片，询问学生"这一张图片与另外一张图片相比，上面缺少了什么？"学生需要通过言语或手势指明缺少的物品。

工具：

√ 软件图片《认知与学业——缺失物品》。

标准：

◇ 通过：独立用言语或手势指明缺少的物品。

◇ 部分通过：在提示下，用言语或手势指明缺少的物品。

◇ 无法通过：即使在提示下，也不能用言语或手势指明缺少的物品。

条目 18　辨别物品的相同和不同之处

目的：

☆ 考察学生是否能够辨别物品的相同和不同之处。

要求：

➤ 教师在桌子上放置两个不同的物品，然后依次询问学生"这两个物品有什么相同的地方？"和"这两个物品有什么不同的地方？"学生需要通过言语说明物品的相同和不同之处。

工具：

√ 红苹果和樱桃，圣女果和草莓，棒棒糖和奶糖，回形针和夹子，勺子和筷子，文具盒和笔筒，铅笔和圆珠笔，手表和钟表，纸巾和毛巾等物品。

标准：

◇ 通过：用言语说明 5 组物品的相同和不同之处。

◇ 部分通过：在提示下，用言语说明少于 5 组物品的相同和不同之处。

◇ 无法通过：即使在提示下，也不能用言语说明任何一组物品的相同和不同之处。

条目 19　区分真实和虚拟的人或物品

目的：

☆ 考察学生是否能够区分真实和虚拟的人或物品。

要求：

➤ 教师在桌子上放置配套工具中提供的图片，询问学生"哪一张图片的人或物品是真实的？"和"哪一张图片的人或物品是假的？"学生需要通过言语或手势指明真实和虚拟的人或物品。

工具：

√ 软件图片《认知与学业——真假区分》中的 5 组图片。

标准：

◇ 通过：独立用言语或手势指明 5 组图片中真实和虚拟的人或物品。

◇ 部分通过：在提示下，能够用言语或手势指明少于 5 组图片中真实和虚拟的人或物品。

◇ 无法通过：即使在提示下，也不能用言语或手势指明任何一组图片中真实和虚拟的人或物品。

条目 20　辨别并说明图片上的荒谬之处

目的：

☆ 考察学生是否能够辨别并说明图片上不合理的地方。

要求：

➤ 教师在桌子上放置配套评估的图片，并询问学生"该图片有没有不合理的地方？""如果有，是什么？"学生需要通过言语说明图片上的荒谬之处。

工具：

√ 软件图片《认知与学业——荒谬区分》中的 5 组图片。

标准：

◇ 通过：能够通过言语说明 5 组图片上的荒谬之处。

◇ 部分通过：在提示下，能够通过言语说明少于 5 组图片上的荒谬之处。

◇ 无法通过：即使在提示下，也不能通过言语说明任何一组图片上的荒谬之处。

条目 21 认识身体

21.1 认识身体的主要部位

目的：

☆ 考察学生认识身体部位的位置的能力。一些孤独症学生感受不到或感受不清自己的肢体身处何处，从而无法避开障碍物而受伤。

要求：

➤ 教师依次要求学生："用手指（摸）你的头/手/脚/身体。"学生需要通过手指依次指向教师要求的部位；此外，学生能命名自己身体的主要部位。例如，教师问"这是身体的什么部位？"学生能说"这是我的手"等句子。

标准：

◇ 通过：独立完成该条目的全部内容且表现稳定。

◇ 部分通过：在提示下，完成该条目的部分内容；或是不能持续表现该条目的内容。

◇ 无法通过：即使在提示下，也无法完成该条目内容。

21.2 认识五官

目的：

☆ 考察学生认识五官的位置的能力。

要求：

➤ 教师依次要求学生："用手指（摸）你的眼睛/鼻子/嘴巴/耳朵/舌头。"学生需要通过手指依次指向教师要求的部位；此外，学生能命名自己的五官，能说"这是我的眼睛"等句子。

标准：

◇ 通过：独立完成该条目的全部内容且表现稳定。

◇ 部分通过：在提示下，完成该条目的部分内容；或不能持续表现该条目的内容。

◇ 无法通过：即使在提示下，也无法完成该条目内容。

21.3 认识身体的空间位置

目的：

☆ 考察学生认识整个身体的空间位置的能力。

要求：

➤ 教师依次要求学生："用手指指向自己身体的前/后/左/右/上/下。"学生需要通过手指依次指向教师要求的方位；此外，学生能命名自己身体的空间位置，能说"这是我的左边"等句子。

标准：

◇ 通过：独立完成该条目的全部内容且表现稳定。

◇ 部分通过：在提示下，完成该条目的部分内容；或不能持续表现该条目的内容。

◇ 无法通过：即使在提示下，也无法完成该条目内容。

条目 22 能进行指定涂色并命名

目的：

☆ 考察学生是否能进行指定涂色。

要求：

➤ 教师在桌子上放置一张画有简笔画的画纸和一盒彩笔，要求学生拿出指定颜色的彩笔给简笔画涂上颜色。学生需要拿出教师指定颜色的彩笔给简笔画中的物品涂上颜色，并能够命名颜色，如教师问"这是什么颜色？"学生回答"红色"。

工具：

√ 画有简笔画（如太阳、小鸟、蜜蜂、小羊、小狗、海豚、灯笼、苹果、葡萄、向日葵）的画纸，一盒彩笔。

标准：

◇ 通过：拿出指定颜色的彩笔给简笔画中的物品涂上颜色，并命名颜色。

◇ 部分通过：在提示下，完成该条目内容；或不能持续稳定表现。

◇ 无法通过：即使在提示下，也无法完成该条目内容。

次领域 5：数学

条目 23　完成一一对应任务

目的：

☆ 考察学生辨别事物数量概念的能力。

要求：

➤ 教师使用配套工具，完成一一对应的任务，如教师准备两个球，要求教师和学生按照一人一个的原则进行分配，学生能够给教师和自己各一个。又如，教师使用 3 张苹果的图片以及 3 张小动物的图片，要求学生按照一人一个的原则进行分配，学生能够给每一个小动物图片对应上一张苹果的图片。教师可以进行 10 以内数量的一一对应任务，完成 5 组。

工具：

√ 软件图片《认知与学业——对应人物盒》。

标准：

◇ 通过：独立完成该条目的全部内容且表现稳定。

◇ 部分通过：在提示下，完成该条目的部分内容（完成一至四组）；或不能持续表现该条目的内容。

◇ 无法通过：即使在提示下，也无法完成该条目内容。

条目 24　认识"1"的数量的含义

目的：

☆ 考察学生辨别事物数量概念的能力。

要求：

➤ 教师在桌子上放置一定数量的物品（如 5 块积木），要求学生拿出其中一个物品。

工具：

√ 橡皮擦、积木、珠子、棋子、小木棒、回形针、夹子和纽扣等物品，也可以为学生的强化物。

标准：

◇ 通过：独立拿出一个物品且表现稳定。

◇ 部分通过：在提示下，能够拿出一个物品。

◇ 无法通过：即使在提示下，也不能拿出一个物品。

条目 25　点数

25.1　顺次序数数

目的：

☆ 考察学生顺次序数数的能力。

要求：

➤ 教师在桌子上放置一定数量的物品并平行摆放，要求学生用手指着物品按从 1 到 20 的顺序进行数数。

➤ 学生需要用手指依次指向物品，并用言语数出数字。

工具：

√ 橡皮擦、积木、珠子、棋子、小木棒、回形针、夹子和纽扣等物品，也可以作为学生的强化物。

标准：

◇ 通过：独立完成该条目内容且表现稳定。

◇ 部分通过：在提示下，完成该条目的部分内容；或不能持续稳定表现该条目内容。

◇ 无法通过：即使在提示下，也无法完成该条目内容。

25.2　物品数量数数

目的：

☆ 考察学生对于物品的数量进行点数的能力。

要求：

➤ 教师在桌子上放置数量少于 20 的规则排列的物品(如平行摆放)，要求学生数一数，并询问学生一共有多少个。

➤ 学生需要用手指指向物品数数，并用言语说明一共有多少个。

工具：

√ 如橡皮擦、积木、珠子、棋子、小木棒、回形针、夹子和纽扣等物品，也可以作为学生的强化物。

标准：

◇ 通过：独立完成该条目内容且表现稳定。

◇ 部分通过：在提示下，完成该条目的部分内容；或不能持续稳定表现该条目内容。

◇ 无法通过：即使在提示下，也无法完成该条目内容。

25.3 按指示数出物品数量

目的：

☆ 考察学生对于物品的数量进行数数的能力。

要求：

➤ 教师在桌子上放置数量少于 20 的规则排列的物品（如竖直摆放），要求学生数某一数（如 8 个），学生能够数出 8 个该物品。

工具：

√ 如橡皮擦、积木、珠子、棋子、小木棒、回形针、夹子和纽扣等物品，也可以作为学生的强化物。

标准：

◇ 通过：独立完成该条目内容且表现稳定。

◇ 部分通过：在提示下，完成该条目的部分内容；或不能持续稳定表现该条目内容。

◇ 无法通过：即使在提示下，也无法完成该条目内容。

25.4 用手点算出不规则排列物品的数量

目的：

☆ 考察学生用手指点数不规则物品数量的能力。

要求：

➤ 教师在桌子上放置数量少于 10 的不规则排列的物品（如随意打乱顺序摆放），要求学生用手指指向每一个物品数数，并询问学生一共有多少个。

工具：

√ 如橡皮擦、积木、珠子、棋子、小木棒、回形针、夹子和纽扣等物品，也可以为学生的强化物。

标准：

◇ 通过：独立完成该条目内容，且表现稳定。

◇ 部分通过：在提示下，完成该条目的部分内容；或不能持续稳定表现该条目内容。

◇ 无法通过：即使在提示下，也无法完成该条目内容。

25.5　用目视点算不规则排列的物件

目的：

☆ 考察学生用目视点数不规则物品数量进行点数的能力。

要求：

➤ 教师在桌子上放置数量少于 10 的不规则排列的物品（如随意打乱顺序摆放），要求学生用眼睛看向每一个物品数数，并询问学生一共有多少个。

➤ 学生不需要用手指指向物品，而是用眼睛看向每一个物品数数，并用言语说明一共有多少个。

工具：

√ 如橡皮擦、积木、珠子、棋子、小木棒、回形针、夹子和纽扣等物品，也可以作为学生的强化物。

标准：

◇ 通过：独立完成该条目内容且表现稳定。

◇ 部分通过：在提示下，完成该条目的部分内容；或不能持续稳定表现该条目内容。

◇ 无法通过：即使在提示下，也无法完成该条目内容。

25.6　完成数字与数量的配对

目的：

☆ 考察学生按数取物的能力。

要求：

➤ 教师依次拿出配套工具中提供的数字卡片，并准备一定数量的物品，要求学生数出与卡片上数字对应数量的物品。

➤ 学生需要根据教师拿出的数字卡片，数出与卡片上数字对应数量的物品。学生需要数出 5 个 10 以内数字对应数量的物品。

工具：

√ 如橡皮擦、积木、珠子、棋子、小木棒、回形针、夹子和纽扣等物品，也可以作为学生的强化物。

标准：

◇ 通过：独立完成该条目内容且表现稳定。

◇ 部分通过：在提示下，完成该条目的部分内容；或不能持续稳定表现该条目内容。

◇ 无法通过：即使在提示下，也无法完成该条目内容。

条目 26　辨别半数和集合的概念

26.1　将一堆物品分成两份相同的数量

目的：

☆ 考察学生将集合的物品均分成两个半数的能力。

要求：

➤ 教师在桌子上放置一定数量的物品，要求学生将这些物品分成相同数量的两份。

工具：

√ 如橡皮擦、积木、珠子、棋子、小木棒、回形针、夹子和纽扣等物品，也可以作为学生的强化物。

标准：

◇ 通过：独立完成该条目内容且表现稳定。

◇ 部分通过：在提示下，完成该条目的部分内容；或不能持续稳定表现该条目内容。

◇ 无法通过：即使在提示下，也无法完成该条目内容。

26.2　集合两份相同数量的物品

目的：

☆ 考察学生将两个半数的物品聚集在一起的能力。

要求：

➤ 教师在桌子上放置两份相同数量的物品，要求学生将这两份物品聚集在一起。

工具：

√ 如橡皮擦、积木、珠子、棋子、小木棒、回形针、夹子和纽扣等物品，也可以作为学生的强化物。

标准：

◇ 通过：独立完成该条目内容且表现稳定。

◇ 部分通过：在提示下，完成该条目的部分内容；或不能持续稳定表现该条目内容。

◇ 无法通过：即使在提示下，也无法完成该条目内容。

26.3 按照某种特性集合物品

目的：

☆ 考察学生将具有某种特性的物品聚集在一起的能力。

要求：

➤ 教师在桌子上放置一定数量的几种物品，这些物品都有某一属性特征（如颜色），要求学生将某一属性相同的物品聚集在一起。学生需要完成 5 种属性物品的集合。

工具：

√ 如橡皮、积木、珠子、铅笔、回形针、夹子、纽扣、玩偶、塑料环和小旗子等物品，也可以作为学生的强化物，这些物品都有某一属性。

标准：

◇ 通过：独立完成该条目内容且表现稳定。

◇ 部分通过：在提示下，完成该条目的部分内容（完成一至四组）；或不能持续稳定表现该条目内容。

◇ 无法通过：即使在提示下，也无法完成该条目内容。

条目 27 唱数

27.1 顺序唱数 1～100

目的：

☆ 考察学生按顺序唱数的能力。

要求：

➤ 学生用言语按照顺序从 1 数到 100。

标准：

◇ 通过：独立完成该条目内容且表现稳定。

◇ 部分通过：在提示下，完成该条目的部分内容；或不能持续稳定表现该条目内容。

◇ 无法通过：即使在提示下，也无法完成该条目内容。

27.2 倒序唱数 1～100

目的：

☆ 考察学生按倒序唱数的能力。

要求：

➤ 学生用言语按照倒序从 100 数到 1。

标准：

◇ 通过：独立完成该条目内容且表现稳定。

◇ 部分通过：在提示下，完成该条目的部分内容；或不能持续稳定表现该条目内容。

◇ 无法通过：即使在提示下，也无法完成该条目内容。

27.3 双数顺序唱数 1～100

目的：

☆ 考察学生唱双数的能力。

要求：

➤ 学生用言语按照顺序唱双数，即 2、4、6、8、10、12、…、96、98、100。

标准：

◇ 通过：独立完成该条目内容且表现稳定。

◇ 部分通过：在提示下，完成该条目的部分内容；或不能持续稳定表现该条目内容。

◇ 无法通过：即使在提示下，也无法完成该条目内容。

27.4 单数顺序唱数 1～100

目的：

☆ 考察学生唱单数的能力。

要求：

➤ 学生用言语按照顺序唱单数，即 1、3、5、7、9、11、…、95、97、99。

标准：

◇ 通过：独立完成该条目内容且表现稳定。

◇ 部分通过：在提示下，完成该条目的部分内容；或不能持续稳定表现该条目内容。

◇ 无法通过：即使在提示下，也无法完成该条目内容。

条目 28 数字概念

28.1 认读数字

目的：

☆ 考察学生辨别和命名数字的能力。

要求：

➤ 教师将配套工具中提供的数字卡片放在桌面，从中随机抽取，要求学生

276 of 356 学龄孤独症儿童教育评估指南

认读。

➤ 学生需要用言语说明教师所拿出的卡片上的数字。考虑到学生能力不同，建议先评估个位数 0~9，再到 10~19，20~50。学生需要完成 5 张卡片的认读数字任务。

工具：

√ 软件图片《认知与学业——数字识别盒》中提供的 1~50 的数字卡片。

标准：

◇ 通过：独立完成该条目内容且表现稳定。

◇ 部分通过：在提示下，完成该条目的部分内容；或不能持续稳定表现该条目内容。

◇ 无法通过：即使在提示下，也无法完成该条目内容。

28.2　挑选指定的数字

目的：

☆ 考察学生辨别和挑选数字的能力。

要求：

➤ 教师将配套工具中提供的数字卡片放在桌面，然后随机说出 1~50 中的数字，要求学生将对应数字的卡片拿出来。

➤ 学生需要拿出与教师说出数字对应的数字卡片。考虑到学生能力不同，建议先评估个位数 0~9，再到 10~19，20~50。学生需要完成 5 张卡片的认读数字任务。

工具：

√ 软件图片《认知与学业——数字识别盒》中提供的 1~50 的数字卡片。

标准：

◇ 通过：独立完成该条目内容且表现稳定。

◇ 部分通过：在提示下，完成该条目的部分内容；或不能持续稳定表现该条目内容。

◇ 无法通过：即使在提示下，也无法完成该条目内容。

28.3　顺序排列数字

目的：

☆ 考察学生对数的序列结构的掌握情况。

要求：

➤ 教师将配套工具中提供的数字卡片混合放在桌面，要求学生按照从

1～100 的顺序依次将数字卡片排成一排。

➤ 学生需要按照从 1～100 的顺序依次将数字卡片排成一排。考虑到学生能力不同，建议先评估个位数 0～9，再到 10～19，再加 50～60，60～70，70～80，80～90，90～100。

工具：

√ 软件图片《认知与学业——数字识别盒》中提供的全部 100 张数字卡片。

标准：

◇ 通过：独立完成该条目内容且表现稳定。

◇ 部分通过：在提示下，完成该条目的部分内容；或不能持续稳定表现该条目内容。

◇ 无法通过：即使在提示下，也无法完成该条目内容。

28.4　辨别指定数字前或后的数

目的：

☆ 考察学生对数在自然数列中的位置的掌握情况。

要求：

➤ 教师将配套工具中提供的数字卡片混合放在桌面，从中随机抽取一张数字卡片，然后依次询问学生"该数字之前的数是什么？""该数字之后的数是什么？"

➤ 学生需要通过言语说明该数字之前或之后的数是什么。学生需要完成 5 个指认任务。

工具：

√ 软件图片《认知与学业——数字识别盒》中提供的全部 100 张数字卡片。

标准：

◇ 通过：独立完成该条目内容且表现稳定。

◇ 部分通过：在提示下，完成该条目的部分内容；或不能持续稳定表现该条目内容。

◇ 无法通过：即使在提示下，也无法完成该条目内容。

28.5　比数字大小

目的：

☆ 考察学生比较数字大小的能力。

要求：

➤ 教师将配套工具中提供的数字卡片混合放在桌面，从中随机抽取两张数字卡片，然后询问学生"这两个数字，哪个数大？哪个数小？"

➢ 学生需要通过言语或手势指明两个数字，哪个数更大与哪个数更小。学生需要完成 5 个比较任务。

工具：

✓ 软件图片《认知与学业——数字识别盒》中提供的全部 100 张数字卡片。

标准：

◇ 通过：独立完成该条目内容且表现稳定。

◇ 部分通过：在提示下，完成该条目的部分内容；或不能持续稳定表现该条目内容。

◇ 无法通过：即使在提示下，也无法完成该条目内容。

28.6 辨别并填写缺失的数字

目的：

☆ 考察学生对数的自然顺序和写法的掌握情况。

要求：

➢ 教师选取几张配套工具中提供的既连续又有断续的数字卡片摆成一排，然后询问学生"这组数字中有没有遗漏的数字？""如果有，是什么？"并要求学生在纸上将缺失数字写出来。

➢ 学生需要用言语说明该组数字中是否有遗漏的数字，并用笔将遗漏的数字写在纸上。学生需要完成 5 个辨别任务。

工具：

✓ 软件图片《认知与学业——数字识别盒》中提供的全部 100 张数字卡片，并使用纸、笔。

标准：

◇ 通过：独立完成该条目内容且表现稳定。

◇ 部分通过：在提示下，完成该条目的部分内容；或不能持续稳定表现该条目内容。

◇ 无法通过：即使在提示下，也无法完成该条目内容。

28.7 辨别单数

目的：

☆ 考察学生辨别单数的能力。

要求：

➢ 教师选取几张配套工具中提供的数字卡片摆成一排，然后询问学生"这组数字中，哪些数字是单数？"

➤ 学生需要用言语或手势指明这组数字中的单数。学生需要完成 5 个辨别任务。

工具：

√ 软件图片《认知与学业——数字识别盒》中提供的全部 100 张数字卡片。

标准：

◇ 通过：独立完成该条目内容且表现稳定。

◇ 部分通过：在提示下，完成该条目的部分内容；或不能持续稳定表现该条目内容。

◇ 无法通过：即使在提示下，也无法完成该条目内容。

28.8　辨别双数

目的：

☆ 考察学生辨别双数的能力。

要求：

➤ 教师选取几张配套工具中提供的数字卡片摆成一排，然后询问学生"这组数字中，哪些数字是双数？"

➤ 学生需要用言语或手势指明这组数字中的双数。学生需要完成 5 个辨别任务。

工具：

√ 软件图片《认知与学业——数字识别盒》中提供的全部 100 张数字卡片。

标准：

◇ 通过：独立完成该条目内容且表现稳定。

◇ 部分通过：在提示下，完成该条目的部分内容；或不能持续稳定表现该条目内容。

◇ 无法通过：即使在提示下，也无法完成该条目内容。

28.9　仿写数字

目的：

☆ 考察学生模仿书写数字的能力。

要求：

➤ 教师选取几张配套工具中提供的数字卡片摆成一排，要求学生仿写卡片上的数字。

➤ 学生需要用笔在纸上仿写数字卡片上的数字。考虑到学生能力不同，建议先评估个位数 0～9，再到 10～19，再加 50～60，60～70，70～80，80～90，

90~100。学生需要完成 5 个仿写任务。

工具：

√ 软件图片《认知与学业——数字识别盒》中提供的全部 100 张数字卡片，并使用纸、笔。

标准：

◇ 通过：独立完成该条目内容且表现稳定。

◇ 部分通过：在提示下，完成该条目的部分内容；或不能持续稳定表现该条目内容。

◇ 无法通过：即使在提示下，也无法完成该条目内容。

28.10 默写数字 1－100

目的：

☆ 考察学生凭记忆写出数字的能力。

要求：

➤ 教师随机说出 1~100 中的几个数字，要求学生凭记忆写出该数字。学生需要用笔在纸上写出教师说出的数字。学生需要完成 5 个默写任务。

工具：

√ 纸、笔。

标准：

◇ 通过：独立完成该条目内容且表现稳定。

◇ 部分通过：在提示下，完成该条目的部分内容；或不能持续稳定表现该条目内容。

◇ 无法通过：即使在提示下，也无法完成该条目内容。

次领域 6：词语

条目 29 模仿说出基本的常用名词

29.1 食品的名称

目的：

☆ 考察学生模仿说出食品名称的能力。

要求：

➤ 教师向学生展示不同食品或食品的图片并说出该食品的名称时，学生能进行跟读模仿。学生需要模仿说出 5 种食品的名称。

工具：

√ 软件图片《认知与学业——食品》中的任意 5 张图片，或是水果、蔬菜、主食等各种食品的图片。

标准：

◇ 通过：独立完成该条目内容且表现稳定。

◇ 部分通过：在提示下，完成该条目的部分内容；或不能持续稳定表现该条目内容。

◇ 无法通过：即使在提示下，也无法完成该条目内容。

29.2 衣物的名称

目的：

☆ 考察学生模仿说出衣物名称的能力。

要求：

➤ 教师向学生展示不同类型衣物的图片并说出该衣物的名称时，学生能进行跟读模仿。学生需要模仿说出 5 种衣物的名称。

工具：

√ 软件图片《认知与学业——衣服》中的任意 5 张图片。

标准：

◇ 通过：独立完成该条目内容且表现稳定。

◇ 部分通过：在提示下，完成该条目的部分内容；或不能持续稳定表现该条目内容。

◇ 无法通过：即使在提示下，也无法完成该条目内容。

29.3 日常用品的名称

目的：

☆ 考察学生模仿说出日常用品名称的能力。

要求：

➤ 教师向学生展示不同的日常用品或日常用品的图片并说出该用品名称时，学生能进行跟读模仿。学生需要模仿说出五种日常用品的名称。

工具：

√ 软件图片《认知与学业——日用品》中的任意 5 张图片。

标准：

◇ 通过：独立完成该条目内容且表现稳定。

◇ 部分通过：在提示下，完成该条目的部分内容；或不能持续稳定表现该条目内容。

◇ 无法通过：即使在提示下，也无法完成该条目内容。

29.4　交通工具的名称

目的：

☆ 考察学生模仿说出交通工具名称的能力。

要求：

➤ 教师向学生展示不同交通工具的玩具或交通工具的图片并说出该交通工具的名称时，学生能进行跟读模仿。学生需要模仿说出 5 种交通工具的名称。

工具：

√ 软件图片《认知与学业——交通工具》中的 10 张图片。

标准：

◇ 通过：独立完成该条目内容且表现稳定。

◇ 部分通过：在提示下，完成该条目的部分内容；或不能持续稳定表现该条目内容。

◇ 无法通过：即使在提示下，也无法完成该条目内容。

29.5　学习用品的名称

目的：

☆ 考察学生模仿说出学习用品名称的能力。

要求：

➤ 教师向学生展示不同的学习用品或学习用品的图片并说出该学习用品的名称时，学生能进行跟读模仿。学生需要模仿说出 5 种学习用品的名称。

工具：

√ 软件图片《认知与学业——学习用品》中的 10 张图片。

标准：

◇ 通过：独立完成该条目内容且表现稳定。

◇ 部分通过：在提示下，完成该条目的部分内容；或不能持续稳定表现该条目内容。

◇ 无法通过：即使在提示下，也无法完成该条目内容。

29.6　玩具的名称

目的：

☆ 考察学生模仿说出玩具名称的能力。

要求：

➤ 教师向学生展示不同玩具或玩具图片并说出该玩具的名称时，学生能进行跟读模仿。学生需要模仿说出 5 种玩具的名称。

工具：

√ 软件图片《认知与学业——玩具》中的 10 张图片。

标准：

◇ 通过：独立完成该条目内容且表现稳定。

◇ 部分通过：在提示下，完成该条目的部分内容；或不能持续稳定表现该条目内容。

◇ 无法通过：即使在提示下，也无法完成该条目内容。

29.7　人物的名称

目的：

☆ 考察学生模仿说出人物名称的能力。

要求：

➤ 教师指着某位老师或同学说出其名字时，学生能进行跟读模仿。或教师向学生出示能代表某类人的图片并说出该类人的名称时，学生能进行跟读模仿。学生需要模仿说出 5 个人物的名称。

工具：

√ 软件图片《认知与学业——人物》中的 10 张图片。

标准：

◇ 通过：独立完成该条目内容且表现稳定。

◇ 部分通过：在提示下，完成该条目的部分内容；或不能持续稳定表现该条目内容。

◇ 无法通过：即使在提示下，也无法完成该条目内容。

29.8　地方的名称

目的：

☆ 考察学生模仿说出地名的能力。

要求：

➤ 教师向学生展示带有不同地方标志特点的图片并说出该地点的名称时，学生能进行跟读模仿。学生需要模仿说出 5 个地方的名称。

工具：

√ 软件图片《认知与学业——地方》中的 10 张图片。

标准：

◇ 通过：独立完成该条目内容且表现稳定。

◇ 部分通过：在提示下，完成该条目的部分内容；或不能持续稳定表现该条目内容。

◇ 无法通过：即使在提示下，也无法完成该条目内容。

29.9　居家用品的名称

目的：

☆ 考察学生模仿说出居家用品的能力。

要求：

➤ 教师向学生展示不同居家用品的图片并说出该用品的名称时，学生能进行跟读模仿。学生需要模仿说出 5 件居家用品的名称。

工具：

√ 软件图片《认知与学业——居家用品》中的 10 张图片。

标准：

◇ 通过：独立完成该条目内容且表现稳定。

◇ 部分通过：在提示下，完成该条目的部分内容；或不能持续稳定表现该条目内容。

◇ 无法通过：即使在提示下，也无法完成该条目内容。

29.10　家具的名称

目的：

☆ 考察学生模仿说出家具名称的能力。

要求：

➤ 教师向学生展示不同家具的图片并说出该家具的名称时，学生能进行跟读模仿。学生需要模仿说出 5 件家具的名称。

工具：

√ 软件图片《认知与学业——家具》中的 10 张图片。

标准：

◇ 通过：独立完成该条目内容且表现稳定。

◇ 部分通过：在提示下，完成该条目的部分内容；或不能持续稳定表现该条目内容。

◇ 无法通过：即使在提示下，也无法完成该条目内容。

29.11 类名词

目的：

☆ 考察学生模仿说出类名词的能力。

要求：

➤ 教师向学生展示能代表某类人或物的图片并说出该类人或物的名称时，学生能进行跟读模仿。学生需要模仿说出 5 个类名词。

工具：

√ 软件图片《认知与学业——类名词》。

标准：

◇ 通过：独立完成该条目内容且表现稳定。

◇ 部分通过：在提示下，完成该条目的部分内容；或不能持续稳定表现该条目内容。

◇ 无法通过：即使在提示下，也无法完成该条目内容。

条目 30 命名基本的常用名词

30.1 命名食品的名称

目的：

☆ 考察学生给食品命名的能力。

要求：

➤ 教师向学生展示不同的食品或不同的食品的图片，询问学生"这是什么?"时，学生能准确命名。学生需要给 5 种食品命名。

工具：

√ 软件图片《认知与学业——食品》中的任意 5 张图片，或包括水果、蔬菜、肉类等在内的图片。

标准：

◇ 通过：独立完成该条目内容且表现稳定。

◇ 部分通过：在提示下，完成该条目的部分内容；或不能持续稳定表现该条目内容。

◇ 无法通过：即使在提示下，也无法完成该条目内容。

30.2 命名衣物的名称

目的：

☆ 考察学生给不同类型衣物命名的能力。

要求：

➤ 教师向学生展示不同类型衣物的图片，询问学生"这是什么？"时，学生能对图片上的衣物准确命名。学生需要命名5种衣物的名称。

工具：

√ 软件图片《认知与学业——衣服》中的任意5张图片。

标准：

◇ 通过：独立完成该条目内容且表现稳定。

◇ 部分通过：在提示下，完成该条目的部分内容；或不能持续稳定表现该条目内容。

◇ 无法通过：即使在提示下，也无法完成该条目内容。

30.3 命名日常用品的名称

目的：

☆ 考察学生给日常用品命名的能力。

要求：

➤ 教师向学生展示不同的日常用品或日常用品的图片，询问学生"这是什么？"时，学生能准确命名。学生需要给5种衣物命名。

工具：

√ 软件图片《认知与学业——日常用品》中的10张图片。

标准：

◇ 通过：独立完成该条目内容且表现稳定。

◇ 部分通过：在提示下，完成该条目的部分内容；或不能持续稳定表现该条目内容。

◇ 无法通过：即使在提示下，也无法完成该条目内容。

30.4 命名交通工具的名称

目的：

☆ 考察学生给交通工具命名的能力。

要求：

➤ 教师向学生展示不同交通工具的玩具或交通工具的图片，询问学生"这是什么？"时，学生能准确命名。学生需要命名5种交通工具的名称。

工具：

√ 软件图片《认知与学业——交通工具》中的10张图片。

标准：

◇ 通过：独立完成该条目内容且表现稳定。

◇ 部分通过：在提示下，完成该条目的部分内容；或不能持续稳定表现该条目内容。

◇ 无法通过：即使在提示下，也无法完成该条目内容。

30.5 命名学习用品的名称

目的：

☆ 考察学生给学习用品命名的能力。

要求：

➢ 教师向学生展示不同的学习用品或学习用品的图片，询问学生"这是什么?"时，学生能准确命名。学生需要命名 5 种学习用品的名称。

工具：

√ 软件图片《认知与学业——学习用品》中的 10 张图片。

标准：

◇ 通过：独立完成该条目内容且表现稳定。

◇ 部分通过：在提示下，完成该条目的部分内容；或不能持续稳定表现该条目内容。

◇ 无法通过：即使在提示下，也无法完成该条目内容。

30.6 命名玩具的名称

目的：

☆ 考察学生给不同类型玩具命名的能力。

要求：

➢ 教师向学生展示不同类型玩具或玩具的图片，询问学生"这是什么?"时，学生能准确给该玩具命名。学生需要命名 5 种玩具的名称。

工具：

√ 软件图片《认知与学业——玩具》中的 10 张图片。

标准：

◇ 通过：独立完成该条目内容且表现稳定。

◇ 部分通过：在提示下，完成该条目的部分内容；或不能持续稳定表现该条目内容。

◇ 无法通过：即使在提示下，也无法完成该条目内容。

30.7 命名人物的名称

目的：

☆ 考察学生给人物命名的能力。

要求：

➤ 教师指着某位老师或同学，询问学生"这是谁?"时，学生能说出其称呼或名字。或教师向学生出示能代表某类人的图片时，询问学生"这是什么人?"时，学生能对该类人准确命名。学生需要命名5种人物的名称。

工具：

√ 软件图片《认知与学业——人物》中的10张图片。

标准：

◇ 通过：独立完成该条目内容且表现稳定。

◇ 部分通过：在提示下，完成该条目的部分内容；或不能持续稳定表现该条目内容。

◇ 无法通过：即使在提示下，也无法完成该条目内容。

30.8 命名地方的名称

目的：

☆ 考察学生给地方命名的能力。

要求：

➤ 教师向学生展示带有不同地方标志特点的图片，询问学生"这是哪里?"时，学生能准确命名。学生需要命名5个地方的名称。

工具：

√ 软件图片《认知与学业——地名》中的10张图片。

标准：

◇ 通过：独立完成该条目内容且表现稳定。

◇ 部分通过：在提示下，完成该条目的部分内容；或不能持续稳定表现该条目内容。

◇ 无法通过：即使在提示下，也无法完成该条目内容。

30.9 命名居家用品的名称

目的：

☆ 考察学生给居家用品命名的能力。

要求：

➤ 教师向学生展示不同居家用品的图片，询问学生"这是什么?"时，学生能进行准确命名。学生需要命名 5 件居家用品的名称。

工具：

√ 软件图片《认知与学业——居家用品》中的 10 张图片。

标准：

◇ 通过：独立完成该条目内容且表现稳定。

◇ 部分通过：在提示下，完成该条目的部分内容；或不能持续稳定表现该条目内容。

◇ 无法通过：即使在提示下，也无法完成该条目内容。

30. 10　命名家具的名称

目的：

☆ 考察学生给家具命名的能力。

要求：

➤ 教师向学生展示不同家具的图片，询问学生"这是什么?"时，学生能准确命名。学生需要命名五件家具的名称。

工具：

√ 软件图片《认知与学业——家具》中的 10 张图片。

标准：

◇ 通过：独立完成该条目内容，且表现稳定。

◇ 部分通过：在提示下，完成该条目的部分内容；或是不能持续稳定表现该条目内容。

◇ 无法通过：即使在提示下，也无法完成该条目内容。

30. 11　命名类名词

目的：

☆ 考察学生给某类人或物命名的能力。

要求：

➤ 教师向学生展示能代表某类人或物的图片，询问学生"这是什么人?"或"这是什么"时，学生能准确命名。学生需要命名 5 个类名词。

工具：

√ 软件图片《认知与学业——类名词》中的 10 张图片。

标准：

◇ 通过：独立完成该条目内容且表现稳定。

◇ 部分通过：在提示下，完成该条目的部分内容；或不能持续稳定表现该条目内容。

◇ 无法通过：即使在提示下，也无法完成该条目内容。

条目 31　识别和拼读汉语拼音

31.1　识别汉语拼音

目的：

☆ 考察学生识别汉语拼音的能力。

要求：

➤ 学生能根据声母表和韵母表，准确读出每个声母、韵母。

工具：

√ 软件图片《认知与学业——汉语拼音》中的声母、韵母表。

标准：

◇ 通过：独立完成该条目内容且表现稳定。

◇ 部分通过：在提示下，完成该条目的部分内容；或不能持续稳定表现该条目内容。

◇ 无法通过：即使在提示下，也无法完成该条目内容。

31.2　拼读汉语拼音

目的：

☆ 考察学生拼读汉语拼音的能力。

要求：

➤ 学生能根据拼音中的声母、韵母及声调正确地进行拼读。学生需要准确拼读 5 个拼音的拼读任务。

工具：

√ 常用字词或绘本。

标准：

◇ 通过：独立完成该条目内容且表现稳定。

◇ 部分通过：在提示下，完成该条目的部分内容；或不能持续稳定表现该条目内容。

◇ 无法通过：即使在提示下，也无法完成该条目内容。

31.3　借助拼音识字

目的：

☆ 考察学生借助拼音识字的能力。

要求：

➤ 学生能根据拼音，识读以前没有学过的汉字。学生需要借助汉语拼音，准确拼读 5 个生字。

➤ 教师必须先向家长了解测试所用的汉字是学生之前没有学过的。

工具：

√ 简单的绘本书和故事书。

标准：

◇ 通过：独立完成该条目内容且表现稳定。

◇ 部分通过：在提示下，完成该条目的部分内容；或不能持续稳定表现该条目内容。

◇ 无法通过：即使在提示下，也无法完成该条目内容。

条目 32　识别常用动词

32.1　模仿说出常用的动词

目的：

☆ 考察学生模仿说出常用动词的能力。

要求：

➤ 教师向学生示范常用动作或展示画有常用动作的图片并说出该动作的名称时，学生能准确跟读模仿。学生需要模仿说出 5 个动词。

工具：

√ 软件图片《认知与学业——动词》中的任意 5 张图片。

标准：

◇ 通过：独立完成该条目内容且表现稳定。

◇ 部分通过：在提示下，完成该条目的部分内容；或不能持续稳定表现该条目内容。

◇ 无法通过：即使在提示下，也无法完成该条目内容。

32.2　命名常用的动词

目的：

☆ 考察学生给常用动词命名的能力。

要求：

➤ 教师向学生示范常用动作或展示画有常用动作的图片，询问学生"图片中的人在做什么？"时，学生能准确说出该动作的名称。学生需要命名 5 个动词。

工具：

√ 软件图片《认知与学业——动词》中的任意 5 张图片。

标准：

◇ 通过：独立完成该条目内容且表现稳定。

◇ 部分通过：在提示下，完成该条目的部分内容；或不能持续稳定表现该
条目内容。

◇ 无法通过：即使在提示下，也无法完成该条目内容。

条目 33 识别常用的形容词

33.1 模仿描述物品和人物特征的形容词

目的：

☆ 考察学生模仿描述物品或人物特征的形容词的能力。

要求：

➤ 教师向学生出示图片并说出描述该图片中物品或人物特征的形容词时，
学生能进行模仿跟读。学生需要模仿说出 5 个形容词。

工具：

√ 软件图片《认知与学业——形容词》中的 5 张图片。

标准：

◇ 通过：独立完成该条目内容且表现稳定。

◇ 部分通过：在提示下，完成该条目的部分内容；或不能持续稳定表现该
条目内容。

◇ 无法通过：即使在提示下，也无法完成该条目内容。

33.2 命名描述物品和人物特征的形容词

目的：

☆ 考察学生使用形容词描述物品和人物特征的能力。

要求：

➤ 当教师向学生展示图片并询问图片中的人或物有什么特点时，学生能根
据物品或人物的特征使用恰当的形容词进行描述，如粉色的(毛衣)、长长的(头
发)。学生需要准确使用 5 个形容词，或对同一对象使用两个及以上形容词进行
描述。

工具：

√ 软件图片《认知与学业——形容词》中的 5 张图片。

标准：

◇ 通过：独立完成该条目内容且表现稳定。

◇ 部分通过：在提示下，完成该条目的部分内容；或是不能持续稳定表现该条目内容。

◇ 无法通过：即使在提示下，也无法完成该条目内容。

条目 34　识别常用的副词

34.1　模仿描述物品和人物特征的副词

目的：

☆ 考察学生模仿描述物品或人物特征的副词的能力。

要求：

➤ 教师向学生出示图片并说出描述该图片中物品或人物动作特征的副词时，学生能进行模仿跟读，如非常（大）、悄悄地（说）、慢慢地（走）。学生需要模仿说出五个副词。

工具：

√ 软件图片《认知与学业——副词》中的 5 张图片。

标准：

◇ 通过：独立完成该条目内容且表现稳定。

◇ 部分通过：在提示下，完成该条目的部分内容；或不能持续稳定表现该条目内容。

◇ 无法通过：即使在提示下，也无法完成该条目内容。

34.2　命名描述物品和人物特征的副词

目的：

☆ 考察学生使用副词描述物品和人物特征的能力。

要求：

➤ 学生能根据物品或人物的特征使用恰当的副词进行描述，如只有（一个苹果）、开心地（笑）。学生需要准确使用 5 个副词，或对同一对象使用两个及以上副词进行描述。

工具：

√ 软件图片《认知与学业——副词》中的 5 张图片。

标准：

◇ 通过：独立完成该条目内容且表现稳定。

◇ 部分通过：在提示下，完成该条目的部分内容；或不能持续稳定表现该条目内容。

◇ 无法通过：即使在提示下，也无法完成该条目内容。

条目 35　识别位置介词

35.1　模仿说出基本的位置介词

目的：

☆ 考察学生模仿说出基本的位置介词的能力。

要求：

➤ 教师展示物品之间的位置关系并说出位置介词时，学生能进行模仿跟读，如在……上、在……下、在……旁边。学生需要模仿说出 5 个位置介词。

标准：

◇ 通过：独立完成该条目内容且表现稳定。

◇ 部分通过：在提示下，完成该条目的部分内容；或不能持续稳定表现该条目内容。

◇ 无法通过：即使在提示下，也无法完成该条目内容。

35.2　命名基本的位置介词

目的：

☆ 考察学生用基本的位置介词描述物品之间位置关系的能力。

要求：

➤ 学生根据教师摆放的物品的位置关系，使用正确的位置介词进行描述，如水杯在桌子上、我在老师对面。学生需要恰当使用 5 个位置介词。

标准：

◇ 通过：独立完成该条目内容且表现稳定。

◇ 部分通过：在提示下，完成该条目的部分内容；或不能持续稳定表现该条目内容。

◇ 无法通过：即使在提示下，也无法完成该条目内容。

条目 36　运用基本的量词

目的：

☆ 考察学生理解并运用基本的量词的能力。

要求：

➢ 学生能对不同数量的物品运用恰当的量词进行描述，如两个苹果、三只小鸭。学生需要恰当使用 5 个量词。

工具：

√ 软件图片《认知与学业——量词》中的任意 5 张图片。

标准：

◇ 通过：独立完成该条目内容且表现稳定。

◇ 部分通过：在提示下，完成该条目的部分内容；或不能持续稳定表现该条目内容。

◇ 无法通过：即使在提示下，也无法完成该条目内容。

条目 37　识别基本的笔画

目的：

☆ 考察学生识别基本的笔画：横（一）、竖（丨）、撇（丿）、点（丶）等的能力。

要求：

➢ 学生能读出横（一）、竖（丨）、撇（丿）、点（丶）等基本的笔画，或教师说出基本笔画的名称时，学生能写出来。学生需要识别 5 种基本笔画。

工具：

√ 软件图片《认知与学业——笔画》中的图片。

标准：

◇ 通过：独立完成该条目内容且表现稳定。

◇ 部分通过：在提示下，完成该条目的部分内容；或不能持续稳定表现该条目内容。

◇ 无法通过：即使在提示下，也无法完成该条目内容。

条目 38　抄写和识别自己的名字

目的：

☆ 考察学生抄写和识别自己名字的能力。

要求：

➢ 学生能从几个不同名字中识别出自己的名字，并能准确抄写自己的名字。

工具：

√ 名条、名字的卡片等。

标准：

◇ 通过：独立完成该条目内容且表现稳定。

◇ 部分通过：在提示下，完成该条目的部分内容；或不能持续稳定表现该条目内容。

◇ 无法通过：即使在提示下，也无法完成该条目内容。

条目 39 描或写简单或熟悉的文字

目的：

☆ 考察学生在描画的基础上，写出简单或熟悉文字的能力。

要求：

➤ 学生首先根据提供的样本描画简单或熟悉的文字，样本拿走后，能根据记忆独立写出刚描画过的文字。学生需要描或写出 5 个简单或熟悉的字。

标准：

◇ 通过：独立完成该条目内容且表现稳定。

◇ 部分通过：在提示下，完成该条目的部分内容；或不能持续稳定表现该条目内容。

◇ 无法通过：即使在提示下，也无法完成该条目内容。

分领域二：逻辑思维

逻辑思维是人们在认识过程中借助于概念、判断、推理等思维形式能动地反映客观现实的理性认识过程，是思维的一种高级形式。思维的发展遵循从直观动作思维到具体形象思维再到抽象逻辑思维的顺序。孤独症学生的思维发展也遵循这样的顺序，然而孤独症学生的思维一般停滞在直观动作思维和具体形象思维阶段，抽象逻辑思维出现晚，发展慢且发展水平偏低，逻辑推理能力和理解能力较弱。本分领域主要从数学、语文以及信息运用三个方面对孤独症学生的抽象逻辑思维能力进行考察。

次领域 1：数学

条目 40　指出排列在第一、第二、第几以及最末尾的物品

目的：

☆ 考察学生对顺序的理解能力，即学生是否能理解第一、第二、第几、最末尾等顺序概念。

要求：

➤ 学生能从一列物品中，按照指定的顺序，指出排在第一、第二……以及最末尾的物品。教师在询问的过程中要注意打乱顺序询问，以避免学生按照机械记忆的一、二、三……进行点数。使用物品数量的多少随年龄阶段来定，5～10件为宜。学生需准确指出 5 个及以上物品。

工具：

√ 常用物品。

标准：

◇ 通过：独立完成该条目内容且表现稳定。

◇ 部分通过：在提示下，完成该条目的部分内容；或不能持续表现该条目的内容。

◇ 无法通过：即使在提示下，也无法完成该条目内容。

条目 41　按照次序排列 3～5 张日常生活程序的图片

目的：

☆ 考察学生对先后次序的理解能力。

要求：

➤ 学生能按照事情开展的先后顺序对 3～5 张画有日常生活所做事情的图片进行正确排序。学生需准确完成 5 组图片的排序。

工具：

√ 软件图片《认知与学业——顺序盒子》中的 5 组图片。

标准：

◇ 通过：独立完成该条目内容且表现稳定。

◇ 部分通过：在提示下，完成该条目的部分内容；或不能持续表现该条目的内容。

◇ 无法通过：即使在提示下，也无法完成该条目内容。

条目 42　基本运算

42.1　以手指或物品计件形式，计算 10 以内的加法

目的：

☆ 考察学生用手指或物品计件，计算 10 以内加法的能力。

要求：

➤ 学生能利用手指或日常生活中常见的物品，计算 10 以内的加法，如 3+4，学生可以通过掰手指或点数"3 个苹果加 4 个苹果"来计算。学生需要独立完成 5 道题。

工具：

√ 常用物品。

标准：

◇ 通过：独立完成该条目内容且表现稳定。

◇ 部分通过：在提示下，完成该条目的部分内容；或不能持续表现该条目的内容。

◇ 无法通过：即使在提示下，也无法完成该条目内容。

42.2　以手指或物品计件形式，计算 20 以内的加法

目的：

☆ 考察学生用手指或物品计件，计算 20 以内加法的能力。

要求：

➤ 学生能利用手指或日常生活中常见的物品，计算 20 以内的加法，如 10+4，学生可以通过点数"10 根小棒加 4 根小棍"来计算。学生需要独立完成 5 道题。

工具：

√ 数学用小棒等。

标准：

◇ 通过：独立完成该条目内容且表现稳定。

◇ 部分通过：在提示下，完成该条目的部分内容；或不能持续表现该条目的内容。

◇ 无法通过：即使在提示下，也无法完成该条目内容。

42.3　以笔算形式，计算和不超过 10 的加法

目的：

☆ 考察学生利用笔算形式，列出竖式，计算和不超过 10 的加法的能力。

要求：

➤ 学生能根据题目的要求，列出竖式，计算和不超过 10 的加法式，如 5＋4。学生需要独立完成 5 道题。

工具：

√ 常用数学的练习题。

标准：

◇ 通过：独立完成该条目内容且表现稳定。

◇ 部分通过：在提示下，完成该条目的部分内容；或不能持续表现该条目的内容。

◇ 无法通过：即使在提示下，也无法完成该条目内容。

42.4　完成和不超过 10 的加法应用题

目的：

☆ 考察学生完成和不超过 10 的加法应用题的能力。应用题是将所学知识应用到实际生活实践的题目，考察学生对题目的分析、理解能力和迁移到实际生活场景中去的能力。大多数孤独症学生对语言、文字的理解停留在字面意义上，缺乏深入理解和迁移的能力。

要求：

➤ 学生能按照题目的要求，完成和不超过 10 的加法应用题的解答。例如，"小白兔有 4 个胡萝卜，山羊伯伯送给它 3 个胡萝卜，现在小白兔一共有多少个胡萝卜？"由于 7 岁以前的儿童还处于前运算阶段，以形象思维为主，因此应选择一步应用题，题目中出现的形象或物品也可以是儿童熟悉或喜爱的，以便于理解。学生需要独立完成 5 道题。

工具：

√ 常用数学的应用题。

标准：

◇ 通过：独立完成该条目内容且表现稳定。

◇ 部分通过：在提示下，完成该条目的部分内容；或不能持续表现该条目的内容。

◇ 无法通过：即使在提示下，也无法完成该条目内容。

42.5 以手指或物品计件形式，计算 10 以内的减法

目的：

☆ 考察学生用手指或物品计件，计算 10 以内减法的能力。

要求：

➤ 学生能利用手指或日常生活中常见的物品，计算 10 以内的减法，如 6－4，学生可以通过掰手指或点数"6 块积木减掉 4 块积木"来计算。学生需要独立完成 5 道题。

工具：

√ 数学用小棒、字数器等。

标准：

◇ 通过：独立完成该条目内容且表现稳定。

◇ 部分通过：在提示下，完成该条目的部分内容；或不能持续表现该条目的内容。

◇ 无法通过：即使在提示下，也无法完成该条目内容。

42.6 以手指或物品计件形式，计算 20 以内的减法

目的：

☆ 考察学生用手指或物品计件，计算 20 以内减法的能力。

要求：

➤ 学生能利用手指或日常生活中常见的物品，计算 20 以内的减法，如16－5，学生可以通过点数"16 颗糖减去 5 颗糖"来计算。学生需要独立完成 5 道题。

工具：

√ 数学用小棒、字数器等。

标准：

◇ 通过：独立完成该条目内容且表现稳定。

◇ 部分通过：在提示下，完成该条目的部分内容；或不能持续表现该条目的内容。

◇ 无法通过：即使在提示下，也无法完成该条目内容。

42.7 以笔算形式，计算 10 以内的减法

目的：

☆ 考察学生利用笔算形式，列出竖式，计算 10 以内的减法的能力。

要求：

➤ 学生自己能根据题目的要求，列出竖式，计算 10 以内的减法式，如 7－3，5－4。学生需要独立完成 5 道题。

工具：

√ 常用数学的练习题。

标准：

◇ 通过：独立完成该条目内容且表现稳定。

◇ 部分通过：在提示下，完成该条目的部分内容；或不能持续表现该条目的内容。

◇ 无法通过：即使在提示下，也无法完成该条目内容。

42.8 完成 10 以内的减法应用题

目的：

☆ 考察学生完成 10 以内的减法应用题的能力。

要求：

➤ 学生能按照题目的要求，完成 10 以内的减法应用题的解答。例如，"树上有 8 个苹果，掉了 2 个，树上还剩下几个苹果？"由于 7 岁以前的儿童还处于前运算阶段，以形象思维为主，因此应选择一步应用题，题目中出现的形象或物品也可以是儿童熟悉或喜爱的，以便于理解。

工具：

√ 常用数学的应用题。

标准：

◇ 通过：独立完成该条目内容且表现稳定。

◇ 部分通过：在提示下，完成该条目的部分内容；或不能持续表现该条目的内容。

◇ 无法通过：即使在提示下，也无法完成该条目内容。

42.9 完成个位数的加减法

目的：

☆ 考察学生完成个位数加减法计算的能力。

要求：

➤ 学生在完成了 10 以内加法和减法计算的基础上，能实现加法和减法计算之间的灵活转换，完成个位数的加法和减法计算，如 8＋6，9－7。学生需要独立完成 5 道题。

工具：

√ 常用数学的练习题。

标准：

◇ 通过：独立完成该条目内容且表现稳定。

◇ 部分通过：在提示下，完成该条目的部分内容；或不能持续表现该条目的内容。

◇ 无法通过：即使在提示下，也无法完成该条目内容。

42.10 完成两位数的加减法

目的：

☆ 考察学生完成两位数加减法计算的能力。

要求：

➤ 学生在完成个位数加减法运算的基础上，能完成两位数加法和减法的运算。学生需要独立完成 5 道题。

工具：

√ 常用数学的练习题。

标准：

◇ 通过：独立完成该条目内容且表现稳定。

◇ 部分通过：在提示下，完成该条目的部分内容；或不能持续表现该条目的内容。

◇ 无法通过：即使在提示下，也无法完成该条目内容。

42.11 完成 100 以内的加减法

目的：

☆ 考察学生完成 100 以内加减法的能力。

要求：

➤ 学生在完成两位数加减法运算的基础上，能完成 100 以内加减法的运算。学生需要独立完成 5 道题。

工具：

√ 常用数学的练习题。

标准：

◇ 通过：独立完成该条目内容且表现稳定。

◇ 部分通过：在提示下，完成该条目的部分内容；或不能持续表现该条目的内容。

◇ 无法通过：即使在提示下，也无法完成该条目内容。

42.12　使用计算器完成加减法运算

目的：

☆ 考察学生利用计算器完成加减法运算的能力。能借助学习辅助工具完成学习任务是一种简便高效的学习方式。

要求：

➤ 学生能利用计算器完成简单加减法的运算。学生需要独立完成 5 道题。

工具：

√ 计算器。

标准：

◇ 通过：独立完成该条目内容且表现稳定。

◇ 部分通过：在提示下，完成该条目的部分内容；或不能持续表现该条目的内容。

◇ 无法通过：即使在提示下，也无法完成该条目内容。

条目 43　识别分数(1/2、1/3、1/4 等)

目的：

☆ 考察学生识别 1/2、1/3、1/4 等分数，理解分数概念的能力。

要求：

➤ 学生能识别 1/2、1/3、1/4 等分数。当教师把一块饼干平均掰成 2 份、3 份或 4 份，拿出其中的一份询问学生时，学生能回答这是几分之一。或教师请学生给她饼干的 1/2、1/3、1/4，学生能理解教师的意思并给教师正确比例的饼干。学生需要独立完成 5 道题。

标准：

◇ 通过：独立完成该条目内容且表现稳定。

◇ 部分通过：在提示下，完成该条目的部分内容；或不能持续表现该条目的内容。

◇ 无法通过：即使在提示下，也无法完成该条目内容。

条目 44 根据指定的金额，点数纸币

44.1 识别纸币

目的：

☆ 考察学生识别不同金额纸币的能力。

要求：

➤ 学生能识别不同金额的纸币，包括两方面内容：当教师向学生呈现不同金额的纸币时，学生能识别其代表的金额。当教师说出金额时，学生能指出相应的纸币。学生需要独立完成 5 道识别测试题。

标准：

◇ 通过：独立完成该条目内容且表现稳定。

◇ 部分通过：在提示下，完成该条目的部分内容；或不能持续表现该条目的内容。

◇ 无法通过：即使在提示下，也无法完成该条目内容。

44.2 识别硬币

目的：

☆ 考察学生识别不同金额硬币的能力。

要求：

➤ 学生能识别不同金额的硬币（1元、5角、1角），包括两方面内容：当教师向学生呈现不同金额的硬币时，学生能识别其代表的金额；当教师说出金额时，学生能指出相应的硬币。学生需要独立完成 5 道识别测试题。

标准：

◇ 通过：独立完成该条目内容且表现稳定。

◇ 部分通过：在提示下，完成该条目的部分内容；或不能持续表现该条目的内容。

◇ 无法通过：即使在提示下，也无法完成该条目内容。

44.3 根据指定的金额，点数纸币

目的：

☆ 考察学生根据指定的金额，点数纸币的能力。

要求：

➤ 学生能根据指定的金额，点数出对应金额的纸币。教师可以在桌上放置几张不同金额的纸币，给学生指定金额，请学生拿出对应金额的纸币。例如，在

桌上放置 3 张 1 元、1 张 5 元、1 张 10 元的纸币，请学生拿出 7 元钱。

　　标准：

　　◇ 通过：能够独立点数到 100 元内以角为单位的金额（如 18 元 5 角）。

　　◇ 部分通过：在教师的辅助下，能够点数到以元为单位的金额（如 6 元）。

　　◇ 无法通过：即使在教师的辅助之下，也无法准确点数任何金额。

44.4　根据指定的金额，点数硬币

目的：

☆ 考察学生根据指定的金额，点数硬币的能力。

　　要求：

　　➤ 学生能根据指定的金额，点数出对应金额的纸币。教师可以在桌上放置几张不同金额的硬币，给学生指定金额，请学生拿出对应金额的硬币。例如，在桌上放置 5 个 1 元、3 个 5 角、4 个 1 角的硬币，请学生拿出 4 元钱。

　　标准：

　　◇ 通过：能够独立点数到以角为单位的金额（如 1 元 6 角）。

　　◇ 部分通过：在教师的辅助下，能够点数到以元为单位的金额（如 2 元）。

　　◇ 无法通过：即使在教师的辅助之下，也无法准确点数任何金额。

44.5　根据指定的金额，点数纸币加硬币

目的：

☆ 考察学生根据指定的金额，混合点数纸币和硬币的能力。

　　要求：

　　➤ 学生能根据指定的金额，点数对应金额的纸币和硬币。教师可以在桌上放置几张不同金额的纸币和硬币，给学生指定金额，请学生拿出对应金额的纸币和硬币，注意指定的金额必须要能同时用到纸币和硬币。例如，在桌上放置 5 张 1 元纸币、3 个 5 角硬币和 2 个 1 角硬币，请学生拿出 4 元 5 角。

　　标准：

　　◇ 通过：独立、正确地点数到以角为单位的金额（如 1 元 6 角）。

　　◇ 部分通过：在教师的辅助下，能够点数到以元为单位的金额（如 2 元）。

　　◇ 无法通过：即使在教师的辅助之下，也无法准确点数任何金额。

44.6　识别折扣的含义

目的：

☆ 考察学生对折扣含义的理解能力。

要求：

➤ 学生能理解折扣所代表的含义，知道不同的折扣对应的优惠度是不同的，如八折是原价的 80%，五折是原价的一半；能够根据原价和折扣算出打折后的价钱。

工具：

√ 广告宣传单等。

标准：

◇ 通过：独立完成该条目内容且表现稳定。

◇ 部分通过：在提示下，完成该条目的部分内容；或不能持续表现该条目的内容。

◇ 无法通过：即使在提示下，也无法完成该条目内容。

44.7　根据商品价格付款和找零

目的：

☆ 考察学生能根据商品价格来付款、找零的能力。根据商品价格付款、找零是必须具备的自理能力。

要求：

➤ 学生能根据所欲购买的商品的价格来付款并正确核对找回的零钱。

标准：

◇ 通过：独立完成该条目内容且表现稳定。

◇ 部分通过：在提示下，完成该条目的部分内容；或不能持续表现该条目的内容。

◇ 无法通过：即使在提示下，也无法完成该条目内容。

条目 45　识别常用计量单位

45.1　识别长度的常用单位

目的：

☆ 考察学生认识基本长度单位并理解单位间相互关系的能力。

要求：

➤ 包括两方面内容：学生能认识常用的长度单位，即千米、米、分米、厘米；进行两个单位所对应的换算关系，如 1 千米＝1000 米、1 米＝100 厘米。

标准：

◇ 通过：独立完成该条目内容且表现稳定。

◇ 部分通过：在提示下，完成该条目的部分内容；或不能持续表现该条目的内容。

◇ 无法通过：即使在提示下，也无法完成该条目内容。

45.2 识别质量的常用单位

目的：

☆ 考察学生认识基本质量单位并理解单位间相互关系的能力。

要求：

➤ 包括两方面内容：学生能认识常用的质量单位：克、千克、吨、斤、两；进行两个单位所对应的换算关系，如1千克＝1000克、1斤＝500克。

标准：

◇ 通过：独立完成该条目内容且表现稳定。

◇ 部分通过：在提示下，完成该条目的部分内容；或不能持续表现该条目的内容。

◇ 无法通过：即使在提示下，也无法完成该条目内容。

45.3 识别面积的常用单位

目的：

☆ 考察学生识别常用面积单位的能力。

要求：

➤ 学生能认识常用的面积单位：平方厘米、平方米、平方千米。

标准：

◇ 通过：独立完成该条目内容且表现稳定。

◇ 部分通过：在提示下，完成该条目的部分内容；或不能持续表现该条目的内容。

◇ 无法通过：即使在提示下，也无法完成该条目内容。

45.4 识别时间的基本单位

目的：

☆ 考察学生认识基本时间单位并理解单位间相互关系的能力。

要求：

➤ 包括两方面内容：学生能认识基本的时间单位，即年、月、日、小时、分、秒。进行两个单位所对应的换算关系，如1小时＝60分、1分＝60秒。

标准：

◇ 通过：独立完成该条目内容且表现稳定。

◇ 部分通过：在提示下，完成该条目的部分内容；或不能持续表现该条目的内容。

◇ 无法通过：即使在提示下，也无法完成该条目内容。

45.5 识别温度的基本单位

目的：

☆ 考察学生识别温度的基本单位：摄氏度（℃）的能力。

要求：

➤ 学生能识别并说出基本的温度单位及符号。

标准：

◇ 通过：独立完成该条目内容且表现稳定。

◇ 部分通过：在提示下，完成该条目内容；或不能持续表现该条目的内容。

◇ 无法通过：即使在提示下，也无法完成该条目内容。

45.6 使用尺子

目的：

☆ 考察学生在识别基本长度单位的基础上，使用尺子测量长度的能力。

要求：

➤ 学生能使用尺子测量周围物品的长度，并说出或进行记录。

标准：

◇ 通过：独立完成该条目内容且表现稳定。

◇ 部分通过：在提示下，完成该条目内容；或不能持续表现该条目的内容。

◇ 无法通过：即使在提示下，也无法完成该条目内容。

45.7 使用秤

目的：

☆ 考察学生在识别基本质量单位的基础上，使用秤进行称重的能力。

要求：

➤ 学生能正确使用秤来称重，能力水平较高的学生可以要求其读出重量，发展程度较差的学生可以使用自动报重量的电子秤，学生只要能进行正确操作即可。

标准：

◇ 通过：独立正确使用秤进行称重，并读出或标出相应的重量。

◇ 部分通过：在提示下，能正确使用秤进行称重。

◇ 无法通过：即使在提示下，也不能使用秤。

45.8　识别与辨认东西南北

目的：

☆ 考察学生识别与辨认东西南北的能力。

要求：

➤ 在不同的位置、时间和场景下，学生能识别、辨认出东西南北。例如，学生能明白早晨面对太阳，前面是东、后面是西、左面是北、右面是南。

工具：

√ 地图、识别方位的题、电子地图等。

标准：

◇ 通过：独立辨认出东西南北。

◇ 部分通过：在教师的辅助下，能辨认出至少一个方向。

◇ 无法通过：即使在提示下，也不能辨认方向。

条目 46　理解">""<""="所代表的含义

目的：

☆ 考察学生对">""<""="所代表的含义的理解。

要求：

➤ 学生能直接举例说明">""<""="所代表的含义，如说明 $3>2$、$1<5$、$6=6$ 的含义。此外，当教师出示两组数量相等或不等的不同物品时，学生能使用对应的符号。例如，4 个苹果与 4 块巧克力用"="；6 块积木与 4 个水杯用">"。

工具：

√ 比较大小的数学题或常用物品。

标准：

◇ 通过：独立完成该条目全部内容且表现稳定。

◇ 部分通过：在提示下，完成该条目的部分内容；或不能持续表现该条目的内容。

◇ 无法通过：即使在提示下，也无法完成该条目内容。

次领域 2：语文

条目 47　识读 3～5 个词的指示句，并按照指示完成 3 个步骤以上的任务

目的：

☆ 考察学生识读 3～5 个词的指示句并按照指示完成 3 个步骤以上任务的能力。

要求：

➤ 学生能识读含有 3～5 个词的指示句，并能按照指示句的指示完成任务。例如，给芭比娃娃换上粉色的裙子。

标准：

◇ 通过：独立完成该条目全部内容且表现稳定。

◇ 部分通过：在提示下，完成该条目的部分内容；或不能持续表现该条目的内容。

◇ 无法通过：即使在提示下，也无法完成该条目内容。

条目 48　对常用汉字与图片进行配对

48.1　完成常用名词与图片的配对

目的：

☆ 考察学生将常用名词与相应的图片进行配对的能力。

要求：

➤ 学生能识别常用名词，并将名词与对应的图片准确配对。学生需要完成 5 组配对。

工具：

√ 软件图片《认知与学业——名词配对》中任意 5 张图片。

标准：

◇ 通过：独立完成该条目全部内容且表现稳定。

◇ 部分通过：在提示下，完成该条目的部分内容（一至四组）；或不能持续表现该条目的内容。

◇ 无法通过：即使在提示下，也无法完成该条目内容（一组名词与图片的配对也无法完成）。

48.2 完成常用动词与图片的配对

目的：

☆ 考察学生将常用动词与相应的图片进行配对的能力。

要求：

➤ 学生能识别常用动词，并将动词与对应的图片准确配对。学生需要完成5组配对。

工具：

√ 软件图片《认知与学业——动词配对》中任意5张图片。

标准：

◇ 通过：独立完成该条目全部内容且表现稳定。

◇ 部分通过：在提示下，完成该条目的部分内容（一至四组）；或不能持续表现该条目的内容。

◇ 无法通过：即使在提示下，也无法完成该条目内容（一组动词与图片的配对也无法完成）。

48.3 完成常用形容词与图片的配对

目的：

☆ 考察学生将常用形容词与相应的图片进行配对的能力。

要求：

➤ 学生能识别常用形容词，并将形容词与对应的图片准确配对。学生需要完成5组配对。

工具：

√ 软件图片《认知与学业——形容词配对》中任意5张图片。

标准：

◇ 通过：独立完成该条目全部内容，且表现稳定。

◇ 部分通过：在提示下，完成该条目的部分内容（一至四组）；或不能持续表现该条目的内容。

◇ 无法通过：即使在提示下，也无法完成该条目内容（一组形容词与图片的配对也无法完成）。

48.4 完成常用副词与图片的配对

目的：

☆ 考察学生将常用副词与相应的图片进行配对的能力。

要求：

➢ 学生能识别常用副词，并将副词与对应的图片准确配对。学生需要完成5组配对。

工具：

√ 软件图片《认知与学业——副词配对》中任意5张图片。

标准：

◇ 通过：独立完成该条目全部内容且表现稳定。

◇ 部分通过：在提示下，完成该条目的部分内容（一至四组）；或不能持续表现该条目的内容。

◇ 无法通过：即使在提示下，也无法完成该条目内容（一组副词与图片的配对也无法完成）。

48.5 完成常用介词与图片的配对

目的：

☆ 考察学生将常用介词与相应的图片进行配对的能力。

要求：

➢ 学生能识别常用介词，并将介词与对应的图片准确配对。学生需要完成5组配对。

工具：

√ 建议使用配套的《认知与学业——介词配对》中任意5张图片。

标准：

◇ 通过：独立完成该条目全部内容且表现稳定。

◇ 部分通过：提示下，完成该条目的部分内容（一至四组）；或不能持续表现该条目的内容。

◇ 无法通过：即使在提示下，也无法完成该条目内容（一组介词与图片的配对也无法完成）。

条目 49 识别和使用近义词和反义词

目的：

☆ 考察学生识别和使用近义词、反义词的能力。

要求：

➢ 学生能理解近义词是意思相近，在使用时可以相互替代的词，而反义词是意思相反的词。包括两方面内容：当教师说出一个常用的词，请学生说出这个词的近义词或反义词时，学生能正确地说出；学生列举出一些他所知道的近义词和反义词，如喜欢和喜爱、喜欢和讨厌、漂亮和美丽、前和后、大和小等。学生需要列举近义词与反义词各 3 对。

标准：

◇ 通过：独立完成该条目全部内容且表现稳定。

◇ 部分通过：在提示下，完成该条目的部分内容；或不能持续表现该条目的内容。

◇ 无法通过：即使在提示下，也无法完成该条目内容。

条目 50　能够听从指令默写常用词

目的：

☆ 考察学生听从指令默写常用词的能力。

要求：

➤ 学生能根据指令，正确默写出 5 个以上常用词。

标准：

◇ 通过：独立完成该条目全部内容且表现稳定。

◇ 部分通过：在提示下，完成该条目的部分内容；或不能持续表现该条目的内容。

◇ 无法通过：即使在提示下，也无法完成该条目内容。

条目 51　运用常用词组成的句子或短语

51.1　运用由人或动物和动作组成的简单主谓结构的句子

目的：

☆ 考察学生运用由人或动物等名词与表示动作的动词组成简单主谓结构的句子的能力。

要求：

➤ 学生能用名词和动词组成简单的主谓结构来描述图片或人、物的动作，如妈妈吃、宝宝玩、乌龟爬、小鱼游等。

工具：

√ 绘本等读物。

标准：

◇ 通过：独立完成该条目全部内容且表现稳定。

◇ 部分通过：在提示下，完成该条目内容；或不能持续表现该条目的内容。

◇ 无法通过：即使在提示下，也无法完成该条目内容。

51.2 运用由动词和物品名称组成的简单谓语宾语结构的句子

目的：

☆ 考察学生运用动词和物品名称组成简单的谓语宾语结构的句子的能力。

要求：

➤ 学生能运用动词和物品名称组成简单的谓语宾语结构的句子来描述图片或动作及其施动对象，如吃橘子、打篮球、开汽车、穿鞋子等。

工具：

√ 绘本等读物。

标准：

◇ 通过：独立完成该条目全部内容且表现稳定。

◇ 部分通过：在提示下，完成该条目内容；或不能持续表现该条目的内容。

◇ 无法通过：即使在提示下，也无法完成该条目内容。

51.3 运用由形容词和名词组成的短语

目的：

☆ 考察学生运用形容词和名词组成的短语来描述人、动物或物品的能力。

要求：

➤ 学生能运用形容词和名词组成短语来描述人、动物或物品，如高高的楼、细细的竹竿、淘气的小男孩、可爱的兔子等。

工具：

√ 绘本等读物。

标准：

◇ 通过：独立完成该条目全部内容且表现稳定。

◇ 部分通过：在提示下，完成该条目内容；或不能持续表现该条目的内容。

◇ 无法通过：即使在提示下，也无法完成该条目内容。

51.4 运用由否定词加动词、形容词或名词组成的短语

目的：

☆ 考察学生运用否定词和动词、形容词或名词来描述动作和人或物的状态的能力。

要求：

➤ 学生能运用否定词和动词、形容词或名词来描述动作和人或物的状态，如没有坐下、不漂亮、没有苹果等。

工具：

√ 绘本等读物。

标准：

◇ 通过：独立完成该条目全部内容且表现稳定。

◇ 部分通过：在提示下，完成该条目内容；或不能持续表现该条目的内容。

◇ 无法通过：即使在提示下，也无法完成该条目内容。

51.5 运用简单的主谓宾句子

目的：

☆ 考察学生运用简单的主谓宾结构的句子的能力。

要求：

➤ 学生在描述事情或表达需求的过程中能运用简单的主谓宾结构的句子。例如，"我爱妈妈。""这个是什么？"

工具：

√ 绘本等读物。

标准：

◇ 通过：独立完成该条目全部内容且表现稳定。

◇ 部分通过：在提示下，完成该条目内容；或不能持续表现该条目的内容。

◇ 无法通过：即使在提示下，也无法完成该条目内容。

51.6 运用简单的主谓加地点的句子

目的：

☆ 考察学生运用简单的主语、谓语加地点名词，构成简单的句子的能力。

要求：

➤ 学生在描述事情或表达需求的过程中能运用简单的主谓宾结构的句子。例如，"我想去超市。""姥姥来过我家了。"

工具：

√ 绘本等读物。

标准：

◇ 通过：独立完成该条目全部内容且表现稳定。

◇ 部分通过：在提示下，完成该条目内容；或不能持续表现该条目的内容。

◇ 无法通过：即使在提示下，也无法完成该条目内容。

51.7 运用连动句

目的：

☆ 考察学生连续运用两个及两个以上动词组成句子来描述事情的能力。

要求：

➤ 学生能连续运用两个或两个以上的动词组成句子来描述事情。例如，"我坐汽车上学。""妈妈坐下看电视。"

工具：

√ 绘本等读物。

标准：

◇ 通过：独立完成该条目全部内容且表现稳定。

◇ 部分通过：在提示下，完成该条目内容；或不能持续表现该条目的内容。

◇ 无法通过：即使在提示下，也无法完成该条目内容。

51.8 运用"把"字句

目的：

☆ 考察学生运用"把"字句的能力。

要求：

➤ 学生能运用"把"字句描述生活中发生的事情或图片中的人与物、物与物的关系。例如，"我把水喝完了。""风把树吹弯了。"

工具：

√ 绘本等读物。

标准：

◇ 通过：独立完成该条目内容且表现稳定。

◇ 部分通过：在提示下，完成该条目内容；或不能持续表现该条目的内容。

◇ 无法通过：即使在提示下，也无法完成该条目内容。

51.9 运用"被"字句

目的：

☆ 考察学生运用"被"字句的能力。

要求：

➤ 学生能运用"被"字句描述生活中发生的事情或图片中的人与物、物与物的关系。例如，"水被我喝完了。""树被风吹弯了。"

工具：

√ 绘本等读物。

标准：

◇ 通过：独立完成该条目内容且表现稳定。

◇ 部分通过：在提示下，完成该条目内容；或不能持续表现该条目的内容。

◇ 无法通过：即使在提示下，也无法完成该条目内容。

51.10　运用由动词短语或单个词构成的句子

目的：

☆ 考察学生运用动词短语或单个词构成句子的能力。

要求：

➤ 学生能运用动词短语或单个词组成句子，来描述动作或表达需求，如背书包、要吃饭。

工具：

√ 绘本等读物。

标准：

◇ 通过：独立完成该条目内容且表现稳定。

◇ 部分通过：在提示下，完成该条目内容；或不能持续表现该条目的内容。

◇ 无法通过：即使在提示下，也无法完成该条目内容。

51.11　运用简单的兼语句

目的：

☆ 考察学生运用兼语句的能力。兼语句是由兼语短语充当谓语或独立成句的句子。兼语句的谓语是由动宾短语套接主谓短语构成的，动宾短语的宾语兼做主谓短语的主语，且兼语句多有使令的意思，如"老师让小明朗读。""我请朋友吃饭。"

要求：

➤ 学生能根据运用简答的兼语句来描述主语和宾语的关系，如"妈妈喊我过来看书。"

工具：

√ 绘本等读物。

标准：

◇ 通过：独立完成该条目内容且表现稳定。

◇ 部分通过：在提示下，完成该条目内容；或不能持续表现该条目的内容。

◇ 无法通过：即使在提示下，也无法完成该条目内容。

条目 52　阅读绘本等读物

52.1　凝视读物上的图片

目的：

☆ 考察学生凝视读物上的图片，把注意力集中到读物上的能力。孤独症学生通常目光游离，思无定所，注意力难以集中。凝视读物上的图片表示学生对故事本身感兴趣，能把注意力集中在所阅读的书本上，这是阅读能继续进行下去的前提。

要求：

➢ 学生在阅读的过程中能把注意力集中阅读的读物上来，凝视读物上的图片 10 秒以上。

工具：

√ 绘本等读物。

标准：

◇ 通过：独立完成该条目内容且表现稳定。

◇ 部分通过：在提示下，完成该条目内容；或不能持续表现该条目的内容。

◇ 无法通过：即使在提示下，也无法完成该条目内容。

52.2　能够从前到后读书，并一次翻一页

目的：

☆ 考察学生是否能够从前到后读书，并一次翻阅一页。读书时从前到后，一次翻阅一页是一种良好的阅读习惯，有助于学生按照书本的逻辑顺序理解故事。

要求：

➢ 学生在阅读的过程中，能够从前到后读书，并一次只翻阅一页。

工具：

√ 绘本等读物。

标准：

◇ 通过：独立完成该条目内容且表现稳定。

◇ 部分通过：在提示下，完成该条目内容；或不能持续表现该条目的内容。

◇ 无法通过：即使在提示下，也无法完成该条目内容。

52.3 听教师指令，用手指出绘本材料上的常用物品

目的：

☆ 考察学生根据教师的指令，用手指出绘本材料中的物品的能力。孤独症学生通常在听从指令上存在困难，不能很好地明白指令的具体含义，且把听到的指令与物品联系起来的能力较差。

要求：

➤ 学生能根据指令，用手指出绘本材料中的该物品。例如，在阅读绘本《爷爷一定有办法》时，教师请学生指出图片中的剪刀、纽扣、外套等物品。

工具：

√ 绘本等读物。

标准：

◇ 通过：独立完成该条目内容且表现稳定。

◇ 部分通过：在提示下，完成该条目内容；或不能持续表现该条目的内容。

◇ 无法通过：即使在提示下，也无法完成该条目内容。

52.4 描述绘本上一幅画的内容

目的：

☆ 考察学生描述绘本上的一幅画的内容的能力，并关注学生是从整体进行把握还是更侧重细节点，描述时是否有一定的逻辑线索。孤独症学生的注意力经常过于分散或过于专注某个细节而忽略整体，大多数孤独症学生缺少把握整体并提取出事件或画面的主要脉络、线索的能力。

要求：

➤ 学生能或整体或部分地对绘本中的一幅画的内容进行描述。

工具：

√ 绘本等读物。

标准：

◇ 通过：独立完成该条目内容且表现稳定。

◇ 部分通过：在提示下，完成该条目内容；或不能持续表现该条目的内容。

◇ 无法通过：即使在提示下，也无法完成该条目内容。

52.5 读出两个或多个单个的词

目的：

☆ 考察学生在阅读绘本时读出两个或多个单个的词的能力。

要求：

➤ 学生在阅读绘本时能自发主动地或在成人的要求下读出两个或多个单个的词，如树、水、车等。

工具：

√ 绘本等读物。

标准：

◇ 通过：独立完成该条目内容且表现稳定。

◇ 部分通过：在提示下，完成该条目内容；或不能持续表现该条目的内容。

◇ 无法通过：即使在提示下，也无法完成该条目内容。

52.6 读出 3 个或 3 个以上的单词

目的：

☆ 考察学生在阅读绘本时读出 3 个或 3 个以上单词的能力。

要求：

➤ 学生在阅读绘本时能自发主动地或在成人的要求下读出 3 个或 3 个以上单词。

工具：

√ 绘本等读物。

标准：

◇ 通过：独立完成该条目内容且表现稳定。

◇ 部分通过：在提示下，完成该条目内容；或不能持续表现该条目的内容。

◇ 无法通过：即使在提示下，也无法完成该条目内容。

52.7 根据图片线索(或语法规则、词汇等)推断新单词

目的：

☆ 考察学生根据图片线索(或语法规则、词汇等)推断新单词的能力。

要求：

➤ 学生在阅读的过程中，能根据书中的图片、语法规则或词汇等，推断出句子中某个不认识的单词的意思。例如，小蝌蚪找妈妈，学生不认识"蝌蚪"二字，但能从图片中的小蝌蚪推测出其指代的是什么。

工具：

√ 绘本等读物。

标准：

◇ 通过：独立完成该条目内容且表现稳定。

◇ 部分通过：在提示下，完成该条目内容；或不能持续表现该条目的内容。

◇ 无法通过：即使在提示下，也无法完成该条目内容。

52.8　用短语或句子谈论书中描绘的人、动物、物品或事件

目的：

☆ 考察学生使用短语或句子谈论书中描绘的人、动物、物品或事件的能力。

要求：

➤ 学生能使用短语或句子，对书中所描绘的人、动物、物品或事件进行谈论，表达自己的想法。

工具：

√ 绘本等读物。

标准：

◇ 通过：独立完成该条目内容且表现稳定。

◇ 部分通过：在提示下，完成该条目内容；或不能持续表现该条目的内容。

◇ 无法通过：即使在提示下，也无法完成该条目内容。

52.9　提要求要读某一本书

目的：

☆ 考察学生是否有自己的想法，在阅读的过程中能主动提出要求阅读某本书。

要求：

➤ 学生在阅读的过程中，不是一味被动接受教师或成人的安排，而是有自己的偏好，能主动提出要读某一本书。

工具：

√ 绘本等读物。

标准：

◇ 通过：能主动提要求要阅读某一本书。

◇ 部分通过：在教师的辅助下，能选择一本自己喜欢的书阅读。

◇ 无法通过：对阅读什么书没有渴望，一直处于被动接受的状态。

52.10　解释为什么喜欢某一本书

目的：

☆ 考察学生清楚表达自己的想法，解释为什么喜欢某一本书的能力。

要求：

➤ 学生能说出自己喜欢某一本书，并清楚表达喜欢这本书的原因。

工具：

√ 绘本等读物。

标准：

◇ 通过：独立完成该条目内容。

◇ 部分通过：在提示下，完成该条目内容。

◇ 无法通过：即使在提示下，也无法完成该条目内容。

52.11 回答主要人物、主要事件和主要情节的提问

目的：

☆ 考察学生对故事主要人物、主要事件和主要情节的把握能力，是否能准确回答故事主要人物、主要事件和主要情节的提问。

要求：

➤ 当老师对学生阅读过的故事中的主要人物、主要事件和主要情节进行提问时，学生能准确地回答相关问题。

工具：

√ 绘本等读物。

标准：

◇ 通过：独立完成该条目全部内容且表现稳定。

◇ 部分通过：在提示下，完成该条目的部分内容；或不能持续表现该条目的内容。

◇ 无法通过：即使在提示下，也无法完成该条目内容。

52.12 能将五幅及以上的图片按顺序排列好，并用"首先""然后"等连词，描述有逻辑先后次序的故事

目的：

☆ 考察学生理解事件发生的先后顺序，并使用"首先""然后"等连词有逻辑地描述故事的能力。

要求：

➤ 学生能按照事件发生的先后顺序将五张及以上打乱次序的图片排列好，并使用首先、然后等连词有逻辑地根据事件发生的先后顺序对故事进行描述。

工具：

√ 绘本等读物。

标准：

◇ 通过：独立完成该条目全部内容且表现稳定。

◇ 部分通过：在提示下，完成该条目的部分内容；或不能持续表现该条目的内容。

◇ 无法通过：即使在提示下，也无法完成该条目内容。

52.13　按事情经过重述故事或书中的 **3** 个或 **3** 个以上的事件

目的：

☆ 考察学生按事情经过重述故事，或重述 3 个或 3 个以上先后发生的事件的能力。

要求：

➤ 学生能按照事情发生的经过重述故事，或者对三个或三个以上先后发生的事件按发生的先后顺序进行重述。

工具：

√ 绘本等读物。

标准：

◇ 通过：独立完成该条目全部内容且表现稳定。

◇ 部分通过：在提示下，能按照事情发生的经过重述故事或者复述，至少有部分情节的发生顺序是正确的。

◇ 无法通过：即使在提示下，也无法完成该条目内容。

52.14　就绘本或故事书进行简单总结

目的：

☆ 考察学生对阅读的绘本或故事书进行简单总结的能力。

要求：

➤ 学生能对阅读过的绘本或故事书进行简单总结，说出书中的主要人物、发生的主要事件以及事件的主要情节等。

工具：

√ 绘本等读物。

标准：

◇ 通过：独立完成该条目全部内容且表现稳定。

◇ 部分通过：在提示下，完成该条目内容；或不能持续表现该条目的内容。

◇ 无法通过：即使在提示下，也无法完成该条目内容。

52.15　就绘本或故事书进行简单提问

目的：

☆ 考察学生对阅读的绘本或故事书中的主要人物、主要事件和主要情节，提炼出相关的简单问题，对他人进行提问的能力。

要求：

➤ 学生能就所阅读的绘本或故事书，根据其中的主要人物、主要事件和主要情节，提出简单的问题，请他人进行解答。例如，《一个下雨天》中出现了哪些动物？它们在干什么？它们怎么避雨？学生需要独立就绘本或故事书提出 3 个及以上相关的问题。

工具：

√ 绘本等读物。

标准：

◇ 通过：独立完成该条目全部内容且表现稳定。

◇ 部分通过：在提示下，完成该条目部分内容；或不能持续表现该条目的内容。

◇ 无法通过：即使在提示下，也无法完成该条目内容。

条目 53　正确复述过去发生的事情

目的：

☆ 考察学生能否正确复述过去发生的事情，说出有关的信息。复述是指用语言把接收到的信息描述出来。

要求：

➤ 学生能正确复述过去发生的事情，说出事情发生的时间、地点，有哪些人参与，事情的经过等主要信息。

标准：

◇ 通过：独立完成该条目全部内容且表现稳定。

◇ 部分通过：在提示下，完成该条目部分内容；或不能持续表现该条目的内容。

◇ 无法通过：即使在提示下，也无法完成该条目内容。

次领域 3：信息运用

条目 54　根据图案排列方式推理出其后的图案

目的：

☆ 考察学生对图案的排列方式进行分析，推理出后面跟随的图案的能力。

要求：

➢ 给出一列按照一定规则排列的图案，学生能根据现有的规律，推理出后面跟随的图案。例如，三角形、圆、正方形、三角形、圆、（？）。给不同年龄阶段、不同能力水平的学生设置的难度应有区别。

工具：

√ 形状类玩教具。

标准：

◇ 通过：独立完成该条目全部内容且表现稳定。

◇ 部分通过：在提示下，完成该条目的部分内容；或不能持续表现该条目的内容。

◇ 无法通过：即使在提示下，也无法完成该条目内容。

条目 55　完成不同形状的拼图任务，识别形状的具体特征

目的：

☆ 考察学生根据不同形状的特征，完成拼图任务的能力。

要求：

➢ 学生能根据不同拼图零片的形状特点，发现相互间的缝合关系，完成一幅完整的拼图。拼图零片数量的多少和形状的复杂程度可以根据学生的发展水平来定。

工具：

√ 拼图教具。

标准：

◇ 通过：独立完成该条目全部内容且表现稳定。

◇ 部分通过：在提示下，完成该条目部分内容；或不能持续表现该条目的内容。

◇ 无法通过：即使在提示下，也无法完成该条目内容。

条目 56　能进行有主题或形意的绘画

目的：

☆ 考察学生是否能想象丰富地进行有主题或形意的绘画。

要求：

➢ 学生根据自己的兴趣和想法进行有主题或形意的绘画（如可根据"我的

家"来创作绘画)。

标准：

◇ 通过：独立完成该条目内容且表现稳定。

◇ 部分通过：在提示下，完成该条目的部分内容；或不能持续表现该条目的内容。

◇ 无法通过：即使在提示下，也无法完成该条目内容。

条目 57 使用计算机常用软件

目的：

☆ 考察学生使用常用软件的能力，如视频软件、音乐播放器、office 办公软件等。孤独症学生使用计算机的机会越来越多。

要求：

➤ 学生能根据自己的需求和意愿使用计算机(包括平板电脑)中至少一种常用的软件，如能打开软件、操作基本功能、关闭软件等。

标准：

◇ 通过：独立操作一种常用软件的基本功能。

◇ 部分通过：学生在教师或他人的辅助下，完成该条目内容。

◇ 无法通过：即使在教师或他人的辅助下，也无法操作计算机上的任何一种软件。

条目 58 运用网络搜索、浏览信息，并进行简单处理

目的：

☆ 考察学生利用网络搜索、浏览需要的信息，并进行简单处理的能力。信息时代利用网络搜索、浏览信息是必须具备的能力。

要求：

➤ 学生能利用网络搜索、浏览信息，并进行简单的处理。例如，想要搜集各种动物、水果的图片，学生可以利用浏览器进行搜索，并将搜索的图片进行保存和分类。

标准：

◇ 通过：独立完成该条目内容。

◇ 部分通过：在提示下，完成该条目内容。

◇ 无法通过：即使在提示下，也无法完成该条目内容。

条目 59　使用计算机和打印机，打印基本的常用字

目的：

☆ 考察学生在了解计算机和打印机的功能，认识并能在计算机中输入基本常用字的基础上，进行打印的能力。

要求：

➤ 学生能正确操作计算机和打印机，在计算机中输入基本的常用字，并进行打印。

标准：

◇ 通过：学生能独立操作一种常用软件的基本功能。

◇ 部分通过：在提示下，完成该条目内容。

◇ 无法通过：即使在提示下，也无法完成该条目内容。

条目 60　使用常用的手机软件

目的：

☆ 考察学生使用常用手机软件的能力。随着手机的普及和大量社交、购物、导航等手机软件的开发，学生可利用的资源很多。例如，使用微信、QQ 等发展社交能力或寻求帮助，使用淘宝购物，使用高德地图导航等，对于部分言语表达困难或无口语的孤独症学生，使用某些手机软件能很好地帮助其表达需求，寻求帮助。

要求：

➤ 学生能操作常用的手机软件，利用软件来满足某方面的需求或发展某方面的能力。

标准：

◇ 通过：独立使用至少一种手机软件。

◇ 部分通过：在提示下，能使用至少一种手机软件，或能使用一种软件的部分功能亦可。

◇ 无法通过：即使在提示下，也无法使用任何一种手机软件的任何功能。

条目 61　使用电子邮件

目的：

☆ 考察学生使用计算机收发电子邮件的能力。

要求：

➤ 学生了解收发电子邮件的规则并能操作，如添加收件人、添加附件、下载附件、正确输入邮件正文等。

工具：

√ 计算机或手机。

标准：

◇ 通过：独立操作一种常用软件的基本功能。

◇ 部分通过：在提示下，完成该条目内容。

◇ 无法通过：即使在提示下，也无法完成该条目内容。

分领域三：心智解读

心理理论（Theory of Mind）是指个人知悉他人意图、感受、信念和愿望等心理状态，据此推断或预测他人行为的能力。本分领域中考察的心理理论分为观点取代和基本信念两部分。观点取代是指以他人的立场或位置去思考问题，大量研究表明孤独症学生很难理解他人的想法和情感，很难理解人们的想法和情感与自己的想法和情感的不同以及很难理解人与人之间的想法和情感之间的不同。基本信念是指对事物的既定看法以及想法和行为一致，很多孤独症学生难以理解他人的行为和内在想法的关联，进而导致难以推断或预测他人的行为。本分领域考察学生心智解读的能力，条目62至条目67评估的是学生的观点取代能力，条目73至条目80评估的是学生的基本信念能力。

建议教师采用现场测试的方法，还需使用心智解读用的测试图片。

次领域 1：观点取代

条目 62　不同的人从不同位置观察到的物品是不同的

目的：

☆ 考察学生理解不同的人会看到不同物品的能力。理解人们看到的东西不会总是相同的，有时人们会看到不同的事物，即理解不同的人会看到不同的事物。

要求：

➤ 学生能独立正确回答自己和教师所看到的不同图片的内容，以及当教师询问两人看到的图片是否相同时，学生能够根据给予的图片正确回答"一样""不一样"。包括三个方面的内容：

第一，命名自己看到的图片。教师和儿童分别坐在桌子的两侧，教师拿出测试图册，一页为米饭，另一页为猫。随后让米饭的图片朝向学生，猫的图片朝向教师，向学生展示两页的内容。随后教师使正面的米饭对着学生询问"你看到了什么？"，学生能正确命名看到的米饭。

第二，命名教师看到的图片。随后教师询问学生"我看到了什么？"，学生能正确命名教师看到的内容（猫）。

第三，回答图片是否一致。随后教师询问学生"你和我看到的图片是一样的吗？"，学生能正确回答"不一样"。

学生能按指令正确完成 5 个回合即可判定为通过。5 个回合是指教师使用 5 张不同内容的图片考察。

工具：

√ 软件图片《认知与学业——心智解读 1》的内容。

标准：

◇ 通过：独立完成该条目的全部内容且表现稳定。

◇ 部分通过：在提示下，完成该条目的部分内容；或不能持续表现该条目的内容。

◇ 无法通过：即使在提示下，也无法在任何一个回合中正确回答。

条目 63　从不同的角度观察同一物品会有不同的想法

目的：

☆ 考察学生理解从不同角度观察同一物品产生不同想法的能力。对于同一事物，人们会从不同的角度观察从而产生不同的想法。

要求：

➤ 学生能独立正确回答从学生角度看到图片的正倒方向和从教师角度看到图片的正倒方向。包括两个方面的内容。

第一，回答从学生角度看到的图片的正倒方向。教师和学生分别坐在桌子的两侧，教师拿出一张水杯的图片放在桌上，使水杯的图片正对着学生，随后询问"你看的图片是正的还是颠倒的？"，学生能回答"正的"。

第二，回答从教师角度看到的图片的正倒方向。随后教师询问学生"我看到的水杯是正的还是颠倒的？"，学生能回答"（颠）倒的"。

➤ 学生能按指令正确完成 5 个回合即可判定为通过。5 个回合是指教师使用 5 张不同内容的图片考察。

工具：

√ 软件图片《认知与学业——心智解读 2》的内容。

标准：

◇ 通过：独立完成该条目的全部内容且表现稳定。

◇ 部分通过：在提示下，完成该条目的部分内容；或不能持续表现该条目的内容。

◇ 无法通过：即使在提示下，也无法在任何一个回合中正确回答。

条目 64　看到导致知道

目的：

☆ 考察学生理解他人根据看到的事物来了解该事物的能力。"看到导致知道"是指人们只有看到某物才能知道某物，也就是将看到该事物与了解该事物联系在一起，如果没有看到、听到该事物也就不知道该事物。

要求：

➤ 学生能根据图片中人物的视线方向独立判断图片中的人物是否知道容器里面的事物。例如，教师所展示的图片中的人物背对着一个水桶，随后教师询问"他能知道水桶里面是什么吗？"，学生能根据图片中人物的视线方向回答"不知道"。

➤ 学生能按指令正确完成 5 个回合即可判定为通过。5 个回合是指教师使用 5 张不同内容的图片考察。

工具：

√ 软件图片《认知与学业——心智解读 3》的内容。

标准：

◇ 通过：独立完成该条目的全部内容且表现稳定。

◇ 部分通过：在提示下，完成该条目的部分内容；或不能持续表现该条目的内容。

◇ 无法通过：即使在提示下，也无法在任何一个回合中正确回答。

条目 65　分辨物品的外观与真实特征

目的：

☆ 考察学生分辨物品外观与真实特征的能力。理解事物本身具备的多重特征，根据事物的功能分辨事物的真实特征和外观上的不同，这项能力也能帮助儿童发展出多重线索的能力。

要求：

➤ 学生能独立正确回答呈现的物品外观像什么，以及该物品实际是什么或该物品的功能是什么。包括两个方面的内容：

第一，回答物品的外观看起来像什么。教师呈现一个气球蜡烛，询问学生"这个物品看起来像什么？"，学生能正确回答"气球"。

第二，回答该物品实际是什么或功能是什么。随后教师询问"这实际上是什么？"，学生能回答"蜡烛"，或教师询问"这个物品可以用来做什么？"（物品功能），学生能回答"照明""过生日点蜡烛"等。

➤ 学生能按指令正确完成 5 个回合即可判定为通过。5 个回合是指教师使用 5 种双重属性的物品考察。

工具：

√ 软件图片《认知与学业——心智解读 4》的内容。

标准：

◇ 通过：独立完成该条目的全部内容且表现稳定。

◇ 部分通过：在提示下，完成该条目的部分内容；或不能持续表现该条目的内容。

◇ 无法通过：即使在提示下，也无法在任何一个回合中正确回答。

条目 66 使用心理状态的动词做评论

目的：

☆ 考察学生使用心理状态动词做评论的能力。孤独症学生较少使用心理状态的动词表达自己的想法、观点和感受，进而做出评论。

要求：

➤ 学生能独立使用"我想""我认为""我觉得"等心理状态的动词做评论。例如，游戏结束后，教师询问学生"这个游戏挺好玩的，你觉得呢？"，学生能回答"'我觉得'游戏很好玩"；下课后，教师询问学生"课后你想做些什么？"，学生能回答"我想喝水"。

➤ 学生能按指令正确完成 5 个回合即可判定为通过。5 个回合是指教师创设 5 种不同的情境考察。

标准：

◇ 通过：独立完成该条目的全部内容且表现稳定。

◇ 部分通过：在提示下，完成该条目的部分内容；或不能持续表现该条目的内容。

◇ 无法通过：即使在提示下，也无法在任何一个回合中正确回答。

次领域 2：基本信念

条目 67 辨别他人的想法

目的：

☆ 考察学生辨别他人想法的能力。辨别他人的想法即理解他人的基本信念，是预测他人行为的基础。

要求：

➤ 学生能独立正确回答图片中的人物去哪里找物品。例如，教师拿出图片册的测试页，展示并讲述三张图片"明明想喝水""水壶可能在窗台上，也可能放在桌子上""明明认为水壶应该放在桌子上"，然后教师询问学生"明明会到哪里找水壶呢？"，学生能正确回答"桌子""到桌子上找"。

➤ 学生能按指令正确完成 5 个回合即可判定为通过。5 个回合是指教师使用 5 套图片考察。

工具：

√ 软件图片《认知与学业——心智解读 5》的内容。

标准：

◇ 通过：独立完成该条目的全部内容且表现稳定。

◇ 部分通过：在提示下，完成该条目的部分内容；或不能持续表现该条目的内容。

◇ 无法通过：即使在提示下，也无法在任何一个回合中正确回答。

条目 68　理解人们判断事物存在的依据

目的：

☆ 考察学生理解人们判断事物存在依据的能力。人们判断事物的依据是自身的所见所闻以及所经历的事情，只有直接或间接地经历某事后才能了解这件事。

要求：

➤ 学生能独立正确回答图片中哪个人物知道物品所在的地点。例如，教师拿出图片册的测试页，展示并讲述 3 张图片"强强在教室里，他有一个玩具小飞机""强强把小飞机放在玩具筐里""明明走进教室，他想找到玩具小飞机"，然后教师指着第四张图片询问学生"强强和明明谁知道小飞机在哪里？"，学生能正确回答"强强知道"。

➤ 学生能按指令正确完成 5 个回合即可判定为通过。5 个回合是指教师使用 5 套图片考察。

工具：

√ 软件图片《认知与学业——心智解读 6》的内容。

标准：

◇ 通过：独立完成该条目的全部内容且表现稳定。

◇ 部分通过：在提示下，完成该条目的部分内容；或不能持续表现该条目的内容。

◇ 无法通过：即使在提示下，也无法在任何一个回合中正确回答。

条目 69　判断他人是通过看到而建立起信念的

目的：

☆ 考察学生理解他人通过看到建立正确信念的能力。理解他人正确信念的形成是通过真实看到的事物而形成的。

要求：

➤ 学生能独立正确回答图片中的人物去哪里找物品。例如，教师拿出图片册中的测试页，展示并讲述 3 张图片"一只手套放在桌子上，另一只手套放在窗台上""这是明明，今天下午明明看到手套放在窗台上，但他没看到手套放在桌子上""明明想要戴手套"，然后指着第四张图片询问学生"他会到哪里找手套呢?"，学生能正确回答"到桌子上找""桌子上"。

➤ 学生能按指令正确完成 5 个回合即可判定为通过。5 个回合是指教师使用 5 套图片考察。

工具：

√ 软件图片《认知与学业——心智解读 7》的内容。

标准：

◇ 通过：独立完成该条目的全部内容且表现稳定。

◇ 部分通过：在提示下，完成该条目的部分内容；或不能持续表现该条目的内容。

◇ 无法通过：即使在提示下，也无法在任何一个回合中正确回答。

条目 70　判断他人的想法会与实际事物不符

70.1　由于物品的位置转换，他人的想法会做出错误判断

目的：

☆ 考察当人对于物品摆放位置有错误信念时，学生预测此人会去哪里寻找该物品的能力。有时人的内在想法会与实际事物不符，在不知道情况改变的情况下仍然会以事先认定的想法去行动。

要求：

➤ 学生能独立正确预测图片中的人物会去哪里找物品。例如，教师拿出图片册的测试页，展示并讲述三张图片"这是明明和老师，放学前明明把作业本放在桌上""明明去厕所了，明明没看到老师做了什么，老师把作业本装到明明书包里""明明回来找作业本"，然后指着第四张图片询问学生"他会去哪里找作业本?"，学生能正确预测"明明会去桌上找"。

➤ 学生能按指令正确完成 5 个回合即可判定为通过。5 个回合是指教师使用 5 套图片考察。

工具：

√ 软件图片《认知与学业——心智解读 8》的内容。

标准：

◇ 通过：独立完成该条目的全部内容且表现稳定。

◇ 部分通过：在提示下，完成该条目的部分内容；或不能持续表现该条目的内容。

◇ 无法通过：即使在提示下，也无法在任何一个回合中正确回答。

70.2 由于物品内容的改变，他人的想法会做出错误判断

目的：

☆ 考察当人对于物品内容有错误信念时，学生预测此人认为该物品内容的能力。

要求：

➤ 学生能独立正确预测图片中人物所认为的物品内容是什么。例如，教师拿图片册的测试页，展示并讲述 3 张图片"明明有一盒巧克力豆，他打算对好朋友强强开个小玩笑（或是搞个恶作剧）""明明把巧克力豆倒出来，把蜡笔装到巧克力盒子里""明明对强强说'你想吃巧克力吗？'"，然后教师指着第四张图片询问学生"强强认为盒子里放了什么"，学生能正确预测"强强会认为是巧克力豆"。

➤ 学生能按指令正确完成 5 个回合即可判定为通过。5 个回合是指教师使用 5 套图片考察。

工具：

√ 软件图片《认知与学业——心智解读 9》的内容。

标准：

◇ 通过：独立完成该条目的全部内容且表现稳定。

◇ 部分通过：在提示下，完成该条目的部分内容；或不能持续表现该条目的内容。

◇ 无法通过：即使在提示下，也无法在任何一个回合中正确回答。

条目 71 站在他人的立场，理解他人的想法与感受，对比他人的想法与自己想法的异同

目的：

☆ 考察学生站在他人立场理解他人的想法与感受以及对比他人想法与自己想法的异同的能力。

要求：

➤ 学生能独立正确回答图片中人物的感受以及自己的感受并阐述原因。包

括三个方面的内容：

第一，回答图片中人物的感受。教师拿出图片册的测试页，展示并讲述两张图片"明明摔倒了""明明哭了"，随后教师指着第三张图片询问学生"明明伤心吗？"，学生能正确回答"伤心"。

第二，回答自己的感受。随后教师询问学生"你感到伤心吗？"，学生能回答"伤心"或"不伤心"。

第三，阐述自己的感受的原因。随后教师询问"你为什么伤心？"，学生能回答"因为明明摔倒了"；或"你为什么不伤心？"，学生能回答"因为不是我摔倒了"。

➤ 学生能按指令正确完成 5 个回合即可判定为通过。5 个回合是指教师使用 5 套图片考察。

工具：

✓ 软件图片《认知与学业——心智解读 10》的内容。

标准：

◇ 通过：独立完成该条目的全部内容且表现稳定。

◇ 部分通过：在提示下，完成该条目的部分内容；或不能持续表现该条目的内容。

◇ 无法通过：即使在提示下，也无法在任何一个回合中正确回答。

条目 72 能就绘本或故事书的主要事件和人物的内心世界进行推理判断，并对情节做出预测

目的：

☆ 考察学生就绘本或故事书的主要情节和人物的内心世界进行推理判断并对情节做出预测的能力。

要求：

➤ 学生能独立根据主要情节和人物的内心世界进行正确的推理判断、预测情节。包括两个方面的内容：

第一，根据主要情节和人物的内心世界进行推理判断：教师讲述绘本小蝌蚪找妈妈时，询问学生关于小蝌蚪找到乌龟妈妈的情节（主要情节之一）的推理判断"乌龟妈妈是小蝌蚪的妈妈吗？"，学生能根据情节回答"不是"；教师询问"小蝌蚪发现乌龟妈妈不是他们的妈妈，小蝌蚪有什么感受？"（人物的内心世界），学生能回答"很失望""有点伤心"。

第二，根据主要情节和人物的内心世界预测情节。随后教师询问"接下来小

蝌蚪要做什么?",学生回答"继续找妈妈"。

➤ 学生能按指令正确完成 5 个回合即可判定为通过。5 个回合是指教师选取绘本或故事书中 5 种不同的情境考察。

工具:

√ 推荐较为简单易懂并有主要情节和人物内心世界描写的绘本或故事书。

标准:

◇ 通过:独立完成该条目的全部内容且表现稳定。

◇ 部分通过:在提示下,完成该条目的部分内容;或不能持续表现该条目的内容。

◇ 无法通过:即使在提示下,也无法在任何一个回合中正确回答。

条目 73 遇到问题或矛盾时,可以明确判断问题所在

目的:

☆ 考察学生遇到问题或矛盾时明确问题所在的能力。

要求:

➤ 学生能独立正确回答图片中发生某一状况的原因。例如,教师展示并讲述两张图片"明明在玩玩具,强强一直看着明明玩玩具""强强哭了",教师询问学生"强强为什么哭?",学生能回答"因为强强没有玩具玩"。

➤ 学生能按指令正确完成 5 个回合即可判定为通过。5 个回合是指教师使用 5 套图片考察。

工具:

√ 软件图片《认知与学业——心智解读 11》的内容。

标准:

◇ 通过:独立完成该条目的全部内容且表现稳定。

◇ 部分通过:在提示下,完成该条目的部分内容;或不能持续表现该条目的内容。

◇ 无法通过:即使在提示下,也无法在任何一个回合中正确回答。

条目 74 若遇到困扰或问题时,采取补救措施,解决问题

目的:

☆ 考察学生遇到问题采取补救措施解决问题的能力。

要求：

➤ 学生能独立正确回答如何解决图片中人物出现的问题。例如，教师展示并讲述两张图片"明明在玩玩具，强强一直看着明明玩玩具""强强哭了"，教师指着第三张图片询问"明明应该怎么做？"，学生能回答"明明跟强强一起玩""明明给强强一个玩具"。

➤ 学生能按指令正确完成 5 个回合即可判定为通过。5 个回合是指教师使用 5 套图片考察。

工具：

√ 软件图片《认知与学业——心智解读 11》的内容。

标准：

◇ 通过：独立完成该条目的全部内容且表现稳定。

◇ 部分通过：在提示下，完成该条目的部分内容；或不能持续表现该条目的内容。

◇ 无法通过：即使在提示下，也无法在任何一个回合中正确回答。

条目 75 若遇到争执时，可以做出让步以期顺利解决

目的：

☆ 考察学生遇到争执做出让步解决问题的能力。

要求：

➤ 学生能独立正确回答如何解决图片中人物出现的争执。例如，教师展示并讲述两张图片"桌上有一本小蝌蚪找妈妈的绘本""明明和兰兰都想阅读这本绘本"，教师指着第三张图片询问学生"明明应该怎么做？"，学生能回答"把绘本让给兰兰""让兰兰先读，读完明明再读"。

➤ 学生能按指令正确完成 5 个回合即可判定为通过。5 个回合是指教师使用 5 套图片考察。

工具：

√ 软件图片《认知与学业——心智解读 12》的内容。

标准：

◇ 通过：独立完成该条目的全部内容且表现稳定。

◇ 部分通过：在提示下，完成该条目的部分内容；或不能持续表现该条目的内容。

◇ 无法通过：即使在提示下，也无法在任何一个回合中正确回答。

条目 76　理解笑话、幽默用语的含义

目的：

☆ 考察学生理解笑话、幽默用语的能力。

要求：

➤ 学生能独立理解笑话和幽默用语的含义，做出笑的行为，并解释笑的原因。包括两个方面的内容：

第一，听到笑话后做出笑的行为。同伴说"我考了个鸭蛋"，学生笑了。

第二，解释笑的原因。学生理解鸭蛋的含义，鸭蛋代表考试得了零分。

➤ 学生能按指令正确完成 5 个回合即可判定为通过。5 个回合是指教师使用 5 个简单的笑话或幽默用语考察。

标准：

◇ 通过：独立完成该条目的全部内容且表现稳定。

◇ 部分通过：在提示下，完成该条目的部分内容；或不能持续表现该条目的内容。

◇ 无法通过：即使在提示下，也无法在任何一个回合中正确回答。

条目 77　理解比喻性的言语的含义

目的：

☆ 考察学生理解比喻性言语的能力。

要求：

➤ 学生能独立正确回答图片中人物或事物的比喻说明了什么内容。例如，教师展示并讲述两张图片"强强见到兰兰会热情地打招呼""兰兰说'强强像一个小太阳一样热情'"，教师指着第三张图片询问学生"强强像小太阳说明了什么？"，学生能回答"（说明）强强很热情"。

➤ 学生能按指令正确完成 5 个回合即可判定为通过。5 个回合是指教师使用 5 套图片考察。

工具：

√ 软件图片《认知与学业——心智解读 13》的内容。

标准：

◇ 通过：独立完成该条目的全部内容且表现稳定。

◇ 部分通过：在提示下，完成该条目的部分内容；或不能持续表现该条目

的内容。

◇ 无法通过：即使在提示下，也无法在任何一个回合中正确回答。

条目 78 对自己的优点和优势进行评价

目的：

☆ 考察学生评价自己优点和优势的能力。

要求：

➤ 学生能独立说出自己三条优点或优势。例如，教师询问学生"你有什么优点？"，学生能回答"做事认真""不剩饭""自己上厕所""乐观"等。

标准：

◇ 通过：学生能够独立说出自己的 3 条优点或优势。

◇ 部分通过：在提示下，完成该条目的部分内容；或不能持续表现该条目的内容。

◇ 无法通过：即使在提示下，也无法回答一条自己的优点或优势。

条目 79 理解行为与所产生的结果之间的因果关系

目的：

☆ 考察学生理解行为和结果的因果关系的能力。

要求：

➤ 学生能独立回答图片中的行为结果所产生的原因。例如，教师展示并讲述两张图片"强强拿着一张生日贺卡""强强把生日贺卡送给兰兰"，教师指着第三张图片询问学生"为什么兰兰很高兴？"，学生能回答"因为强强送给兰兰生日贺卡"。

➤ 学生能按指令正确完成 5 个回合即可判定为通过。5 个回合是指教师使用 5 套图片考察。

工具：

√ 软件图片《认知与学业——心智解读 14》的内容。

标准：

◇ 通过：独立完成该条目的全部内容且表现稳定。

◇ 部分通过：在提示下，完成该条目的部分内容；或不能持续表现该条目的内容。

◇ 无法通过：即使在提示下，也无法在任何一个回合中正确回答。

条目 80　根据他人的言语与想法，预测他人下一步的行动

目的：

☆ 考察学生根据他人的言语与想法来预测他人下一步行动的能力。

要求：

➤ 学生能独立正确回答图片中人物的下一步行动。例如，教师展示并讲述两张图片"兰兰要过生日了""强强有一张生日贺卡"，教师指着第三张图片询问学生"强强会怎么做？"，学生能回答"强强会送给兰兰贺卡"。

➤ 学生能按指令正确完成 5 个回合即可判定为通过。5 个回合是指教师使用 5 套图片考察。

工具：

√ 软件图片《认知与学业——心智解读 15》的内容。

标准：

◇ 通过：独立完成该条目的全部内容且表现稳定。

◇ 部分通过：在提示下，完成该条目的部分内容；或不能持续表现该条目的内容。

◇ 无法通过：即使在提示下，也无法在任何一个回合中正确回答。

参考文献

1. 美国精神医学学会. 精神障碍诊断与统计手册. 北京：北京大学出版社，2014.

2. Wong，C.，Odom，S. L.，Hume，K.，et al. *Evidence-based practices for children，youth，and young adults with autism spectrum disorder*. Chapel Hill，NC：University of North Carolina，Frank Porter Graham Child Development Institute，Autism Evidence Based Practice Review Group，2014.

3. Aspy，R. & Grossman，B. G. *The Ziggurat Model：A framework for designing comprehensive interventions for high-functioning individuals with autism spectrum disorders*. Kansas，USA：AAPC Publishing.

4. 何侃，胡仲明. ICF 理念下我国残疾人服务体系建设的趋向分析. 残疾人研究，2011.

5. 胡晓毅，刘艳虹. 学龄孤独症儿童教育评估系统套装. 版本号：1.1.1610.1. 常州市钱璟康复股份有限公司，2016.

附录　学生强化物信息汇总

学生姓名：_____　　评估人：_____　　日期：_____

在开始教学之前，确定学生所有的强化物是很重要的。许多学生有非常特殊的强化物，并且他们可能以某种方式与它们互动。请尽可能多地提供细节。

请在下边表格中指出你学生的偏好。如果可能的话，请提供细节，如什么种类、牌子、类型等。

"√"表示学生喜欢的物品或活动，"×"表示学生厌恶的物品或活动。

1. 你学生的学习偏好是什么？

学科：□无　□数学　□美术　□语文　□音乐　□律动舞蹈
　　　□体育　□言语个训　□瑜伽　□生活技能
　　　□其他_____

阅读：□无□绘本　□图画书　□故事书　□地图　□漫画书　□立体书
　　　□贴纸书　□杂志　□其他_____

代币形式：□无　□贴画(星星或笑脸)　□磁铁标志　□小证书　□奖状
　　　　　□光荣榜　□购物票　□钱币/游戏币　□食物　□徽章
　　　　　□分数　□其他_____

2. 你学生的感觉特点(一定注意要包括喜欢的和厌恶的)

感觉特点	喜欢(限50字)	厌恶(限50字)
听觉(声音)		
视觉(光、颜色)		
触觉(接触、材质)		
运动觉(动作)		
嗅觉(气味)		
味觉(味道)		
其他(请注明，限200字)：		

3. 你学生休闲娱乐的偏好是什么?

休闲娱乐偏好	喜欢(限 50 字)	厌恶(限 50 字)
电视		
电影		
电子设备(包括 Ipad,手机)		
音乐		
电子网络游戏		
棋类游戏		
网站		
体育活动		
其他(请注明,限 200 字,如列举学生最喜欢的视频/电视节目/演员或卡通人物):		

4. 你学生的活动偏好是什么?

活动或游戏:□无　□当值日生或组长　□打扫教室卫生　□去超市购物
□当图书管理员　□躺在瑜伽垫上　□坐在跳跳球上
□静坐(或遥望窗外)　□在跑步机上跑步　□挠痒痒或揉肩
□听乐器演奏　□玩橡皮泥　□室内步行　□室外步行
□和老师击掌　□倒垃圾　□玩沙子　□受挤压　□听故事
□看书　□老师的称赞　□擦黑板　□做手工　□吹泡泡
□手机拍照　□奔跑　□旋转　□蹦跳　□唱歌　□烹饪
□跳舞　□轻拍　□躺下　□涂色　□绘画
□佩戴珠宝等装饰物　□去其他班级走动
□其他＿＿＿＿＿＿＿＿＿＿＿＿＿＿＿

物品或玩具:□无　□气球　□乐高　□积木　□玩偶　□珠宝　□贴画
□弹珠　□小瓶子　□动物模型　□玩具汽车或火车
□拼装玩具　□球类玩具　□粉笔/蜡笔　□旋转的玩具
□闪闪发光的玩具　□昆虫模型
□其他＿＿＿＿＿＿＿＿＿＿＿＿＿＿＿

5. 你学生的交流方式和人物喜好是什么？

交流方式：☐无 ☐和同伴玩 ☐同教师玩 ☐受到教师表扬 ☐被拥抱
　　　　　☐亲吻 ☐旋转身体 ☐受挤压 ☐轻拍 ☐挠痒痒
　　　　　☐揉肩 ☐被碰触 ☐其他＿＿＿＿＿＿＿＿＿＿＿＿＿＿＿＿

人物喜好：☐无 ☐爸爸 ☐妈妈 ☐保姆 ☐老师 ☐同学 ☐姥姥
　　　　　☐姥爷 ☐爷爷 ☐奶奶 ☐叔叔 ☐姑姑 ☐保育老师
　　　　　☐其他＿＿＿＿＿＿＿＿＿＿＿＿＿＿＿＿＿

6. 你学生的饮食特点是什么？（可以明确具体种类、口味和牌子）

饮食：☐无 ☐巧克力豆 ☐巧克力 ☐彩虹糖 ☐棒棒糖 ☐软糖
　　　☐棉花糖 ☐饼干 ☐小蛋糕 ☐布丁 ☐葡萄干 ☐山楂片
　　　☐酸奶 ☐干果 ☐果冻 ☐矿泉水 ☐果汁 ☐牛奶
　　　☐其他＿＿＿＿＿＿＿＿＿＿＿＿＿＿＿＿＿